Ella Austin

FARBENFROH *stricken* FÜR EINSTEIGER

Kunterbunte Mode, Accessoires und Home-Deko

CV

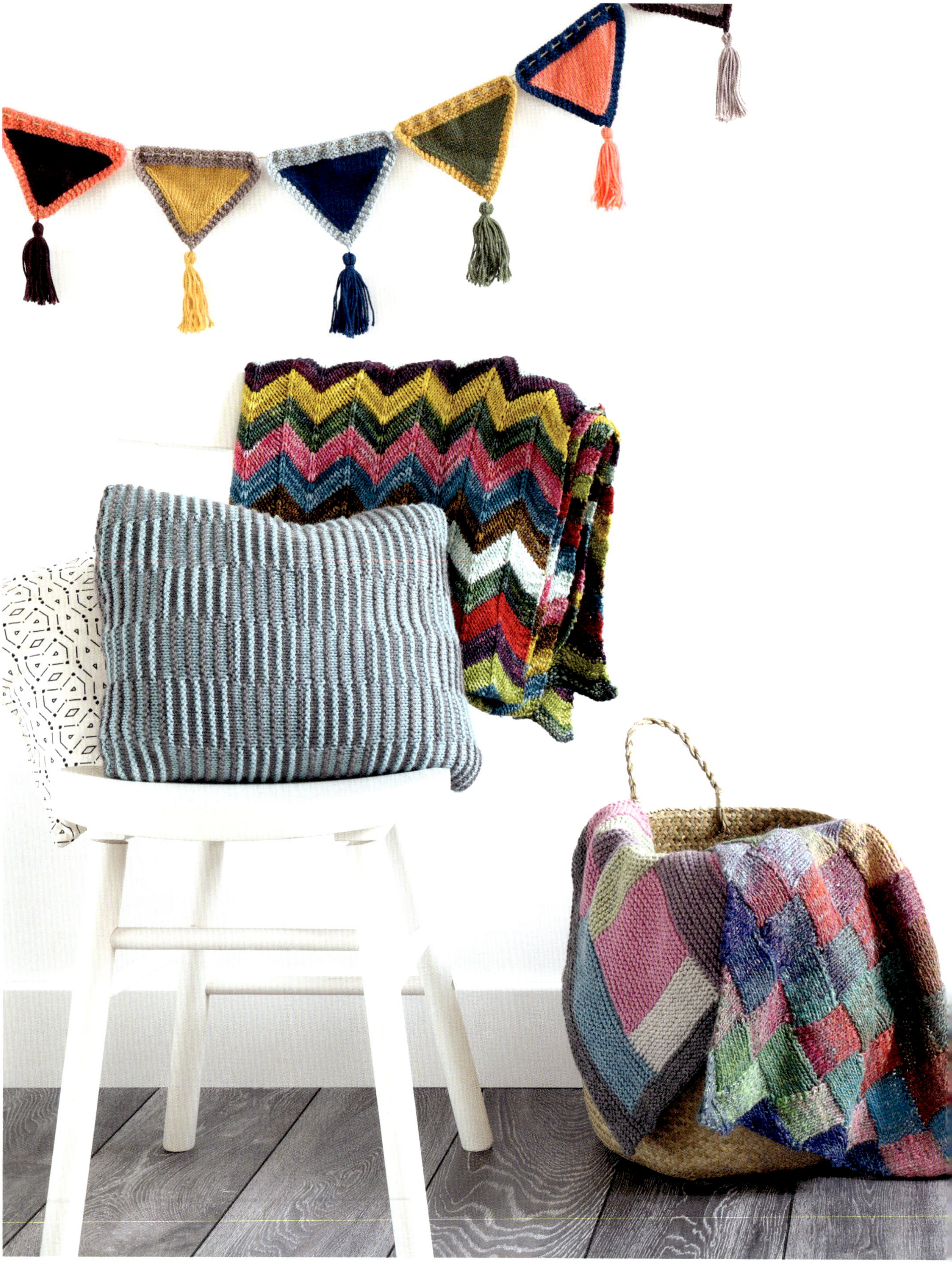

Ella Austin

FARBENFROH stricken FÜR EINSTEIGER

Kunterbunte Mode,
Accessoires und Home-Deko

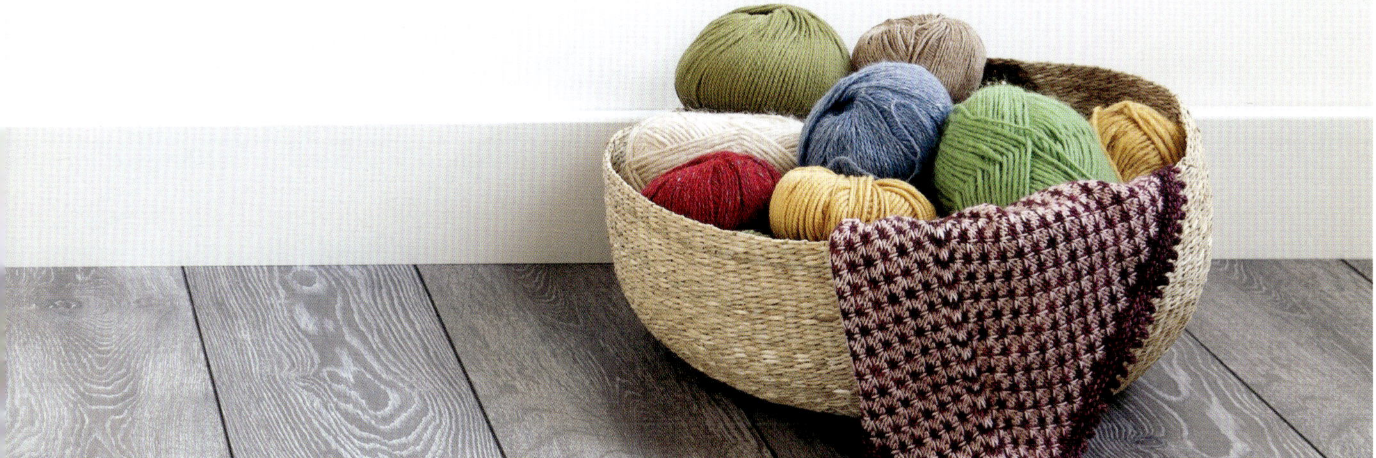

Inhalt

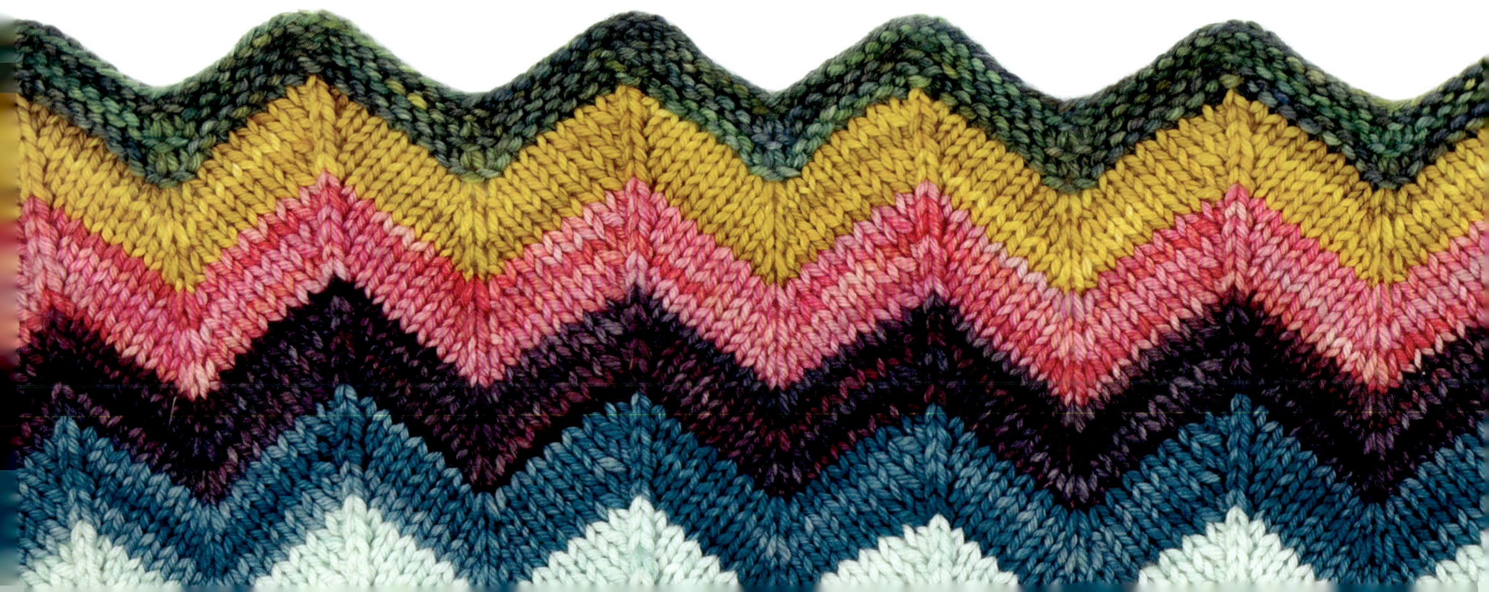

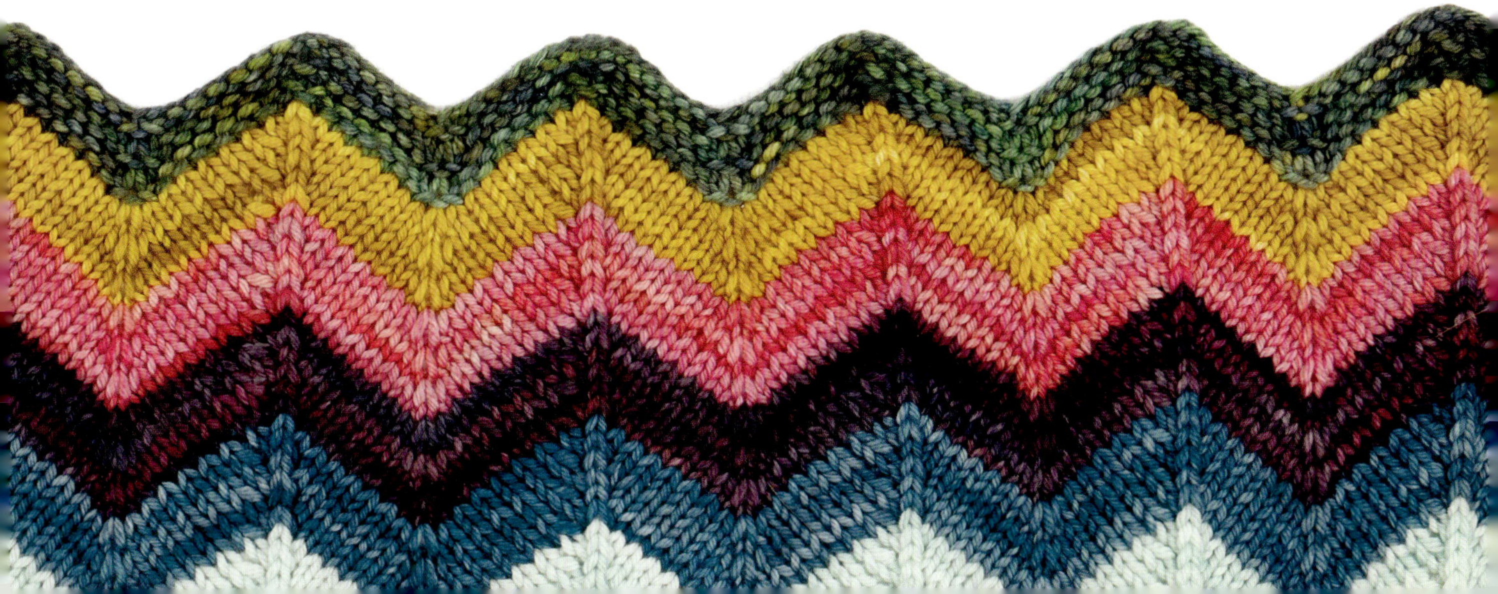

Einleitung

Für mich ist Farbe das Spannendste beim Stricken! Zöpfe, Lochmuster, Texturen und schöne Formgebung sind natürlich wichtig, aber Farbe macht mir richtig Freude, sodass ich gleich mit dem Stricken beginnen möchte.

Ich habe festgestellt, dass viele Stricker*innen ähnlich begeistert von Farben sind, sich aber unsicher fühlen. Erstens sind Techniken für Farbwechsel zu erlernen, die vielleicht etwas kompliziert erscheinen. Und zweitens – oft die größere Hürde – gilt es, Farben zu finden, die gut zusammen aussehen.

Die ersten Bedenken sind am einfachsten zu beseitigen: Die Techniken für Farbwechsel wirken zwar beeindruckend, sind aber fast immer erstaunlich leicht zu stricken! Stricke einfach eine Masche nach der anderen, dann schaffst du das schon.

Der zweite Punkt ist komplizierter. In diesem Buch gebe ich Ratschläge zur Farbwahl sowie ein paar »Grundregeln«, die man im Hinterkopf behalten sollte. Der wichtigste Rat ist jedoch, es einfach auszuprobieren. Du überraschst dich vielleicht selbst! Lasse dich nicht entmutigen, wenn etwas nicht so wirkt, wie du es dir vorgestellt hast. Denk dran: Beim Stricken kannst du einfach auftrennen, deine Farbwahl ändern und es erneut versuchen – mit Durchhaltevermögen erreichst du dein Farbenglück.

Dieses Buch ist als ein Kurs zum mehrfarbigen Stricken geschrieben, der die Einführung in verschiedene Techniken mit den Projekten vereint. Jedes Design enthält Ratschläge zu Garn und Farbwahl sowie eine schrittweise Darstellung der jeweiligen Technik. Ich bin überzeugt, dass dieser Ansatz nützlicher für Lernende ist, da er das Erlernen einer Technik mit einem praktischen Beispiel kombiniert.

Natürlich kannst du die Anleitungen auch einzeln lesen und auf andere Projekte anwenden. Ebenso sind die Projekte für erfahrene Stricker*innen geeignet, die einfach die Modelle nacharbeiten möchten.

Ich hoffe, du hast Spaß am Erlernen neuer Techniken und am Spielen mit Farbe!

Ella

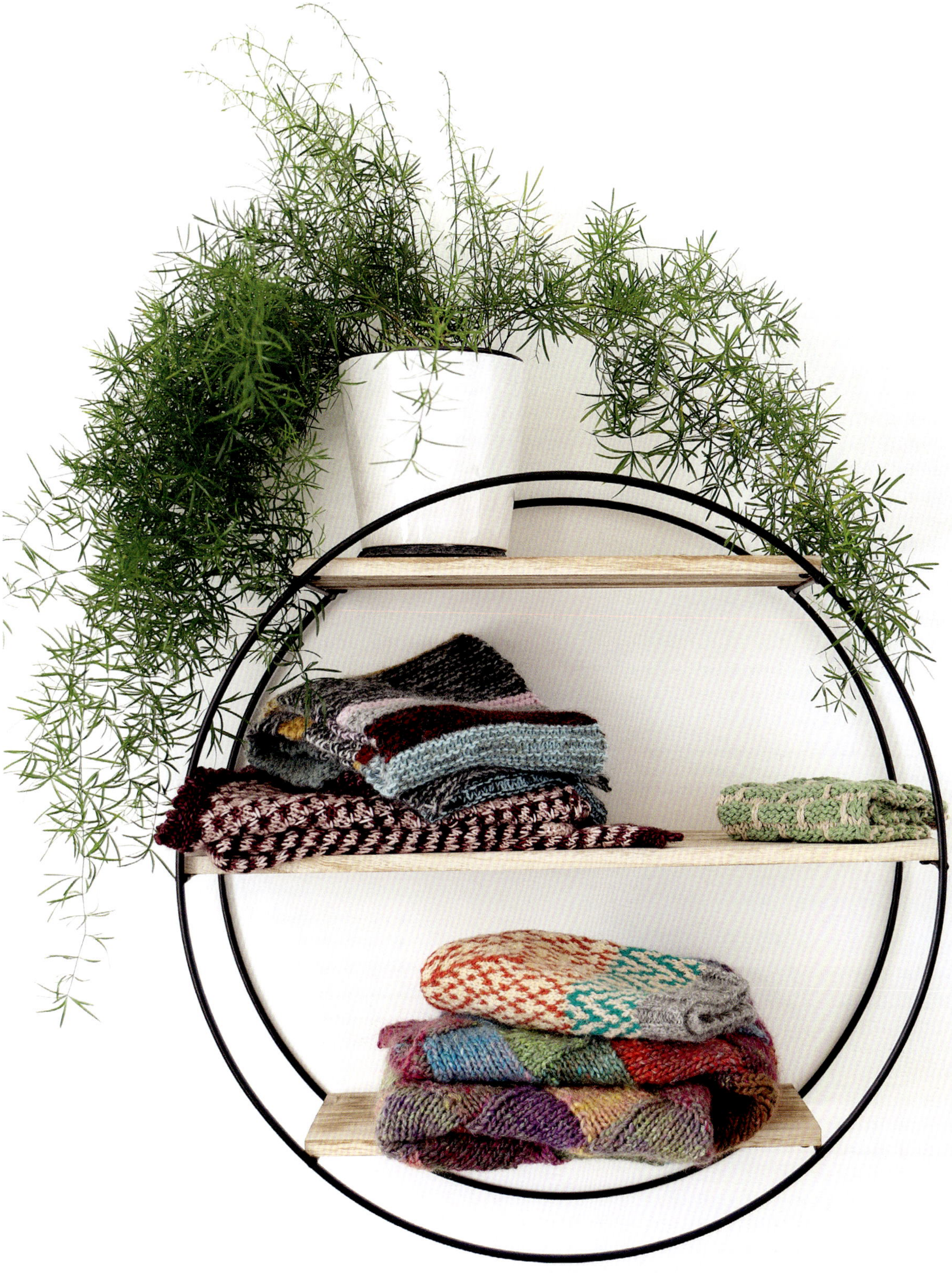

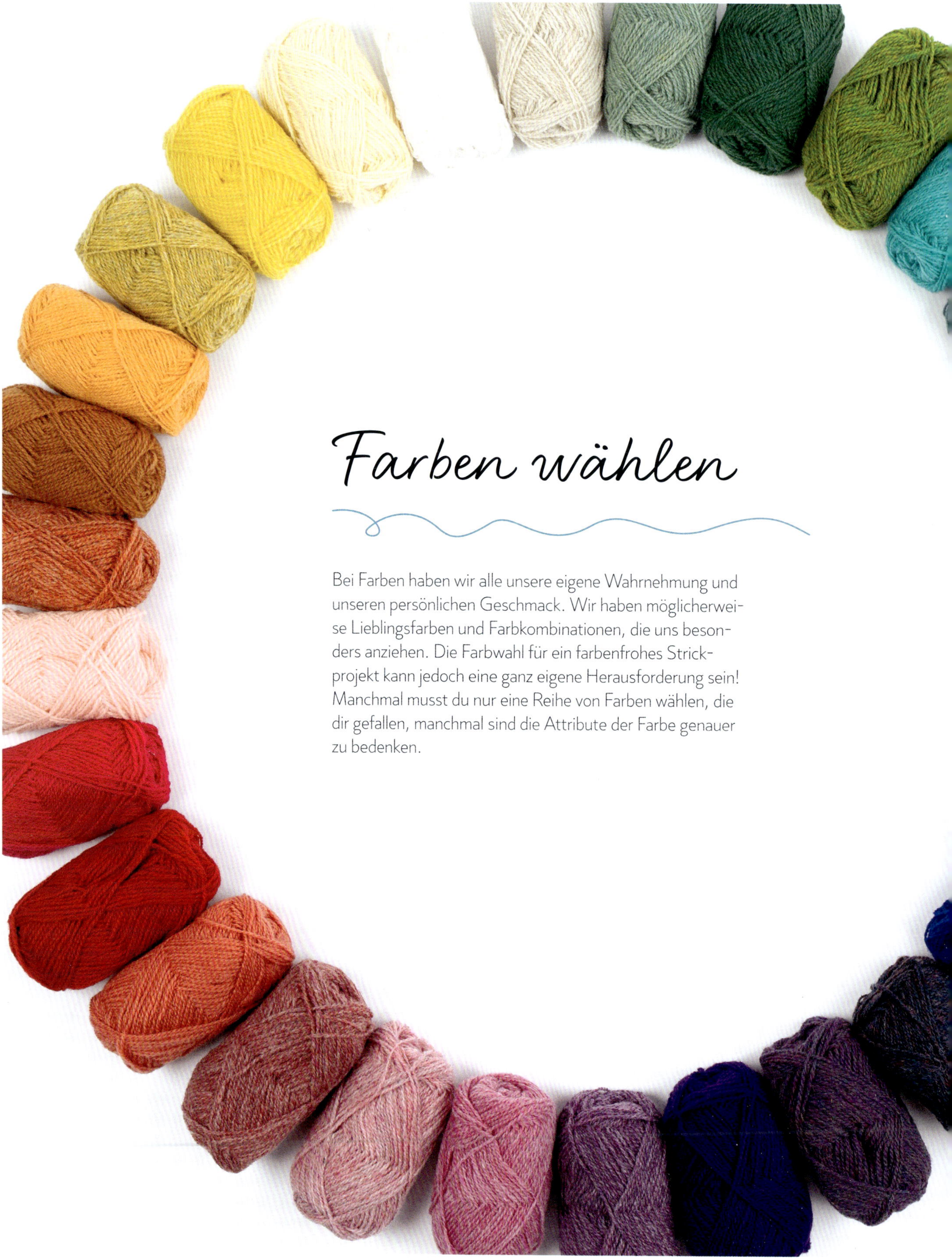

Farben wählen

Bei Farben haben wir alle unsere eigene Wahrnehmung und unseren persönlichen Geschmack. Wir haben möglicherweise Lieblingsfarben und Farbkombinationen, die uns besonders anziehen. Die Farbwahl für ein farbenfrohes Strickprojekt kann jedoch eine ganz eigene Herausforderung sein! Manchmal musst du nur eine Reihe von Farben wählen, die dir gefallen, manchmal sind die Attribute der Farbe genauer zu bedenken.

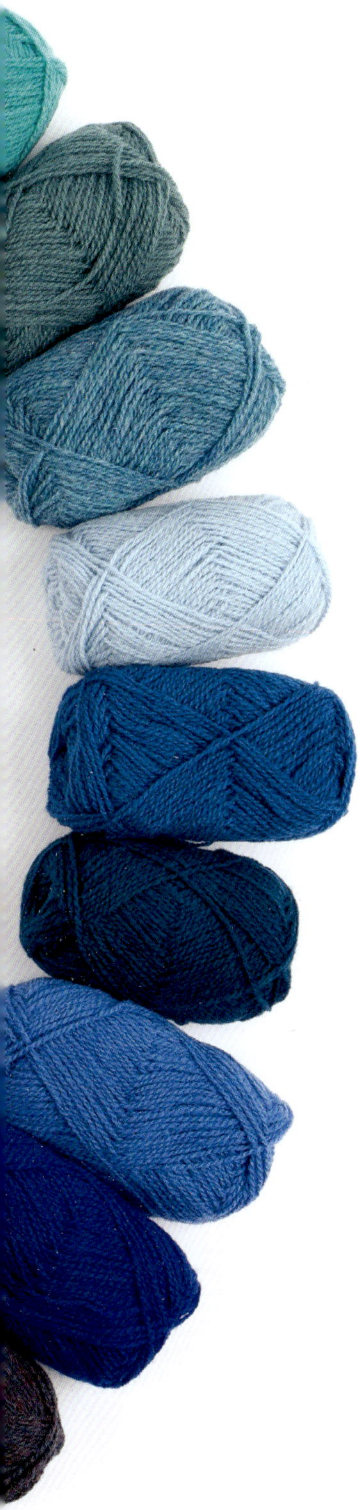

Eigenschaften von Farben

In der Farbtheorie spricht man von drei Hauptattributen: Farbwert, Hellwert und Sättigung.

Farbwert – beschreibt die reine Farbe selbst, z. B. Grün. Wenn wir eine Farbe beschreiben, wie Hellgrün oder Grasgrün, ist »Grün« der Farbwert. Der einfache Farbkreis zeigt die Farbwerte.

- **Hellwert** – beschreibt, wie hell oder dunkel die Farbe ist, z. B. ist Gelb heller als Violett. Hellwert ist das wichtigste Attribut, das beim Stricken mit mehreren Farben zu berücksichtigen ist. Ein starker Kontrast zwischen hell und dunkel lässt das Strickmuster besser wirken.

geringer Hellwert hoher Hellwert

- **Farbsättigung** – beschreibt die Intensität der Farbe. Eine reine Farbe wie Rot kann mit Weiß, Grau oder Schwarz gemischt werden, was die Sättigung beeinflusst. Werden viele satte Farben verwendet, wirkt das Projekt lebhaft und farbenfroh, während gedeckte Farben es zurückhaltender aussehen lassen. Eine Mischung aus satten Farben und gedeckten Farben kann sehr wirkungsvoll sein.

geringe Farbsättigung hohe Farbsättigung

Farbwert

Dieser Farbkreis zeigt die Primär-, Sekundär- und Tertiärfarben. Rot, Gelb und Blau sind die drei Primärfarben. Alle anderen Farben können durch Kombination dieser drei Farben gemischt werden.

Der Farbkreis kann halbiert werden, wobei die Farben in der Nähe von Orange als »warm« und die Farben in der Nähe von Blau als »kühl« bezeichnet werden. Warme Farben scheinen hervorzutreten, während kühle Farben zurücktreten. Es kann daher wirkungsvoll sein, warme Farben für Teile eines Musters zu wählen, die im Vordergrund stehen sollen, und kühle Farben für den Hintergrund zu nehmen.

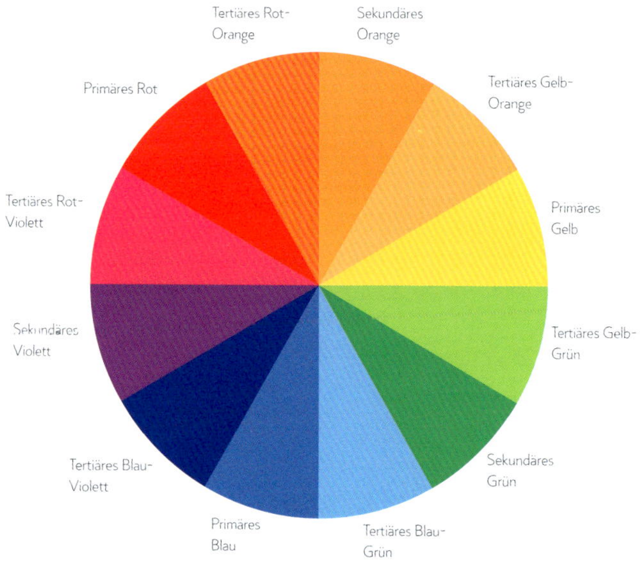

Hellwert

Der Hellwert bezieht sich auf Kontrast, darauf, wie hell oder dunkel eine Farbe ist. Er ist bei farbenfrohen Strickprojekten sehr wichtig, insbesondere bei Techniken wie Fair Isle. Damit ein mehrfarbiges Muster gut erkennbar wird, ist ein starker Kontrast zwischen den beiden verwendeten Farben erforderlich.

Es kann überraschend schwer sein, den Hellwert zu bestimmen, wenn man zwei Farben zusammen betrachtet. Rot und Grün können sich hinsichtlich ihres Hellwerts z. B. sehr ähnlich sein, obwohl sie ganz unterschiedlich aussehen. Es kann nützlich sein, ein Schwarz-Weiß-Foto von deiner Garnauswahl zu machen (oder ein Farbfoto mit Software in Grautöne umzuwandeln), um die Hellwerte zu bestimmen und zu sehen, ob die Kontraste stark genug sind.

Der Hellwert kann von der Sättigung beeinflusst werden. Rot kann beispielsweise hell oder dunkel sein. Jeder Farbwert hat einen Hellwertbereich.

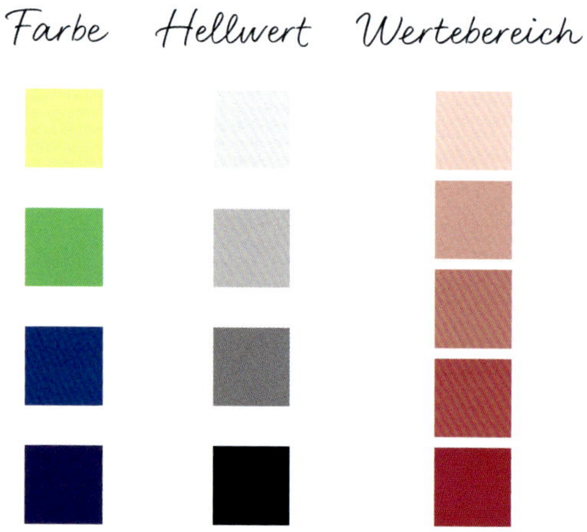

Sättigung

Sättigung bezieht sich auf die Reinheit des Farbwerts einer Farbe. Die Farbintensität kann durch Zugabe von Weiß, Grau oder Schwarz beeinflusst werden.

- Aufhellen – Farbe wird mit Weiß gemischt.
- Abschwächen – Farbe wird mit Grau gemischt.
- Abdunkeln – Farbe wird mit Schwarz gemischt.

Die Sättigung kann den Hellwert der Farbe beeinflussen. Wird eine Farbe mit Weiß gemischt, wird sie heller; wird sie mit Schwarz gemischt, wird sie dunkler.

Wählt man viele gesättigte Farben aus dem gesamten Farbkreis, entsteht ein kunterbuntes, leuchtendes Projekt, das möglicherweise als grell empfunden wird. Ich finde es am effektivsten, wenige gesättigte Farben zusammen mit hellen, dunklen oder abgeschwächten Farben einzusetzen. Ähnliche Farben in verschiedenen Sättigungsstufen zu verwenden, ist ebenfalls sehr effektiv. Beim Tuch im Sternenmuster in diesem Buch wird ein dunkles Pink-Violett mit einem sehr hellen Violett-Pink kombiniert.

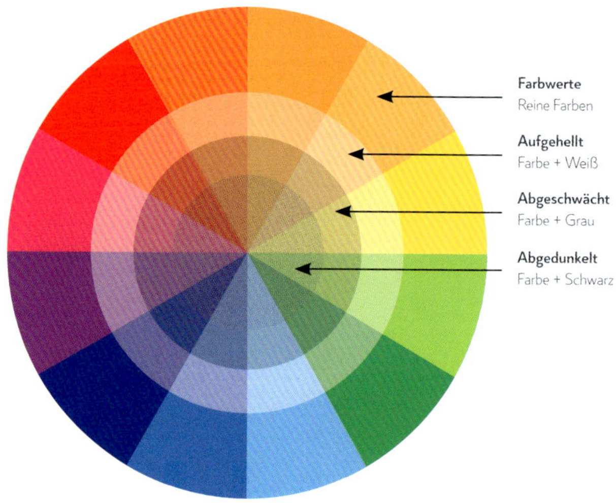

Farbinspiration

Farbinspiration ist überall und auf verschiedene Weise zu finden. Farbkreise können nützlich sein. Vorschläge für Farbpaletten sind in Designbüchern, Zeitschriften und online zu finden. Manchmal bemerkt man zufällig eine schöne Farbkombination – in einem Gemälde, das man mag, beim Blick aus dem Fenster, in Tapetenmustern, Bucheinbänden und sogar beim Essen.

Egal, ob du nach Farbkombinationen suchst oder sie zufällig bemerkst: Es ist eine gute Idee, Inspirationen zu sammeln – in Notizbüchern, Ordnern, auf Foto-Sharing-Websites oder sonst wo. Speichere Bilder, die du online findest, nimm dir eine Kamera, mache ein paar Notizen, halte Ideen fest und bewahre sie irgendwo auf, wo du auf sie zurückgreifen kannst. Wenn du die Farben für dein Projekt gewählt hast, kannst du nach Garn suchen.

Garnfarben

Garne sind in einer riesigen Farbauswahl erhältlich. Es gibt natürliche, ungefärbte Garne, einheitlich gefärbte Garne und mehrfarbige Garne, die in verschiedenen Techniken gefärbt und gesponnen wurden.

Für die meisten mehrfarbigen Projekte sind Garne in einer einheitlichen Färbung gut geeignet. Mehrfarbige oder melierte Garne, Garne mit Einsprengseln und dergleichen können aber auch schön wirken und das Arbeiten mit ihnen macht Spaß! Diese Garne eignen sich für manche Techniken besser als für andere. Es hängt von dem Design ab und davon, wie stark die Mehrfarbigkeit des Garns von der Musterung der Strickarbeit ablenkt.

Streifen, Intarsien und modulare Designs können mit mehrfarbigen Garnen sehr gut wirken und das Muster sogar noch hervorheben, während man bei Hebemaschen und Fair-Isle-Mustern Vorsicht walten lassen sollte. Mit einer Strickprobe siehst du am besten, ob die gewählten Garnfarben sich gut für das gewählte Muster deines Projekts eignen.

Farbproben stricken

Vor Beginn eines neuen Projekts wird in der Regel eine Strickprobe als Maschenprobe empfohlen. Sie ist außerdem wichtig, um zu sehen, wie Ideen in der Praxis wirken. Manche Farben wirken zwar gut zusammen, sind aber möglicherweise in einem bestimmten Design nicht so gut geeignet. Das gilt insbesondere, wenn Farben einen ähnlichen Hellwert haben, sodass ein detailliertes Muster nicht klar zu erkennen ist. Andere Farbkombinationen sind vielleicht für gewöhnlich nicht dein Geschmack, sehen aber am Ende in einem Muster schön aus. Wenn unerwartete Farbkombinationen gut zusammenwirken, kann das Ergebnis ein bestechender, unverwechselbarer Look sein.

Erfahrene Designer*innen haben normalerweise schon viele Farbkombinationen ausprobiert, bevor sie etwas Passendes finden. Lasse dich also nicht entmutigen, wenn die gewählten Farben nicht auf Anhieb gut zusammen aussehen. Ein Vorteil beim Stricken ist ja, dass du deine Arbeit einfach auftrennen und neu ausprobieren kannst. Verfeinere deine Farboptionen weiter und du wirst die perfekte Kombination für dein Projekt finden.

Strickproben sollten mindestens 10 cm breit sein. Die Anzahl der Maschen und Reihen, die ein 10 cm großes Quadrat ergeben, ist zu Beginn jedes Projekts unter »Maschenprobe« angegeben. Wenn du ein Strickmuster verwendest, ist es auch nützlich, ein Vielfaches der Maschen anzuschlagen, die für den Musterrapport nötig sind. Oft findest du diese Zahl in der Strickschrift, oder indem du die Maschenzahl in einem Rapportabschnitt des Musters zählst.

Bei der Mütze mit grafischem Muster habe ich z. B. 40 Maschen für die Strickprobe angeschlagen. Dies sind mehr als die 24 Maschen, die 10 cm ergeben würden. Es ist ein Vielfaches von 8, der Maschenzahl, über die der Musterrapport gearbeitet wird.

Um die Fadenspannung genau zu prüfen, solltest du die Maschenprobe auf die gleiche Weise stricken, die du im Projekt verwendest – bei einer in Reihen gestrickten Arbeit strickst du die Probe in Reihen, bei einem in Runden gearbeiteten Projekt strickst du sie in Runden.

Die Proben für die Mütze wurden in Runden gestrickt und dann aufgeschnitten, um das Messen zu erleichtern. Dazu habe ich meine 40 Maschen zur Runde geschlossen und eine kleine Lücke in das Muster eingestrickt. Ich habe nach Strickschrift in meinen gewählten Farben gearbeitet und dann alle bis auf die letzten 8 Maschen abgekettet. Die letzten 8 Maschen habe ich fallen gelassen, so dass sie sich bis zur Anschlagreihe aufgelöst haben. Dann habe ich die Probe an dieser Stelle aufgeschnitten und gespannt. Da die Enden nicht fest zu sein brauchten, habe ich sie nicht verstärkt oder verknotet.

Eine flache Probe zu stricken ist einfacher. Arbeite deine Probe einfach, bis sie mindestens 10 cm lang ist und kette die Maschen ab.

Manche Stricker*innen finden das Anfertigen einer Probe lästig. Das Stricken von Proben zum Ausprobieren von Garnen, Farben und Mustern kann jedoch viel Spaß machen. Der Prozess ist ähnlich wie beim Skizzieren in der Kunst.

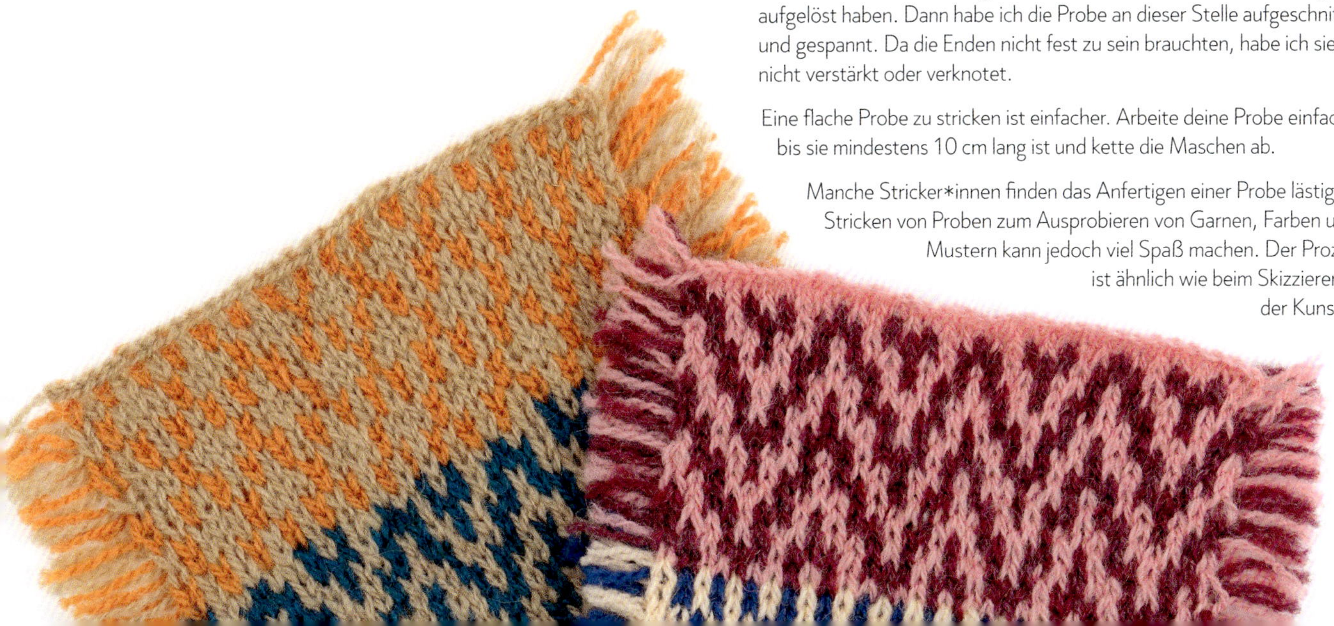

Garn und Hilfsmittel

Stricknadeln

Stricknadeln gibt es in verschiedenen Stärken und Arten und aus unterschiedlichen Materialien. Stricker*innen entwickeln meistens ihre eigenen Vorlieben. Ich denke, es ist eine gute Idee, verschiedene Arten auszuprobieren, um deine Lieblingsnadeln zu finden. Es lohnt sich wirklich, in hochwertige Hilfsmittel zu investieren, die für dich komfortabel sind und die Freude am Stricken verstärken.

Bei der Wahl der richtigen Nadeln für ein bestimmtes Design ist es wichtig, die Stärke bzw. Größe deiner Stricknadel hinsichtlich ihres Durchmessers zu beachten. Dies ist auf der Nadel meistens in Millimetern (mm) oder in der britischen bzw. US-amerikanischen Größe angegeben. Wenn du unsicher bist, überprüfe die Größe mit einem Nadelmaß. Im Allgemeinen werden bei metrischen und amerikanischen Angaben höhere Nadelstärken für dickere Garne und kleinere Stärken für dünnere Garne verwendet. Du kannst Nadelstärken bei Bedarf mit der nachstehenden Tabelle umrechnen.

UK	Metrisch	US
14	2 mm	0
13	2,25 mm	1
-	2, 5 mm	1,5
12	2,75 mm	2
11	3 mm	-
10	3,25 mm	3
-	3,5 mm	4
9	3,75 mm	5
8	4 mm	6
7	4,5 mm	7
6	5 mm	8
5	5,5 mm	9
4	6 mm	10
3	6, 5 mm	10,5
2	7 mm	10,75
1	7,5 mm	-
0	8 mm	11
00	9 mm	13
000	10 mm	15
-	12 mm	17
-	15 mm	19
-	20 mm	36
-	25 mm	50

Manche Strickanleitungen können auf geraden Jackennadeln gearbeitet werden. Andere werden in Runden gestrickt und benötigen entweder ein Nadelspiel oder Rundstricknadeln.

- **Jackennadeln** – Gerade Nadeln mit einem spitzen Ende zum Stricken und einem Abschluss am anderen Ende, damit die Maschen nicht herunterrutschen. Es gibt sie in verschiedenen Längen.
- **Nadelspiel** – Diese Nadeln sind an beiden Enden spitz. Es gibt sie zwar in verschiedenen Längen, aber sie sind in der Regel wesentlich kürzer als Jackennadeln und kommen meist in Sätzen aus 4 oder 5 Nadeln. Sie werden für kleinere Arbeiten in Runden verwendet, wie Socken oder Handschuhe. Nadelspiele können zuerst etwas abschrecken, da das Gestrickte an mindestens drei Nadeln hängt – und mit so vielen Nadeln gleichzeitig zu arbeiten, wirkt kompliziert! Allerdings arbeitet man immer nur jeweils mit zwei Nadeln, und die anderen Nadeln bewahren lediglich die Maschen auf, bis man wieder zu ihnen gelangt.
- **Rundnadeln** – Rundnadeln bestehen aus zwei geraden Nadelspitzen, die mit einer flexiblen Schnur verbunden sind. Die Nadeln sind vorne spitz und in der Regel 10–15 cm lang. Die Länge der Schnur variiert von etwa 23 cm bis 150 cm. Mit Rundnadeln kann man flach und in Runden stricken.

Ich selber benutze gerne 80 cm lange Metall-Rundnadeln mit spitzen Enden für so ziemlich alles, ob ich flach oder in Runden arbeite. Für das Stricken kleiner Runden verwende ich die Technik der sogenannten Zauber- oder Wunderschlinge.

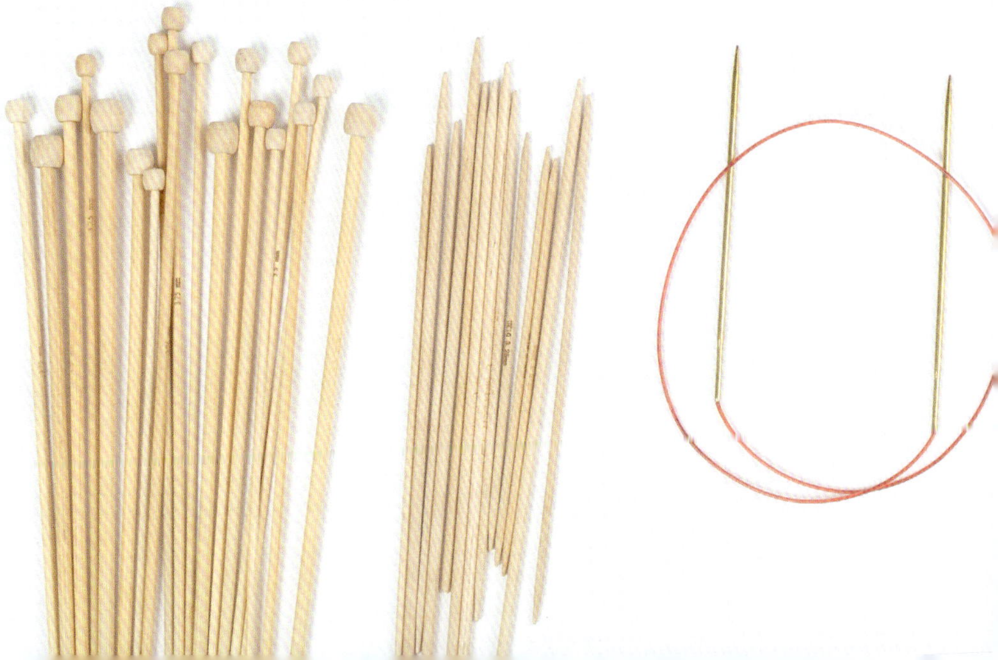

Andere Hilfsmittel und Zubehör

Für das mehrfarbige Stricken sind keine besonderen Hilfsmittel erforderlich – deine normale Strickausstattung sollte vollkommen ausreichen! Eine vollständige Liste der benötigten Hilfsmittel wird zudem zu Beginn der Anleitung für jedes Projekt aufgeführt. Die folgenden Dinge können jedoch auch nützlich sein.

- **Nadelmaß** – Wenn du den Durchmesser deiner Stricknadeln prüfen möchtest.
- **Maschenhalter** – Maschenhalter sind lange Sicherheitsnadeln, mit denen man Maschen sichern und stilllegen kann. Ich benutze persönlich lieber Garnreste zum Stilllegen von Maschen, da ich sie weniger sperrig finde, wenn sie an meiner Arbeit hängen, und sie außerdem flexibler sind.
- **Garnreste** – meine bevorzugten Maschenhalter. Außerdem verwende ich Garnreste auch als Markierer, indem ich eine kleine Schlaufe in einer Kontrastfarbe an meine Arbeit anknote. Ich hebe Sockengarnreste bei meinen Stricksachen auf – ich verwende sie auch zum Verstärken der Strickarbeit beim Steeking.
- **Häkelnadel** – Häkelnadeln sind ein praktisches Zubehör beim Stricken. Einige Stricker*innen verwenden sie, um Fallmaschen wieder aufzunehmen. Sie sind auch praktisch für Fransen an den Enden von Schals. In diesem Buch verwenden wir eine Häkelnadel zum Verstärken des Strickstücks beim Steeking, und um eine ganz einfache Luftmaschenkette für eine Knopfschlaufe zu häkeln.
- **Nadel** – Eine große, stumpfe Nadel wie eine Stopf- oder Wollnadel ist wichtig, um Fadenenden zu vernähen und gegebenenfalls Teile zusammenzunähen.
- **Schere** – Die meisten Stricker*innen bevorzugen kleine, scharfe Scheren. Sie sind besonders beim Steeking wichtig. Du kannst auch andere Fadenschneider verwenden, aber ich benutze einfach eine Schere.
- **Maßband** – zum Messen! Ich mag einziehbare Maßbänder, weil sie sich ordentlich verstauen lassen.
- **Markierer** – Dies sind kleine Schlaufen oder Ringe, die zwischen zwei Maschen auf der Nadel platziert werden, um eine Stelle im Muster zu markieren. Es gibt alle möglichen Ausführungen, darunter ausgesprochen hübsche Markierer!
- **Reihenzähler** – Es gibt viele verschiedene Arten von Reihenzählern: digitale Zähler, kleine Reihenzähler zum Aufstecken auf Stricknadeln, hängende Reihenzähler, Perlen-Reihenzähler, Zähl-Apps für Smartphones und Tablets. Ich selbst notiere die Reihen einfach mit einem Bleistift auf einem Block oder dem Rand der ausgedruckten Strickanleitung.
- **Spannvorrichtung** – Mit Spanndrähten oder -nadeln kannst du das Strickstück beim Spannen formen. Sie sind besonders bei Tüchern nützlich, da das Spannen bei ihnen eine tolle Wirkung auf das fertige Stück hat. Die Strickarbeit kann auf Spannmatten festgesteckt werden – oder du kannst sie auf einer Matratze spannen. Zum Spannen benutze ich außerdem ein Waschbecken oder eine große Schüssel zum Eintauchen der Arbeit und ein großes Handtuch, um einen Teil des Wassers aufzunehmen und meine Arbeit darauf trocknen zu lassen.
- **Spulen** – Spulen sind das einzige Hilfsmittel, das spezifisch beim Stricken mit mehreren Farben nötig ist. Sie sind insbesondere bei Intarsienprojekten nützlich, bei denen viele kleine Mengen unterschiedlicher Farben verwendet werden. Du kannst Strickspulen kaufen, sie aus Pappe herstellen oder mit Wäscheklammern o. Ä. improvisieren. Alternativ kannst du Intarsien ohne Spulen stricken und einfach kleine Knäuel von dem großen Knäuel abwickeln.
- **Pompon-Set** – Mit diesen einfachen Hilfsmitteln gehen Bommel ganz leicht. Du kannst aber auch einfach Kreise aus Pappe verwenden.

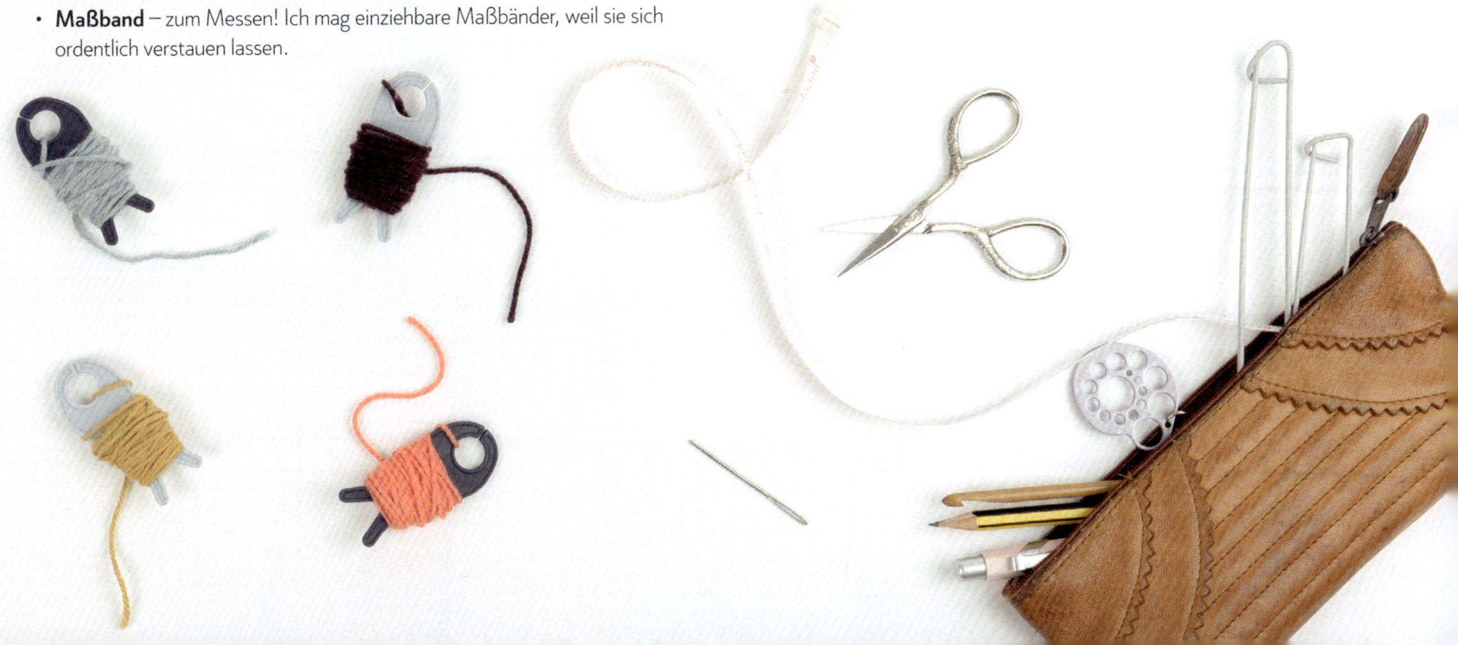

Garn

Stricker*innen lieben Garn! Die Möglichkeiten begeistern uns. Ich betrachte ein Knäuel Garn und sehe unzählige Dinge, die ich daraus stricken möchte. Mit Erfahrung und Übung habe ich jedoch gelernt, welche Garne sich am besten für ein Projekt und für das gewünschte Ergebnis eignen.

Ein Garn wird maßgeblich durch Garnstärke und Garnfaser bestimmt.

Garnstärke

Sie beschreibt die Dicke des Fadens. Feineres Garn ergibt eine dünnere Arbeit und die Verarbeitung dauert meist länger. Du kannst die nachstehende Tabelle bei Bedarf zum Umrechnen von Garnstärken verwenden.

2-fädig (2ply)	US
4-fädig (4ply)	Lacegarn
4ply	4-fädiges Sockengarn
DK light	Sport
Doubleface	Light worsted
Aran	Worsted/Fisherman/Medium
Chunky	Bulky
Super Chunky	Super Bulky

- **2-fädig/Lacegarn** – ein sehr feines, leichtes Garn, perfekt für zarte Tücher, wird oft für gespannte Lacemuster verwendet. Die Nadelstärke hängt bei diesem Garn davon ab, wie leicht und offen deine Arbeit wirken soll.
- **4-fädig/Fingering/Sockengarn** – Wird manchmal 4ply bzw. 4-fädig genannt, wobei dies nur beschreibt, aus wie vielen Fäden das Garn besteht. Diese Garnstärke ist in der Regel das dünnste Garn, das wir für mehrfarbige Strickarbeiten verwenden. Es ist ideal für Socken und Handschuhe, da die fertige Arbeit relativ leicht und flexibel ist. Es eignet sich auch hervorragend für Mützen, Schals, Tücher, Bekleidung, Spielzeug – eigentlich für alles. Die Nadelstärken bei diesem Garn liegen meist zwischen 2,25 mm und 3,25 mm.
- **DK light/Sport** – Etwas dicker als 4-fädiges Garn und etwas dünner als DK-Garn (Doubleface). Erfordert meistens Nadelstärken zwischen 2,75 mm und 4 mm.
- **Doubleface (DK)/Light Worsted** – Viele Stricker*innen bevorzugen dieses Garn, da die fertige Arbeit eine mittlere Stärke hat und sich leicht tragen lässt. Die Nadelstärken für dieses Garn liegen meist zwischen 3,5 mm und 4,5 mm.
- **Aran/Worsted/Fisherman/Medium** – Aran ist etwas dicker als Worsted, aber mit einem ähnlichen Gewicht. Die Strickarbeit ist dick und gemütlich. Es erfordert meistens Nadelstärken zwischen 4,5 mm und 6 mm.
- **Chunky/Bulky** – Dieses Garn ist die ideale Wahl für schnelle Arbeiten. Die Nadelstärken liegen meist zwischen 6 mm und 8 mm.
- **Super Chunky/Super Bulky** – Wie Chunky/Bulky, nur noch dicker. Diese Garne werden in der Regel mit Nadelstärken von 8 mm bis 15 mm und manchmal noch dicker gearbeitet.

Garn wird meist in Knäueln verkauft, die 25 g, 50 g oder 100 g wiegen. Denke daran, dass dickere Garne eine geringere Fadenlänge pro Gramm haben als dünnere Garne. Ein 100 g Knäuel eines DK/Light Worsted Garns weist einen wesentlich längeren Faden auf als ein 100 g Knäuel eines Chunky/Bulky Garns.

In der Regel musst du bei dickerem Garn im Vergleich zu dünnerem Garn mehr Knäuel kaufen, um ein Projekt fertigzustellen.

Garn, das du in Strängen kaufst, muss zunächst zu Knäueln gewickelt werden. Das kannst du von Hand oder mit einem Wollwickler machen.

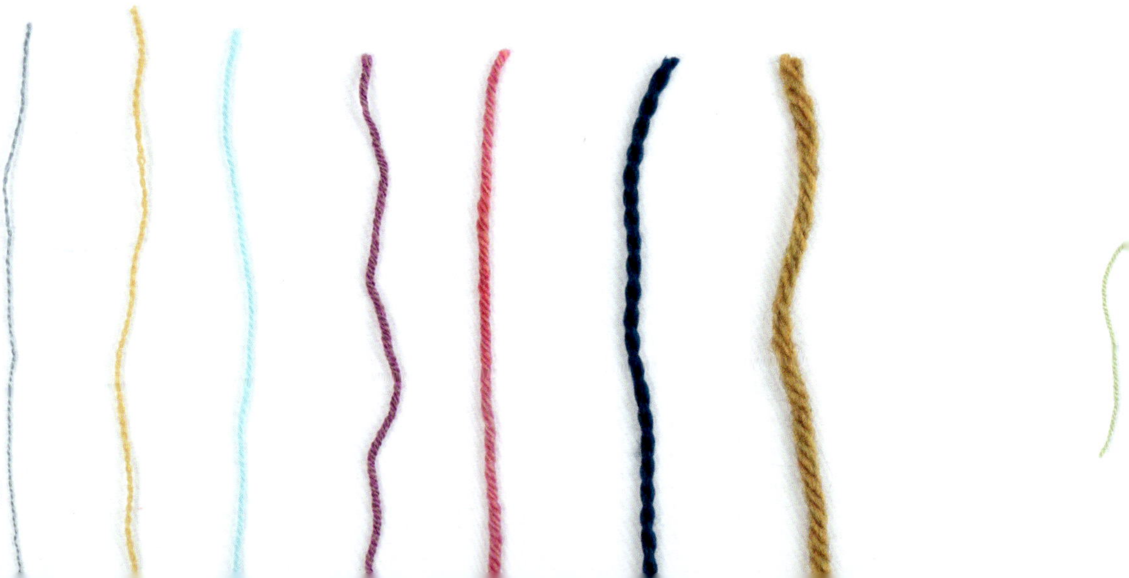

Garnfaser

Dies ist das Material des Garns, also woraus es besteht. Einige Garne sind aus einem einzigen Material hergestellt, andere sind Mischungen, die die Eigenschaften verschiedener Materialien kombinieren.

- **Synthetikfasern** – Acryl und Polyester sind Synthetikfasern, die robust, gut waschbar und normalerweise relativ günstig sind. Acryl ist eine gute Wahl für Decken. Es macht sie pflegeleichter und, da eine Decke ein großes Projekt ist, auch erschwinglicher. Viele Sockengarne enthalten etwas Nylon, um handgestrickte Socken langlebiger zu machen.
- **Tierfasern** – Wolle, Alpaka, Mohair und Seide sind nur ein paar der Tierfasern, mit denen du stricken kannst. Einige dieser Garne sind sehr luxuriös, und manche, wie Seide, können recht teuer werden. Tierfasern haben wärmende Eigenschaften, die sie ideal für warme, gemütliche Strickarbeiten machen. Sie bieten auch eine Reihe anderer Vorteile: Sie sind z. B. atmungsaktiver und geruchsresistenter. Viele Stricker*innen bevorzugen Wolle, da damit in der Strickarbeit ein schönes Maschenbild und definierte Farbwechsel erzielt werden können. Naturfasern lassen sich außerdem schön spannen und sind sehr formstabil.
- **Pflanzenfasern** – Baumwolle, Bambus und Leinen sind natürliche Pflanzenfasern, die beim Tragen weich und kühl sind. Pflanzenfasern lassen sich zu schön fallenden Arbeiten verstricken und sind toll für lockere Bekleidung und Heimtextilien. Projekte aus Pflanzenfasern lassen sich normalerweise leicht waschen und pflegen.

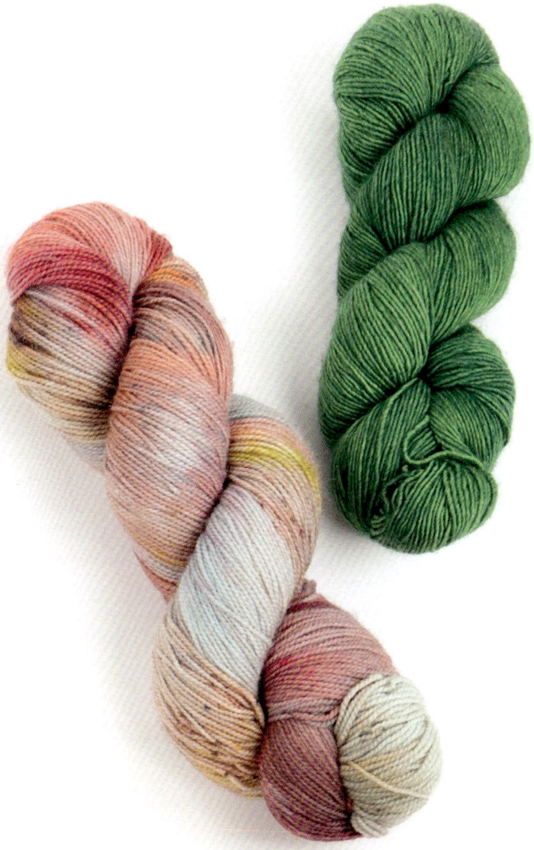

All diese Fasern haben ihre jeweiligen Eigenschaften und Vorteile. Verschiedene Behandlungsverfahren, Spinnmethoden und Fasermischungen können sich ebenfalls stark auf ein Garn auswirken. So kann sich ein Garn einer bestimmten Faser stark von einem anderen Garn derselben Art unterscheiden. Nimmt man Wolle als Beispiel: Superwash Merino ist eine stark verarbeitete, weiche Wolle, die sich ganz anders als eine gesponnene Shetland-Wolle anfühlt und verhält, die flauschig ist und natürlicher wirkt.

Garn austauschen

Die meisten Anleitungen schlagen ein bestimmtes Garn für das jeweilige Design vor, auf das sich auch die Maschenprobe bezieht. Das heißt jedoch nicht, dass du dasselbe Garn verwenden musst. Vielleicht gibt es das vorgeschlagene Garn nicht mehr oder es ist nicht leicht zu besorgen. Es ist oft ohnehin besser, ein Garn zu verwenden, das deinem Geschmack, deinem Bedarf und deinem Budget entspricht.

Beim Austauschen von Garnen ist es oft sinnvoll, dass dein Garn eine ähnliche Fadenstärke und ähnliche Eigenschaften wie das empfohlene Garn hat.

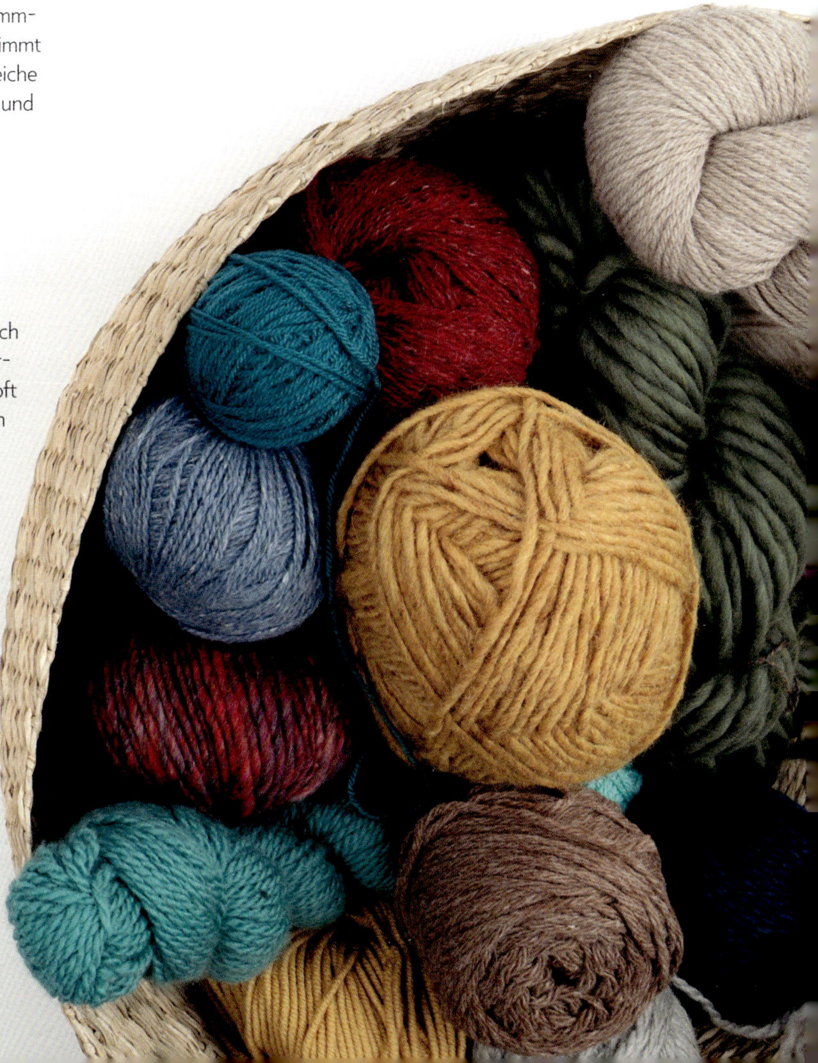

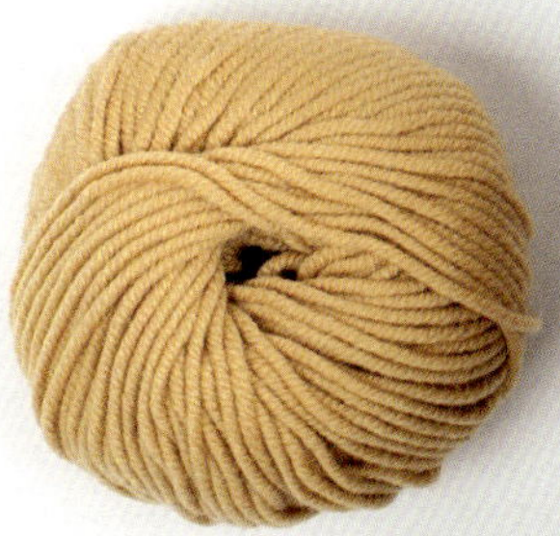

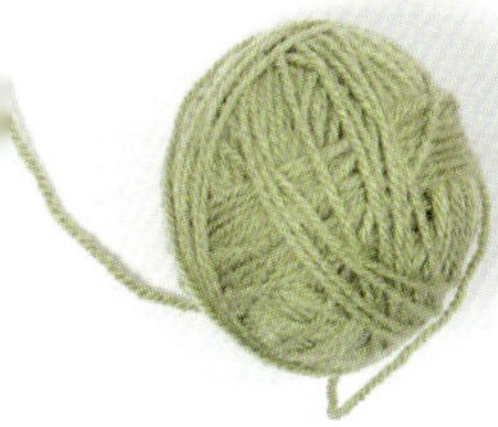

Strickschriften lesen

Mehrfarbige Strickmuster enthalten neben der Anleitung oft eine Strickschrift, die oft sogar eine Beschreibung des Musters vollständig ersetzt. Da farbige Muster sehr visuell sind, werden sie durch Strickschriften oft am leichtesten beschrieben.

Strickschriften bestehen aus einem Gitter, bei dem jedes Quadrat einen Arbeitsschritt darstellt. Der Arbeitsschritt kann das Stricken von einer oder mehreren Maschen sein. Die Legende erklärt das jeweils.

Strickschriften sind in der Regel unten und an einer oder beiden Seiten nummeriert. Die Ziffern unten zählen die Maschen. Die Ziffern an der Seite bzw. den Seiten zählen die Reihen, wenn du flach arbeitest, oder Runden, wenn du in Runden strickst. Wenn du ein Muster in Reihen strickst, wird jede Reihe in der Strickschrift entsprechend der Strickrichtung gelesen, also von rechts nach links für die erste Hinreihe, dann von links nach rechts für die Rückreihe, immer hin und her. Wenn du in Runden arbeitest, wird die Strickschrift für alle Runden von rechts nach links gelesen. Alle Strickschriften werden stets von unten nach oben gelesen.

Sie stellen oft nur einen kleinen Teil des Musters dar, der im Strickstück wiederholt werden soll. Manchmal wird auch nur ein Teil der Strickschrift wiederholt. Dieser Teil wird in der Strickschrift als Rapport markiert. Die zu wiederholenden Maschen sind manchmal durch eine dickere Linie eingefasst. Ansonsten gibt die Legende oder die Anleitung an, welche Maschen zu wiederholen sind.

Einfache Strickschriften

Diese einfache Strickschrift für die monochromen Handschuhe wird Runde für Runde von rechts nach links gelesen. Die einzelnen Maschen werden in der Farbe gestrickt, die das jeweilige Kästchen anzeigt. Der Rapport erstreckt sich über 4 Maschen. Diese werden in der Runde immer wiederholt.

Bei dieser Anleitung liest du für Runde 1 die erste Reihe der Strickschrift. Zwei Maschen werden mit **Garn B** gestrickt, dann werden 2 Maschen in **Garn C** gestrickt. Dieses Muster aus 4 Maschen wird bis zum Ende der Runde wiederholt. Für die nächste Runde liest du die zweite Reihe der Strickschrift usw. Nach ein paar Runden wird dies intuitiv, insbesondere da das Gestrickte der Strickschrift sehr ähnlich sehen wird.

Strickschrift

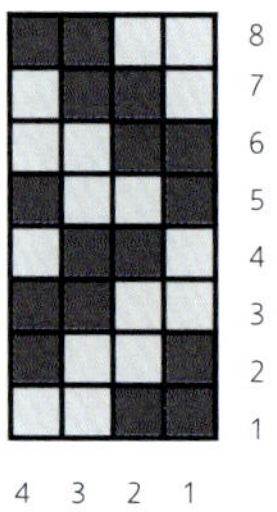

Garn B

Garn C

1 M glatt re

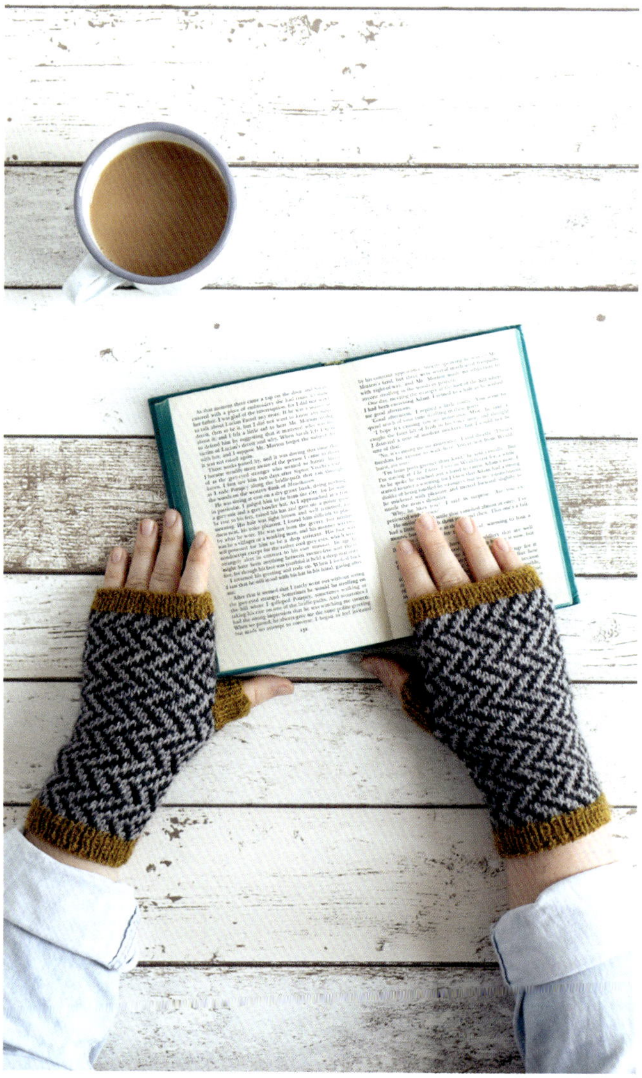

Komplexe Strickschriften

Die nachstehende Strickschrift für das Tuch im Sternenmuster ist eine der kompliziertesten in diesem Buch. Die Strickschrift ist aufgrund der Formgebung beim Stricken nicht rechteckig. Sie ist auf beiden Seiten nummeriert, da das Tuch in Hin- und Rückreihen gearbeitet wird. An der Unterseite ist sie nicht nummeriert, da sich aufgrund der Zunahmen in jeder Reihe die Anzahl der nötigen Maschen ändert. Beschrieben ist ein Hebemaschen-Muster und die Spalte rechts zeigt die Farbe an, die für die jeweilige Reihe zu verwenden ist. In der Strickschrift sind die Kästchen der Hebemaschen mit derselben Farbe ausgefüllt wie die Reihe, aus der die Masche jeweils abgehoben wird. Dies bietet eine klarere visuelle Darstellung, wie die Maschen auf der Nadel und in der Strickarbeit aussehen werden. Die Strickschrift enthält auch graue Platzhalter-Kästchen, die nicht gestrickt werden, und einen Rapportabschnitt, der durch die dicke rote Umrandung angezeigt ist. Die nicht zu strickenden Platzhalter dienen einfach dazu, die Form der Strickschrift in den Zu- und Abnahmebereichen auszugleichen. Der Rapportabschnitt zeigt die Maschen des Musters, die entlang der Reihe zu wiederholen sind.

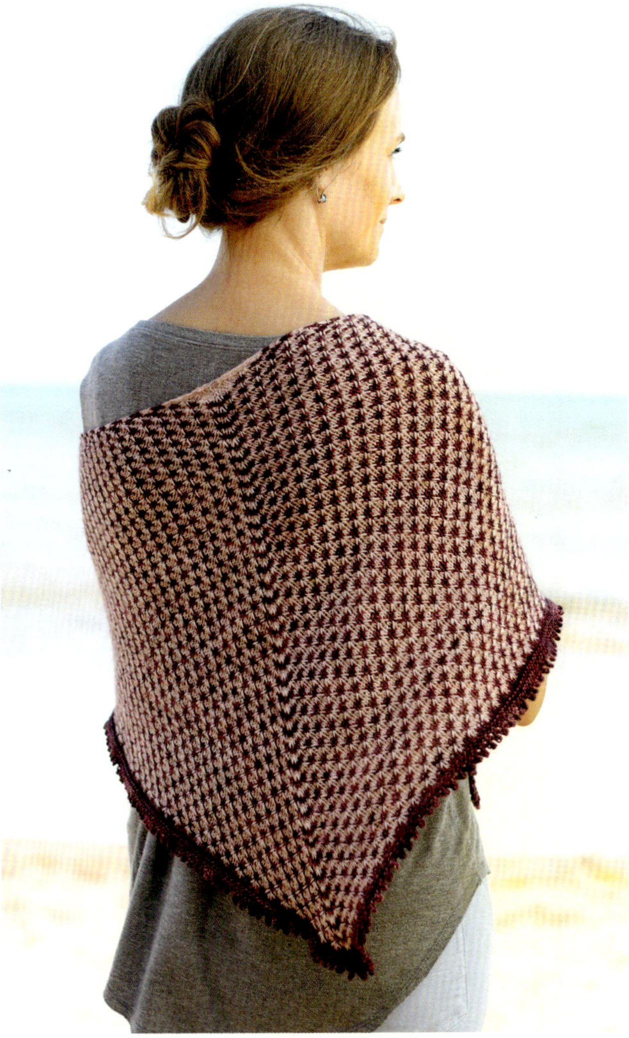

Um nach der Strickschrift zu stricken, arbeite die erste Hinreihe von rechts nach links, wie es die Reihen-Ziffer anzeigt. Du verwendest dabei **Garn A**, wie in der Garnfarben-Spalte rechts von der Strickschrift angezeigt. Stricke zunächst eine linke Masche, dann eine weitere linke Masche, arbeite dann einen Umschlag (U) und stricke die nächste Masche rechts. Anschließend beginnt der Rapport des Musters, der durch den roten Kasten hervorgehoben ist. Für den Rapport überspringst du das nicht zu strickende Kästchen und fängst gleich mit dem nächsten Kästchen an. Arbeite (1 re M, 1 U, 1 re M) in die nächste Masche (= 2 Zun). Überspringe das nächste Platzhalter-Kästchen und stricke die nächsten 3 Maschen rechts. Beachte, dass in den ersten Reihen der Rapport nur einmal gearbeitet wird. Wenn du später dieselben Reihen arbeitest, wird der Rapport mehrmals wiederholt, bis 2 Maschen vor der ersten Markierung verbleiben.

Nach dem Rapport überspringst du das Platzhalter-Kästchen, strickst (1 re M, 1 U, 1 re M) in die nächste Masche und strickst dann die letzte Masche vor der Markierung. Bei den mittleren 3 Maschen in der Strickschrift nimm eine Masche vor der Markierung zu und stricke dann die mittleren Maschen. Arbeite für die zweite Hälfte der Maschen entsprechend nach der Strickschrift, die gegengleich zur ersten Maschenhälfte ist.

Strickschrift

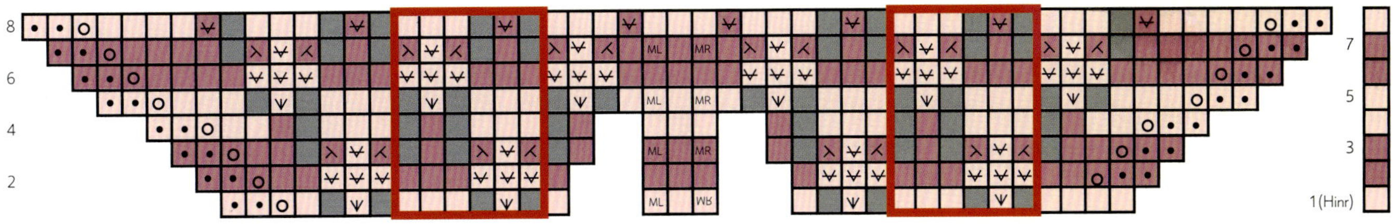

Die Spalte rechts zeigt die für die Reihe verwendete Garnfarbe.

- Garn A
- Garn B
- keine Masche (weiter zum nächsten Arbeitsschritt)
- Musterrapport
- 1 M glatt re (in Hinr re, in Rückr li)
- • 1 M kraus li (in Hinr und Rückr li)
- O 1 Umschlag
- (1 re M, 1 U, 1 re M) in eine M
- V 1 M abh (Fd auf LS)
- 1 li gen Abn
- 2 M re zus
- ML 1 Zun nach li
- MR 1 Zun nach re

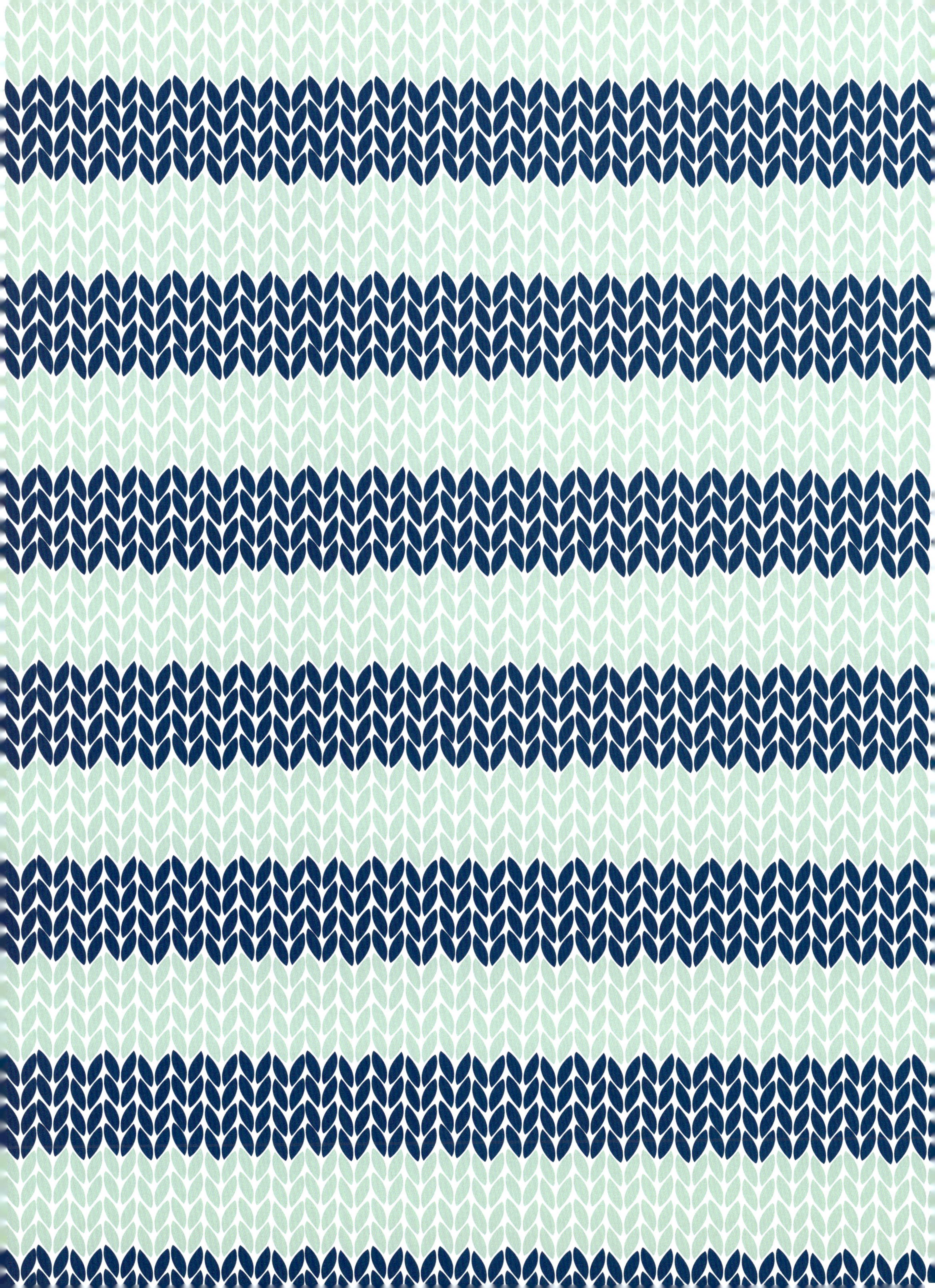

Streifen

Melierter Schal

Ein einfach kraus rechts gestrickter Schal ist immer ein guter Ausgangspunkt! Dieses klassische handgestrickte Stück ist die perfekte Einführung ins Spielen mit Farbe. Bei diesem Schal werden zwei Fäden zusammen verstrickt. Du kannst daher gut mit dem Mischen verschiedener Farben sowie mit verschiedenfarbigen Streifen experimentieren. Ich habe fünf Farben aus dem ganzen Farbspektrum gewählt, wobei ich leuchtende Farben vermieden und drei monochrome Farben verwendet habe. Die einfarbigen Streifen habe ich schmal gehalten, damit sie einen unaufdringlichen Akzent setzen.

Was du brauchst

Garn

Drops Alpaca Sport (100 % Alpaka, LL = 166 m/50 g), in folgenden Farben:

- **Garn A:** Meeresnebel (7323); 1 Knäuel
- **Garn B**: Dunkelgrau (0506); 1 Knäuel
- **Garn C**: Hellgrau (0501); 1 Knäuel
- **Garn D**: Goldrot (2923); 1 Knäuel
- **Garn E:** Natur (0100); 1 Knäuel
- **Garn F**: Rotmeliert (3650); 1 Knäuel
- **Garn G**: Türkis (2917); 1 Knäuel
- **Garn H**: Hellrosa (3140); 1 Knäuel

Nadeln und Zubehör

- 5 mm Nadeln (US 8/UK 6) oder anderer Stärke, um die Maschenprobe zu erreichen

Größe

Einheitsgröße: 152 cm x 18 cm

Techniken

Maschen anschlagen, zwei Garne zusammen verstricken, abketten

Maschenprobe

16 M und 28 R = 10 cm x 10 cm kraus rechts mit 5 mm Nadeln, nach dem Waschen und Spannen

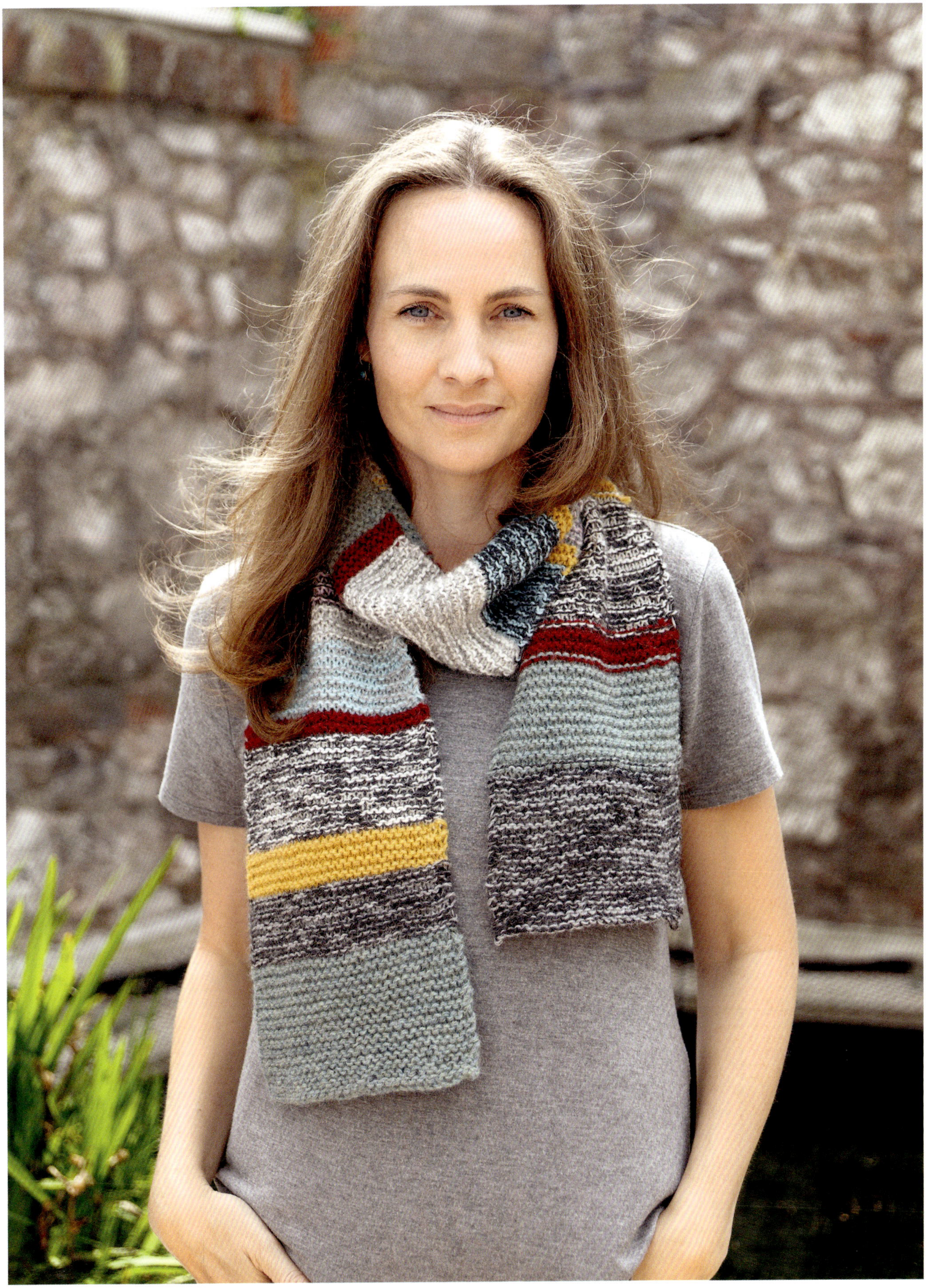

Anleitung

Garn(e)	Reihenanzahl
D	12
B & E	18
F	4
C & G	12
B & H	22
C	8
D & E	16
C & F	12
B	2
A	6
A & H	14
D	4
B & G	16
B & E	26
F	6
A	26
B & C	12
D	8
B & E	18
F	4
C & G	12
C & E	6
B & H	22
C	8
D & E	16
C & F	12
B	4
A	6
A & H	14
D	4
B & G	16
C & E	26
F	6
A	14
C & D	8
B & C	20
H	4
C	6
B & F	10
C & G	18
D	4
B & E	24
F	6
A	18
B & C	30

Mit zwei Fäden von **Garn A** 30 M anschlagen.

Reihe 1 (Hinr): Re M stricken.

Reihe 2 (Rückr): Re M stricken.

Reihen 3–28: 26 R re M stricken.

Weiter mit je einem Faden von **Garn B** und **Garn C** (siehe Farbwechsel auf Seite 23).

Reihe 1: Re M stricken.

Reihen 2–12: 11 R re M stricken.

Auf diese Weise stets mit 2 Fäden glatt re in der Farb- und Streifenfolge weiterarbeiten, wie sie in der in der Tabelle angegeben ist. Die Farbe dabei stets nach einer Rückreihe wechseln. Alle M abketten.

Fertigstellen

- Den Schal vorsichtig spannen (siehe Spannen auf Seite 123). Alpaka kann im nassen Zustand sehr empfindlich sein. Die Arbeit vorsichtig zum Spannen aus dem Wasser nehmen und darauf achten, dass der Schal flach trocknet, ohne gedehnt zu werden.
- Alle Fäden vernähen (siehe Fäden vernähen bei kraus rechten Maschen auf Seite 23).

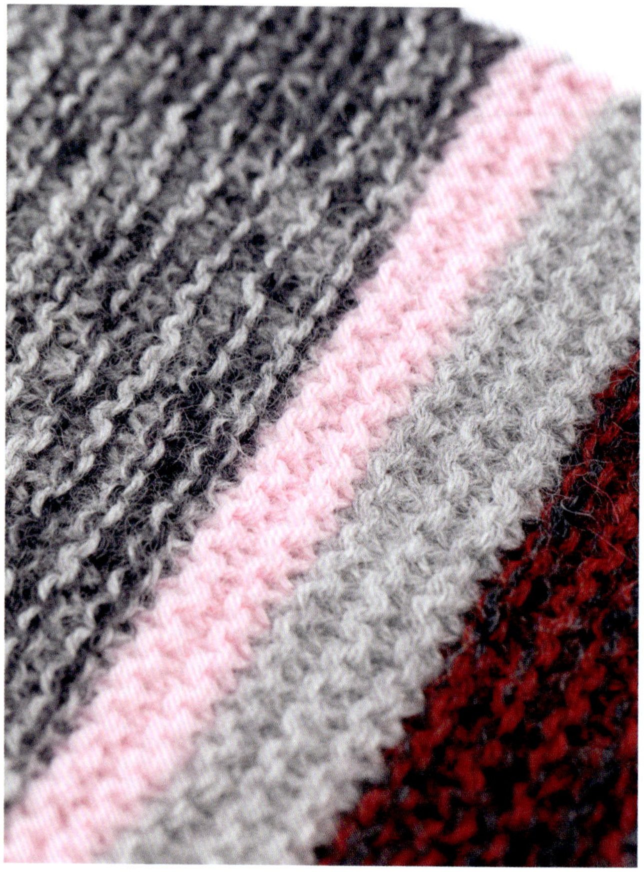

Hinweis

Halte beim Arbeiten mit nur einer Farbe zwei Fäden desselben Garns zusammen. Du kannst dazu einen Faden aus der Mitte des Knäuels und einen von außen nehmen oder das Garn vor Beginn in zwei Knäuel aufteilen.

Farbe wechseln

Wenn in der Anleitung steht: »Zu **Garn B** wechseln«, ist es so einfach, wie es klingt! Bei diesem melierten Schal verwenden wir zwei Fäden gleichzeitig, aber das ändert nichts an der Anleitung.

1. Lasse den Faden fallen, mit dem du bis eben gestrickt hast, und lasse ihn an der Seite hängen. Schneide den Faden vom Knäuel ab. Zum Vernähen sollte das Fadenende etwa 15 cm lang sein.

2. Nimm die neue Farbe. Lasse ein 15 cm langes Fadenende zum Vernähen hängen.

3. Stricke die erste Masche (Abb. 1 und 2). Diese Masche wirkt zunächst locker, aber das ist normal. Durch leichtes Ziehen an den Enden der beiden Fäden werden die Endmaschen etwas ordentlicher, und wenn du die Enden vernähst, werden die Maschen gleichmäßiger und sehen sauberer aus.

4. Stricke in deiner neuen Farbe weiter (Abb. 3).

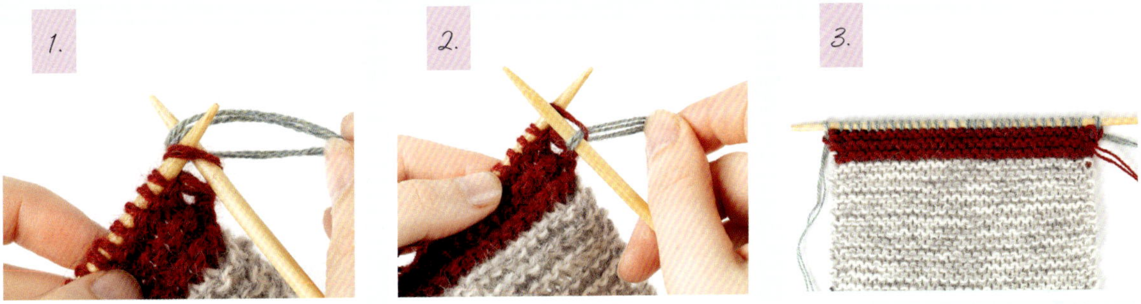

Fäden vernähen bei kraus rechten Maschen

Beim Stricken von farbigen Mustern hängen oft viele Fadenenden vom Strickstück. Es lohnt sich, diese Fadenenden ordentlich und sicher zu vernähen. Ich vernähe Fadenenden am liebsten mit einer Methode, die einem Maschen-Stickstich ähnelt. Wo möglich, solltest du die Enden immer in der entsprechenden Farbe vernähen.

1. Achte darauf, dass die Rückseite deiner Arbeit oben liegt. Fädele das Fadenende in eine Nadel ein und führe sie unter der nächsten Erhebung einer linken Masche durch.

2. Ziehe die Nadel durch und führe sie unter dem »V« der darunter liegenden Reihe durch. Folge dabei stets demselben Fadenstück in der Strickarbeit.

3. Führe die Nadel in andere Richtung unter derselben Erhebung der linken Masche durch wie zuvor und ziehe den Faden durch.

4. Drehe deine Nadel und führe sie, so wie die Masche unter deinem Faden, unter der Erhebung der nächsten linken Masche durch.

5. Fahre so fort und folge dabei dem verstrickten Faden, bis du mindestens 5 Maschen vernäht hast. Schneide den Faden ab.

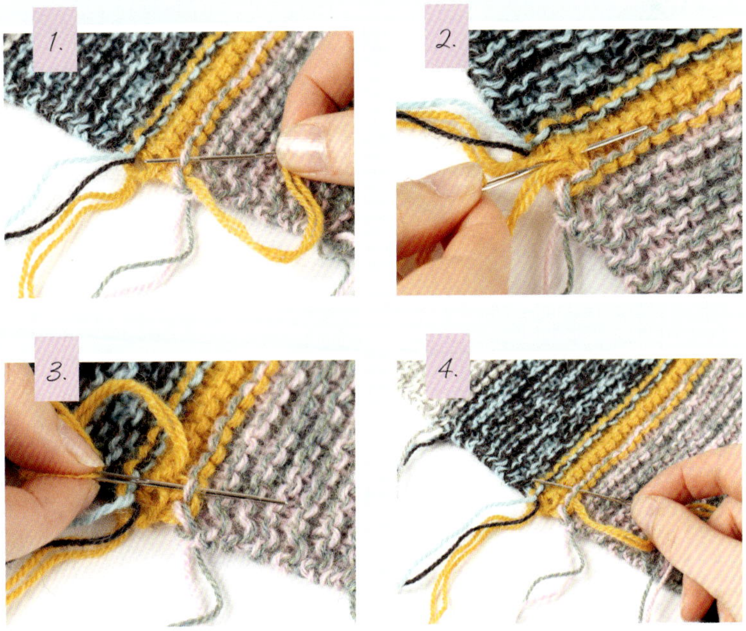

Zickzack-Decke

Mit einigen einfachen Maschenarten können Streifen zu einem Zickzackmuster werden! Diese Decke ist eine ideal einfache Strickarbeit, die Gelegenheit bietet, mit Farbkombinationen zu spielen. Dieses Design lässt sich durch Verändern der Streifenbreite oder Verwenden einer anderen Anzahl von Farben einfach individuell verändern. Die Farbauswahl für dieses Design hat so viel Spaß gemacht! Ich habe ein Gemälde mit strahlenden, satten Farben als Inspiration genommen und habe handgefärbtes Garn in ähnlich leuchtenden Farben gefunden. Die Garne habe ich fast wie zufällig verstrickt mit dem Ziel, eine gute Balance zwischen hellen/dunklen und warmen/kühlen Farben zu erzielen.

Was du brauchst

Garn

Malabrigo Rios (90 % Merinowolle, 10 % Nylon, LL = 400 m/100 g), in folgenden Farben:

- **Garn A:** Fresco Y Seco (128); 1 Knäuel
- **Garn B:** Frank Ochre (035); 1 Knäuel
- **Garn C:** English Rose (057); 1 Knäuel
- **Garn D:** Sabiduria (136); 1 Knäuel
- **Garn E:** Reflecting Pool (133); 1 Knäuel
- **Garn F:** Water Green (083); 1 Knäuel
- **Garn G:** Glitter (048); 1 Knäuel
- **Garn H:** Lettuce (037); 1 Knäuel
- **Garn I:** Ravelry Red (611); 1 Knäuel

Nadeln und Zubehör

- 5 mm Nadeln (US 8/UK 6) oder anderer Stärke, um die Maschenprobe zu erreichen

Größe

Einheitsgröße: 86 cm x 124 cm

Techniken

Maschen anschlagen, rechte und linke Maschen, zu- und abnehmen, abketten

Maschenprobe

17 M und 24 R = 10 cm x 10 cm glatt rechts mit 5 mm Nadeln, nach dem Waschen und Spannen

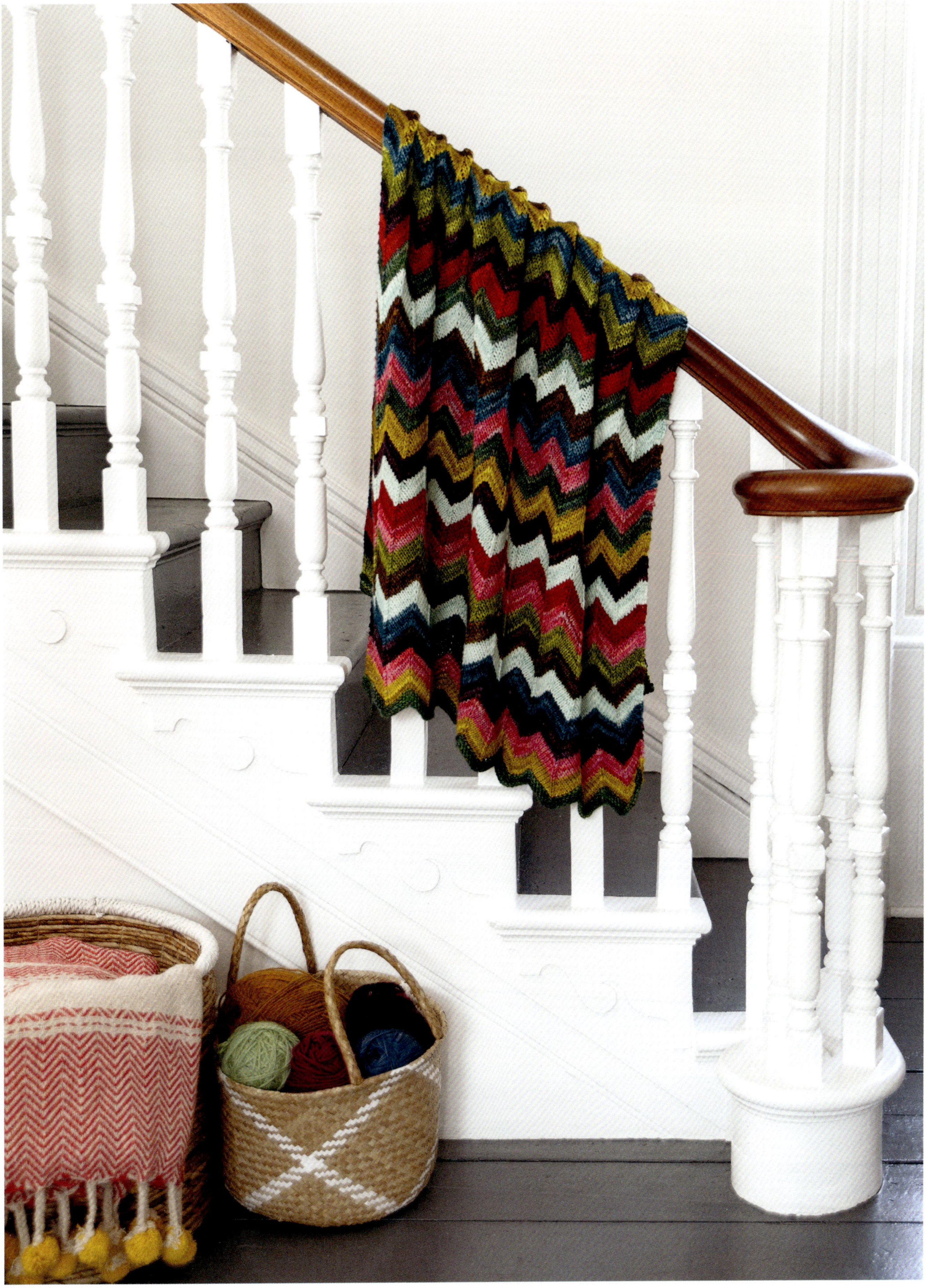

Anleitung

Mit **Garn A** 181 M anschlagen.

Kraus rechter Rand

Reihe 1 (Rückr): Re M stricken.

Reihe 2 (Hinr): 2 M re, * 1 M re, 1 Zun nach li, 6 M re, 1 dopp überz Abn, 6 M re, 1 Zun nach re; ab * wdh, 3 M re.

Reihen 3–4: Die letzten 2 R 1x wdh.

Reihe 5: Re M stricken.

Decke

Zu **Garn B** wechseln (siehe Farbwechsel auf Seite 23).

Reihe 1 (Hinr): 2 M re, * 1 M re, 1 Zun nach li, 6 M re, 1 dopp überz Abn, 6 M re, 1 Zun nach re; ab * wdh, 3 M re.

Reihe 2 (Rückr): 3 M re, li M stricken bis zu den letzten 3 M, 3 M re.

Reihen 3–6: Die letzten 2 R noch 2x wdh.

Zu **Garn C** wechseln.

Reihen 7–12: Die **Reihen 1–6** 1x wdh.

Nun die **Reihen 7–12** stets wdh, dabei alle 6 Reihen das Garn wechseln und in dieser Farbreihenfolge arbeiten:

D, E, F, G, H, C, I, F, D, B, A, C, E, G, F, A, I, D, H, E, B, G, C, F, E, I, G, H, C, A, B, D, F, I, B, H, G, E, I, D, H, A.

Kraus rechter Rand

Zu **Garn A** wechseln.

Reihe 1 (Hinr): 2 M re, * 1 M re, 1 Zun nach li, 6 M re, 1 dopp überz Abn, 6 M re, 1 Zun nach re; ab * wdh, 3 M re.

Reihe 2 (Rückr): Re M stricken.

Reihen 3–4: Die letzten 2 R 1x wdh.

Alle M abketten.

Fertigstellen

- Die Decke spannen (siehe Spannen auf Seite 123) und flach trocknen, auf die angegebenen Maße bringen.
- Alle Fäden vernähen (siehe Fäden vernähen bei glatt rechten Maschen auf Seite 27).

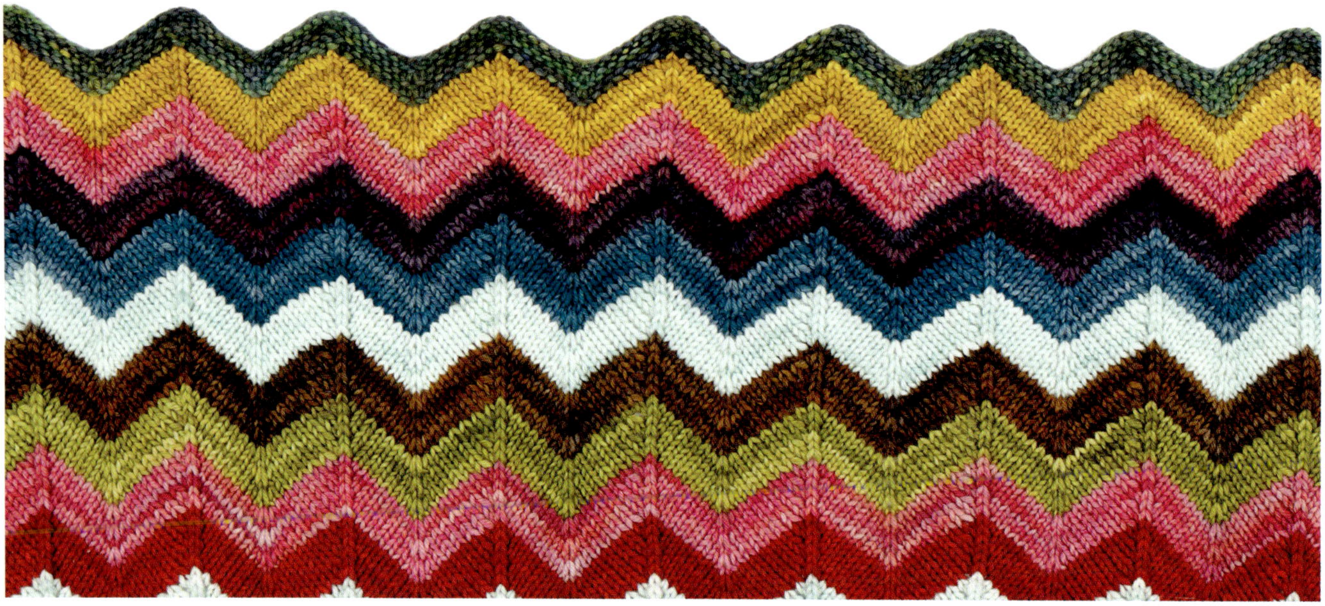

Fäden vernähen bei glatt rechten Maschen

Wenn du Streifen strickst, sind von den Farbwechseln immer viele Enden zu vernähen. Das kann zunächst etwas unordentlich wirken, aber wenn die Fäden erst mal sorgfältig vernäht sind, hat die Decke saubere Kanten. Die Decke hat drei kraus rechte Maschen an den Rändern. Befolge dort die vorherige Anleitung zum Vernähen von Fäden (siehe Fäden vernähen bei kraus rechten Maschen auf Seite 23), bis du zu den glatt rechten Maschen kommst.

1. Achte darauf, dass die Rückseite deiner Arbeit oben liegt. Fädele das Fadenende in eine Nadel ein. Führe die Nadel unter der nächsten Erhebung einer linken Masche durch und ziehe den Faden durch.

2. Drehe die Nadel und führe sie unter der Erhebung neben der Erhebung durch, durch die du die Nadel zuvor geführt hast. Führe die Nadel unter der Erhebung darunter durch, die etwas rechts liegt. Ziehe den Faden hindurch.

3. Drehe die Nadel und führe sie unter der danebenliegenden Erhebung durch und unter der Erhebung in der darüber liegenden Reihe, durch die du sie zuvor schon geführt hast.

4. Folge so dem Weg des verstrickten Fadens, bis du den Faden ein paar weitere Maschen weit vernäht hast bzw. das Fadenende sicher vernäht ist.

Schneide den Faden ab.

1.

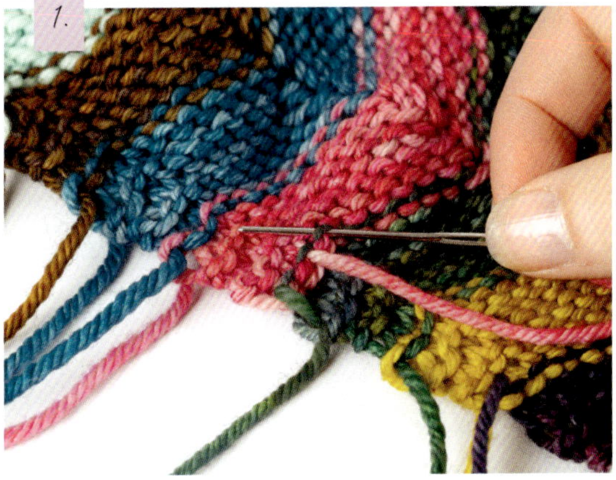

2.

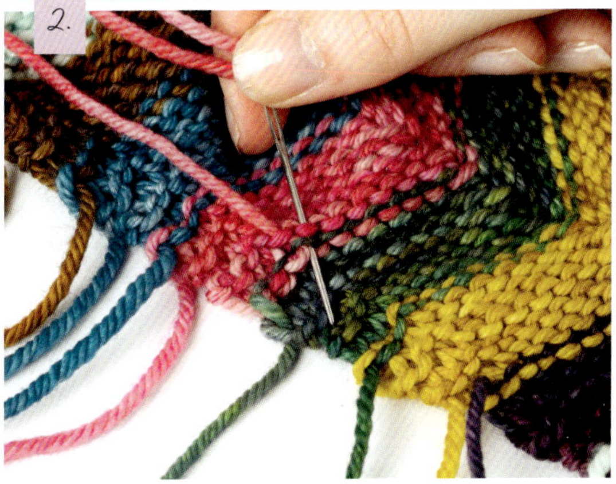

3.

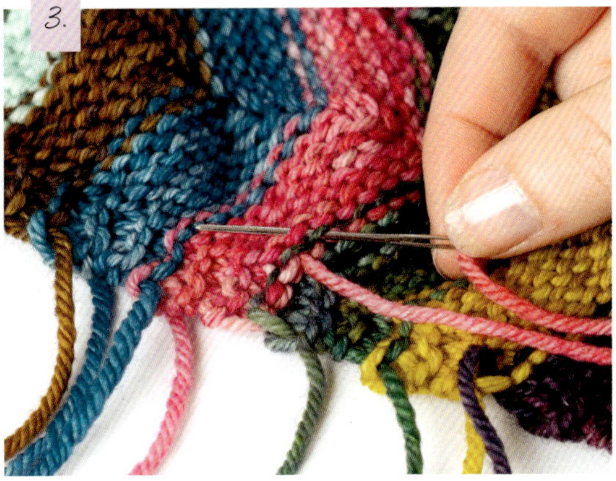

4.

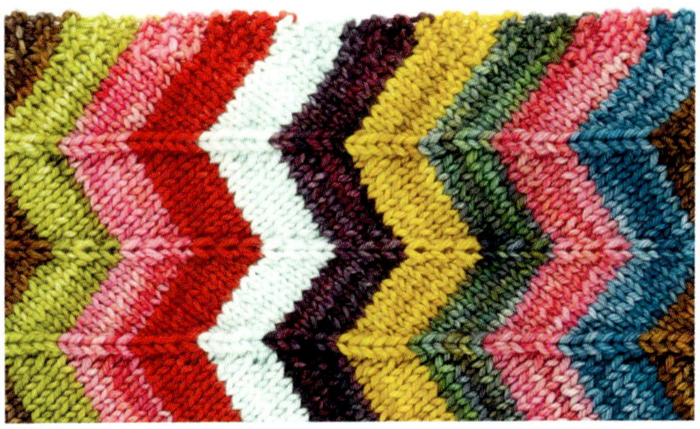

Geringelte Socken

Wer mag keine Ringelsocken? Natürlich gibt es eine endlose Auswahl an gestreiften und gemusterten Sockengarnen. Du kannst aber auch deine eigenen Streifen stricken, indem du deine Lieblingsfarben mit Bündchen, Fersen und Spitzen in Kontrastfarben kombinierst. Für diese Socken habe ich ein helles, leuchtendes, von Hand gefärbtes Garn und ein einfarbiges dunkles Garn gewählt. Die Farben sind kontrastierend genug, um markante Streifen zu bilden, aber die Sprenkel im handgefärbten Garn machen den Look fröhlicher.

Was du brauchst

Garn

- **Garn A:** Hedgehog Fibres Sock (90 % Merinowolle, 10 % Nylon, LL = 400 m/100 g), in der Farbe Fly; 1 Knäuel
- **Garn B**: Lang Jawoll (75 % Superwash-Wolle, 18 % Nylon, 7 % Acryl, LL = 190 m/50 g), in der Farbe French Blue (235); 1 (1/2) Knäuel

Nadeln und Zubehör

- 2,5 mm Nadelspiel (US 1,5/UK 12 oder 13) oder anderer Stärke, um die Maschenprobe zu erreichen
- Garnrest – etwa 50 cm Garn in einer ähnlichen Stärke wie das Sockengarn (glattes Garn in einer kontrastierenden Farbe ist am besten, da das Garn dadurch leicht zu finden und zu entfernen ist)
- Maschenmarkierer (MM)

Größen

Klein (mittel/groß)

- **Für einen Fußumfang von:** 22 (24,5/27) cm
- **Tatsächlicher Sockenumfang:** 20 (22,5/25) cm
- **Fußlänge:** Kann beim Stricken angepasst werden

Techniken

Maschen anschlagen, rechte und linke Maschen, abnehmen, in Runden stricken, Maschenstich

Maschenprobe

36 M und 50 R = 10 cm x 10 cm glatt rechts mit 2,5 mm Nadel, nach dem Waschen und Spannen

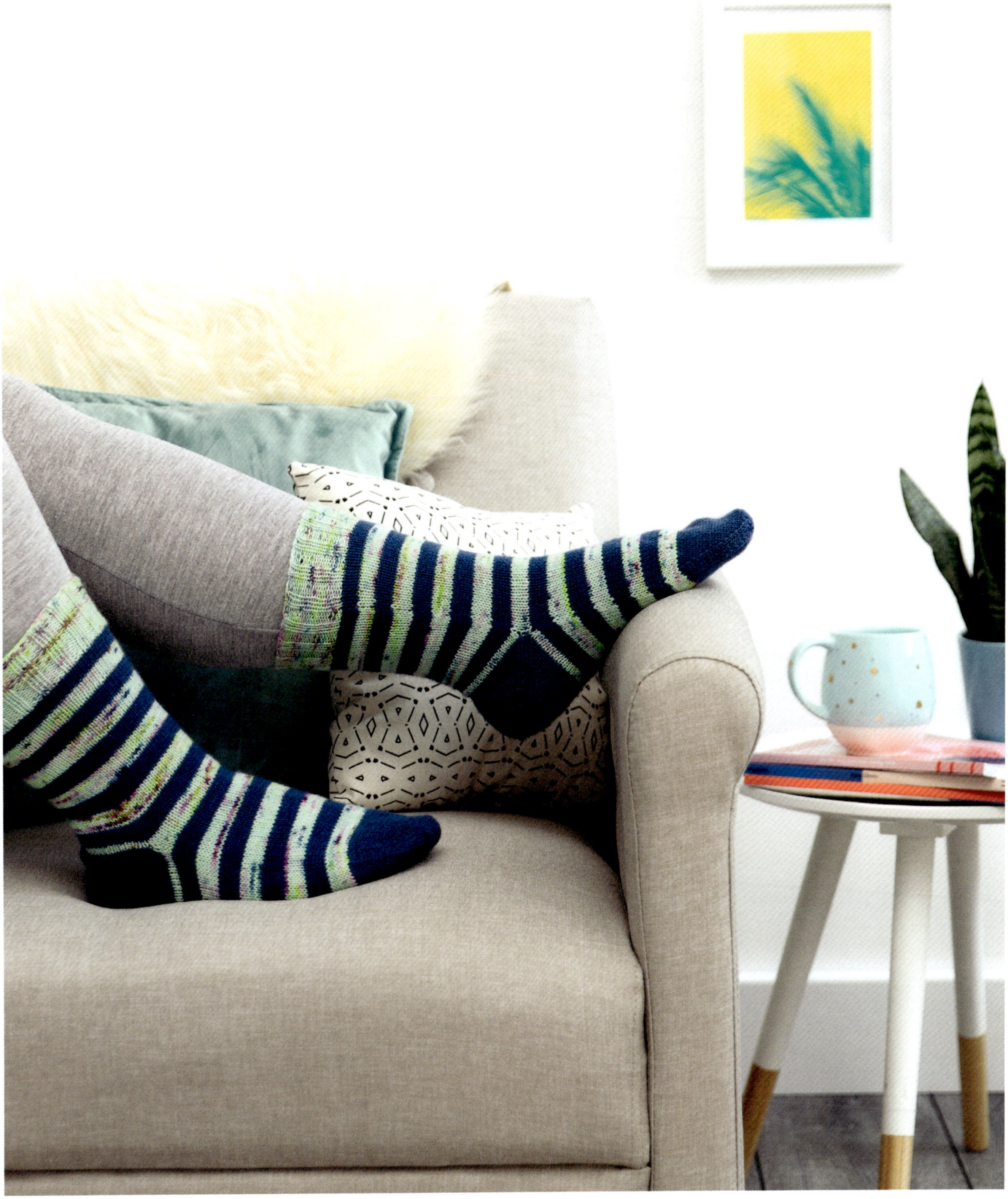

Anleitung

Stricke zwei gleiche Socken und achte dabei auf die Platzierung der Ferse für den rechten und linken Fuß.

Bündchen

64 (72/80) M mit **Garn A** anschlagen und zur Runde schließen. Dabei darauf achten, die Maschen nicht zu verdrehen (siehe Stricken in Runden auf Seite 120).

Den Rundenbeginn markieren.

Runde 1 (A): * 2 M re, 2 M li; ab * bis zum Ende der Runde wdh.

Runde 1 wdh, bis das Bündchen 5 cm lang ist.

Bein

Garn B hinzunehmen.

Nun stets Streifen über je 6 Runden arbeiten. Das nicht verwendete Garn dabei innen in der Socke mitführen (siehe Faden in Runden nach oben führen auf Seite 33) und die Methode Streifen ohne Treppchen verwenden (siehe Streifen ohne Treppchen auf Seite 32).

** **Runden 1–6 (B):** 6 R re M stricken.

Zu **Garn A** wechseln.

Runden 7–12 (A): 6 R re M stricken.

Zu **Garn B** wechseln. **

Runden 13–48: Noch 3x von ** bis ** wdh.

Runden 49–54 (B): 6 R re M stricken.

Zu **Garn A** wechseln.

Runden 55–57 (A): 3 R re M stricken.

Rechte Ferse

Die nächsten 32 (36/40) M mit einem Garnrest re stricken.

Die Mwieder auf die linke Nadel schieben.

Diese M mit **Garn A** erneut re M stricken und bis zum Ende der Runde fortfahren.

Linke Ferse

32 (36/40) M re stricken.

Die nächsten 32 (36/40) M mit einem Garnrest re stricken.

Die M wieder auf die linke Nadel schieben.

Diese M mit **Garn A** erneut re stricken.

Fuß

Mit **Garn A** weiterarbeiten.

Runden 1–2: 2 R re stricken.

Zu **Garn B** wechseln.

*** **Runden 3–8 (B):** 6 R re stricken.

Zu **Garn A** wechseln.

Runden 9–14 (A): 6 R re stricken.

Zu **Garn B** wechseln. ***

Von *** bis *** wdh, bis der Fuß höchstens 13,5 (14,5/15,5) cm ab eingestricktem Garnrest für die Ferse misst, und nach einem kompletten Ringelstreifen enden (beachte, dass die Spitze 5,5 (6/6) cm und die Ferse 7 (7,5/8,5) cm Länge hinzufügen).

Garn A abschneiden und nur mit **Garn B** weiterarbeiten.

Nächste Runde: 32 (36/40) M re stricken, 1 MM einhängen, alle übrigen M re stricken.

Spitze

Runde 1: 1 M re, 1 li gen Abn, bis 3 M vor dem MM re M stricken, 2 M re zus, 1 M re, den MM abh, 1 M re, 1 li gen Abn, bis zu den letzten 3 M re M stricken, 2 M re zus, 1 M re – 4 Abnahmen.

Runde 2: Alle M re stricken, den MM einfach abh.

Die letzten 2 Runden noch 7x (9x/8x) wdh – 32 (32/44) M.

Nur **Runde 1** weitere 3x (3x/5x) wdh – 20 (20/24) M.

Nächste Runde: Bis zum MM re M stricken.

Den Faden abschneiden, das Ende ca. 30 cm lang lassen.

Die M gleichmäßig auf 2 Nadeln verteilen und die Spitze mit Maschenstich schließen (siehe Maschenstich auf Seite 122).

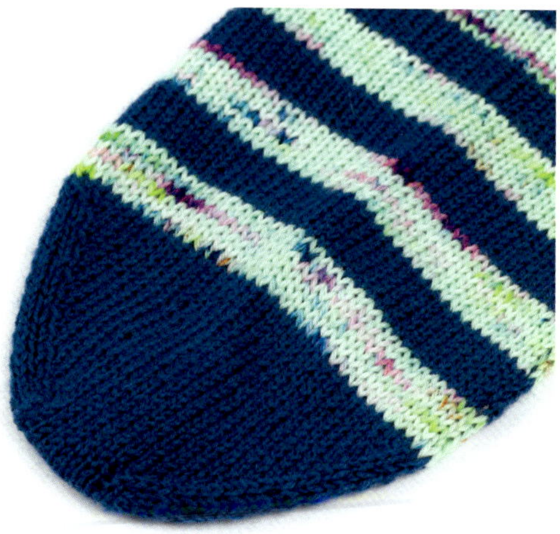

Ferse

32 (36/40) M aus der Runde unter dem Garnrest auf 2 Nadeln nehmen. Dazu jeweils die rechten Maschenschenkel auf die Nadelspitze heben (siehe Nachträgliche Fersen und Daumen auf Seite 121).

Die Socke umdrehen und die 32 (36/40) M der gegenüberliegenden Seite des Garnrests ebenso auf 2 Nadeln nehmen. Den Garnrest vorsichtig entfernen und darauf achten, dass alle M sicher auf den Nadeln liegen.

Mit **Garn B** wie folgt in Runden arbeiten:

Runde 1: 1 M aus dem Rand zwischen Ober- und Unterseite der Ferse herausstricken, 32 (36/40) M re, 2 M aus dem Rand herausstricken, 32 (36/40) M re, noch 1 M aus dem Rand herausstricken, den Rundenübergang markieren – 68 (76/84) M.

Runde 2: Alle M re stricken.

Runde 3: 34 (38/42) M re stricken, 1 MM einhängen, bis zum Ende re stricken.

Runde 4: * 1 M re, 1 li gen Abn, bis 3 M vor dem MM re stricken, 2 M re zus, 1 M re, den MM abh; ab * noch 1x wdh – 64 (72/80) M.

Runde 5: Alle M re stricken.

Die letzten 2 Runden noch 10x (12x/14x) wdh – 24 M.

Den Faden abschneiden, das Ende ca. 30 cm lang lassen.

Die M gleichmäßig auf 2 Nadeln verteilen und die Ferse im Maschenstich schließen (siehe Maschenstich auf Seite 122).

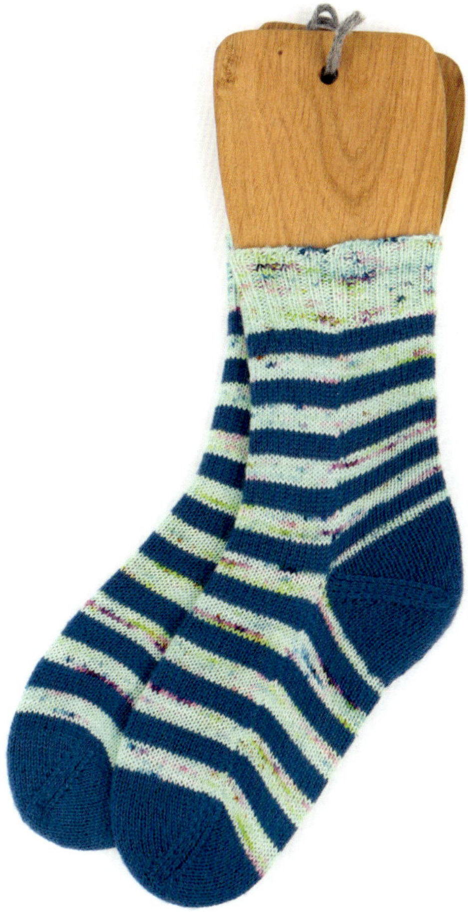

Fertigstellen

- Socken spannen (siehe Spannen auf Seite 123).
- Alle Fäden vernähen.

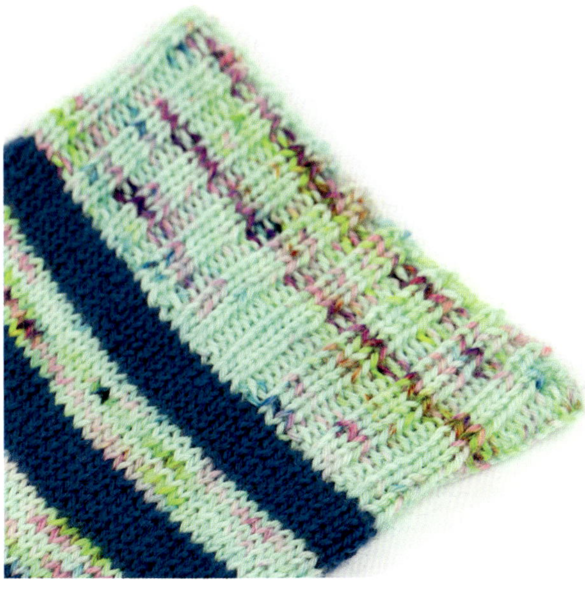

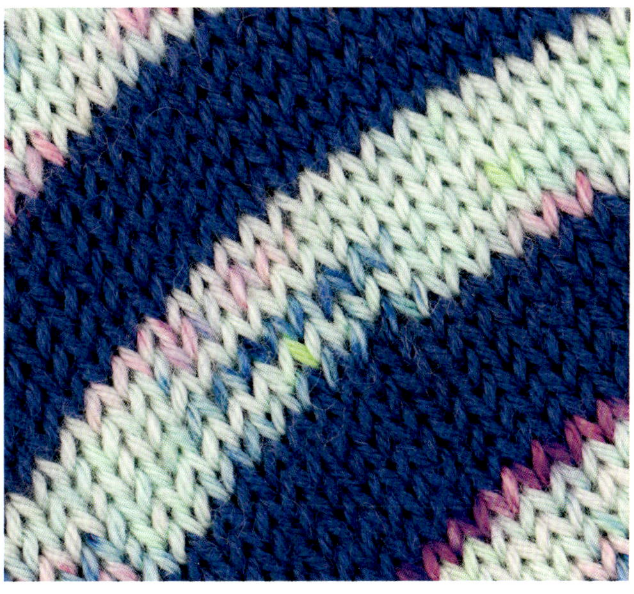

Streifen ohne Treppchen

Wenn du in Runden arbeitest, strickst du eine kontinuierliche Spirale. Dadurch liegt das Ende einer Runde etwas höher als ihr Anfang. Wenn du dann bei Streifen die Farbe wechselst, ist am Übergang, an dem Anfang und Ende der Runde aufeinandertreffen, deutlich zu erkennen. Das nennen wir »Treppchen«. Du kannst das Treppchen einfach so lassen oder es mit dieser Technik zu Beginn jedes Streifens recht effektiv beheben.

1. Stricke eine ganze Runde in der neuen Farbe (Abb. 1).

2. Bevor du mit der nächsten Runde beginnst, hebst du mit der rechten Nadel die Masche unter der ersten Masche der linken Nadel mit auf die linke Nadel (Abb. 2).

3. Stricke diese beiden Maschen rechts zusammen (Abb. 3).

Dadurch entsteht eine längliche Masche, die das Treppchen versteckt und deine Streifen ordentlich aussehen lässt (Abb. 4).

1.

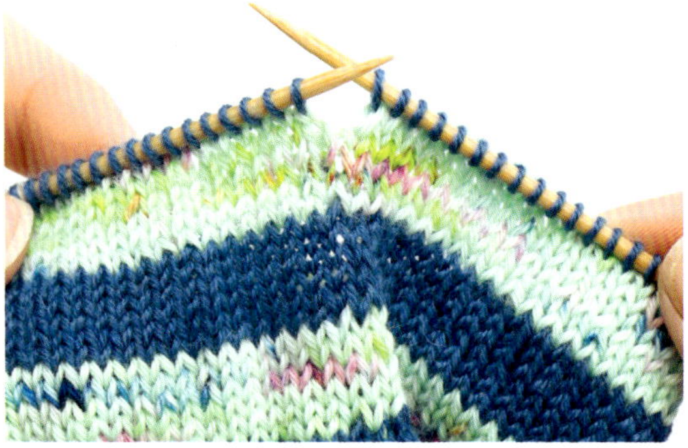

2.

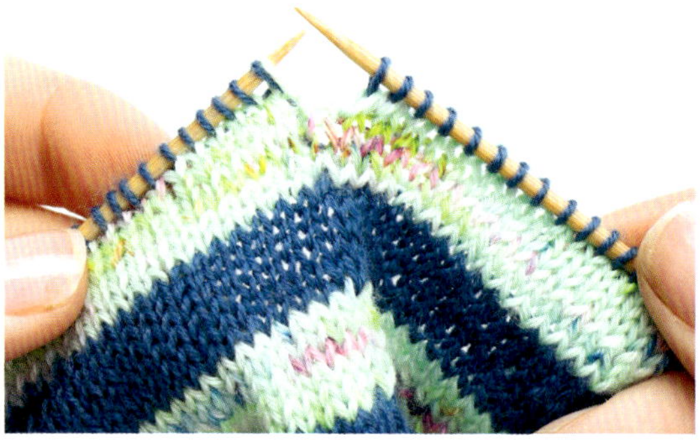

3.

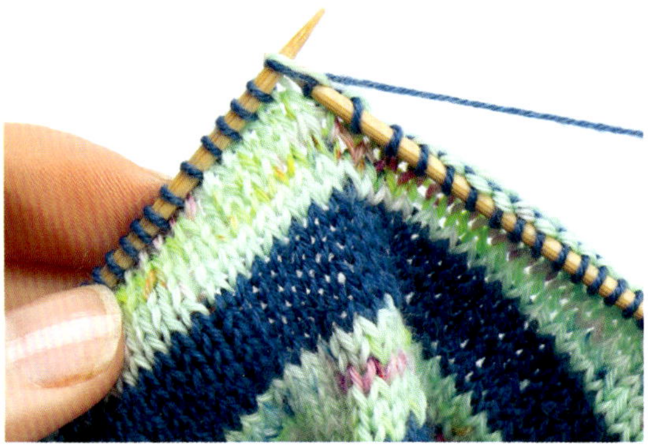

4.

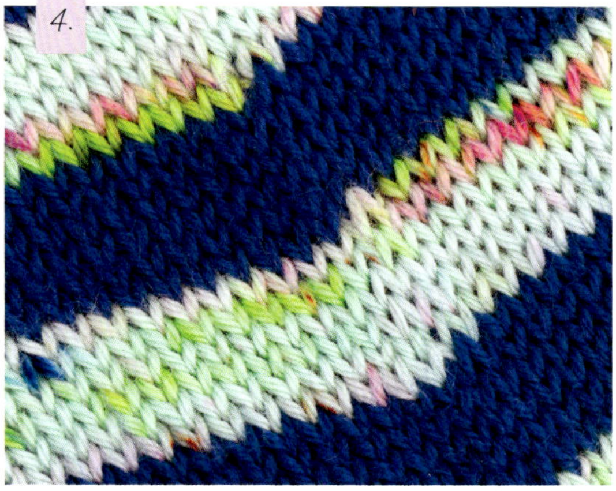

Faden in Runden nach oben führen

Mit dieser Technik brauchst du den Faden nicht nach jedem Streifen abzuschneiden. Dadurch sparst du Garn und brauchst nicht für jeden Farbwechsel Fadenenden zu vernähen. Beide Farben sind durchgehend mit deiner Arbeit verbunden. Daher solltest du beide Knäuel sorgfältig getrennt halten, damit sie sich nicht verwickeln.

1. Wenn du zu einer neuen Farbe wechselst, nimm das Knäuel, mit dem du strickst (die neue Farbe), und wickele es gegen den Uhrzeigersinn ganz um den Faden, den du nach oben führst (die alte Farbe) (Abb. 1). Stricke die ersten Maschen der Runde und stelle sicher, dass der hochgeführte Faden eng anliegt, aber nicht zu stark gespannt ist, damit sich die Strickarbeit nicht verzieht.

2. Stricke mit der neuen Farbe 2–4 Runden.

3. Wickele den hochgeführten Faden erneut gegen den Uhrzeigersinn wie in **Schritt 1** (Abb. 2).

Es ist wichtig, den Faden gegen den Uhrzeigersinn zu wickeln, damit der hochgeführte Faden nicht durch die Maschen zu sehen ist. Dadurch erhält die Arbeit außerdem eine gewisse Dehnbarkeit (Abb. 3).

1.

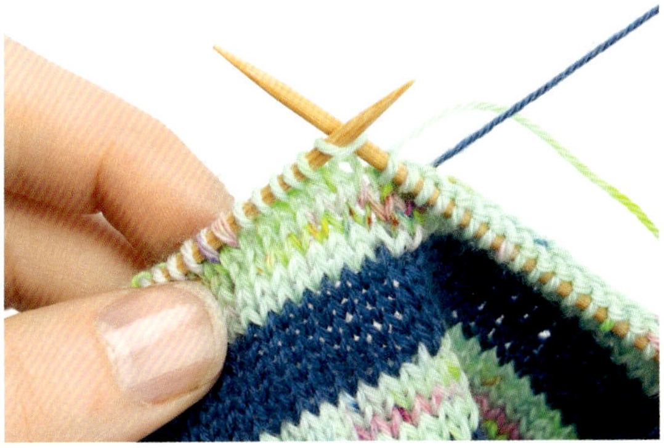

2.

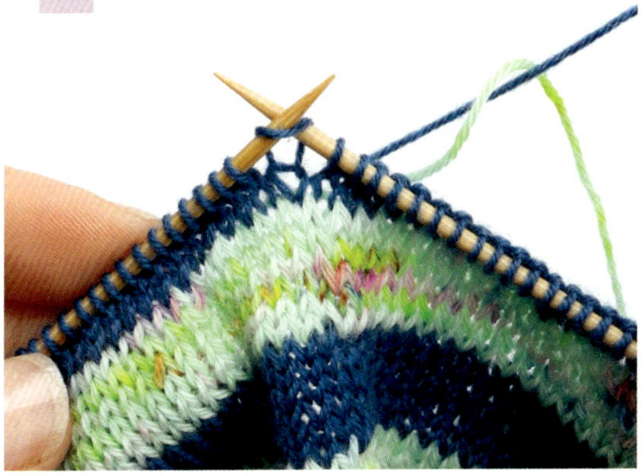

3.

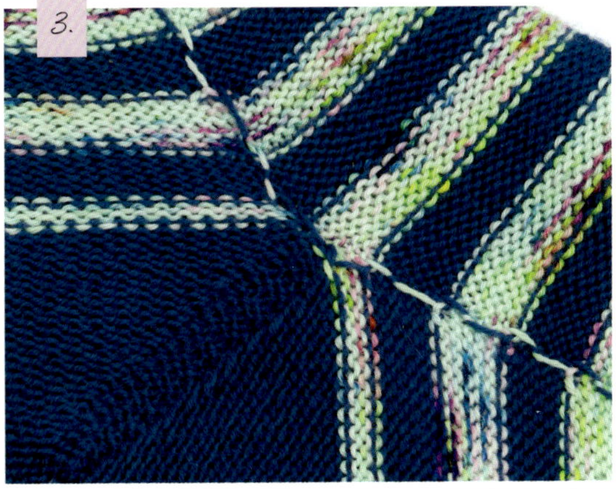

Kissen in Schattenstrick-Technik

Beim Schattenstricken erzielst du einen tollen Effekt mit Streifen. Die Designs werden in einer einfachen Streifenabfolge gestrickt. Indem du in den Reihen einfach zwischen rechten und linken Maschen abwechselst, entstehen auf der Vorderseite der Arbeit krause Rippen. Direkt von vorne sieht das Gestrickte einfach schmal gestreift aus, aber etwas seitlich betrachtet, etwa von der ersten oder letzten Reihe aus, treten die Rippen aus krausen Maschen vor und zeigen ein zuvor verborgenes Muster. Für dieses Kissen habe ich ein Dunkelgrau und ein Hellblau für einen starken Kontrast gewählt. Ich habe mich für kühle, gedämpfte Farben entschieden – für einen ruhigen, minimalistischen Look.

Was du brauchst

Garn

Berroco Vintage (52 % Acryl, 40 % Wolle, 8 % Nylon, LL = 198 m/100 g), in folgenden Farben:

- **Garn A:** Gringham (5120); 1 Knäuel
- **Garn B:** Storm (5109); 1 Knäuel

Nadeln und Zubehör

- 4 mm Nadeln (US 6/UK 8) oder anderer Stärke, um die Maschenprobe zu erreichen
- 4 Knöpfe (18 mm groß)

Größe

Einheitsgröße: 35 cm x 35 cm für ein 40 oder 45 cm großes Kissen

Techniken

Maschen anschlagen, rechte und linke Maschen, Strickschriften lesen, abketten

Maschenprobe

17 M und 33 R = 10 cm x 10 cm glatt rechts mit 4 mm Nadeln, nach dem Waschen und Spannen

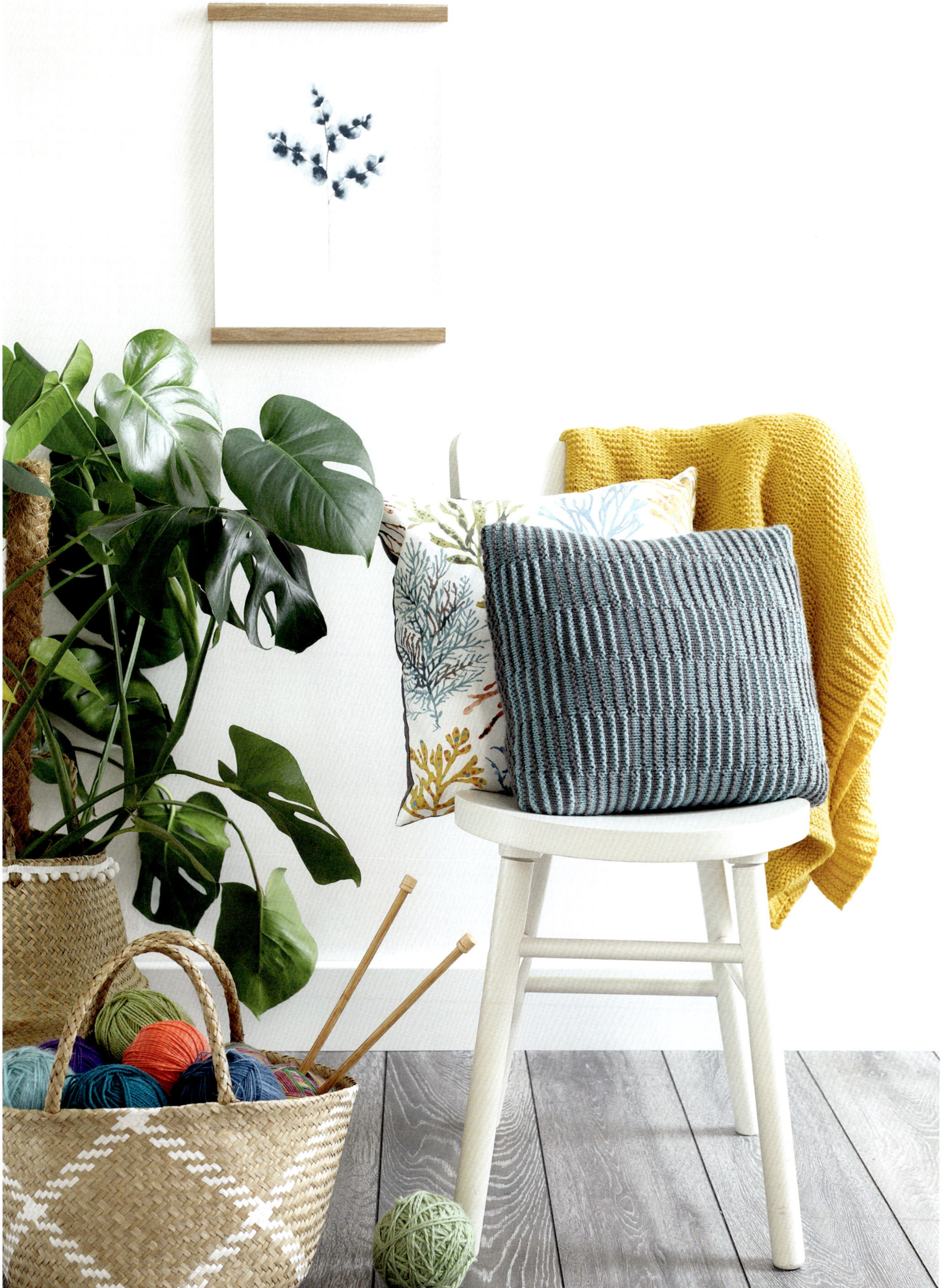

Anleitung

Vorderseite

Die Vorderseite des Kissens kann sowohl nach der Musterbeschreibung als auch nach Strickschrift gearbeitet werden. Führe das nicht verwendete Garn am Rand der Arbeit mit (siehe Faden am Strickrand nach oben führen auf Seite 39).

Musterbeschreibung

Mit **Garn A** 62 M anschlagen.

∗∗ Reihe 1 (A, Hinr): Re M stricken.

Reihe 2 (A, Rückr): 1 M re, ∗ 10 M re, 10 M li; ab ∗ wdh, 1 M re.

Zu **Garn B** wechseln.

Reihe 3 (B): Re M stricken.

Reihe 4 (B): 1 M re, ∗ 10 M li, 10 M re; ab ∗ wdh, 1 M re.

Zu **Garn A** wechseln. **∗∗**

Reihen 5–20: Noch 4x von **∗∗** bis **∗∗** wdh.

∗∗∗ Reihe 21 (A): Re M stricken.

Reihe 22 (A): 1 M re, ∗ 10 M li, 10 M re; ab ∗ wdh, 1 M re.

Zu **Garn B** wechseln.

Reihe 23 (B): Re M stricken.

Reihe 24 (B): 1 M re, ∗ 10 M re, 10 M li; ab ∗ wdh, 1 M re.

Zu **Garn A** wechseln. **∗∗∗**

Reihen 25–40: Noch 4x von **∗∗∗** bis **∗∗∗** wdh.

Reihen 41–120: Die **Reihen 1–40** noch 2x wdh, dann mit der Knopflochleiste fortfahren (siehe Knopflochleiste auf Seite 38).

Strickschrift

Reihe 1 (Hinr): Von rechts nach links lesen und Reihe 1 der Strickschrift arbeiten. Den Rapport insgesamt 3x arbeiten.

Reihe 2 (Rückr): Von links nach rechts lesen und Reihe 2 der Strickschrift arbeiten. Den Rapport insgesamt 3x arbeiten.

Reihen 3–40: Weiter nach Strickschrift arbeiten und die Farben wie angegeben wechseln, bis alle 40 Reihen fertig sind.

Reihen 41–120: Die **Reihen 1–40** noch 2x wdh, dann mit der Knopflochleiste fortfahren (siehe Knopflochleiste auf Seite 38).

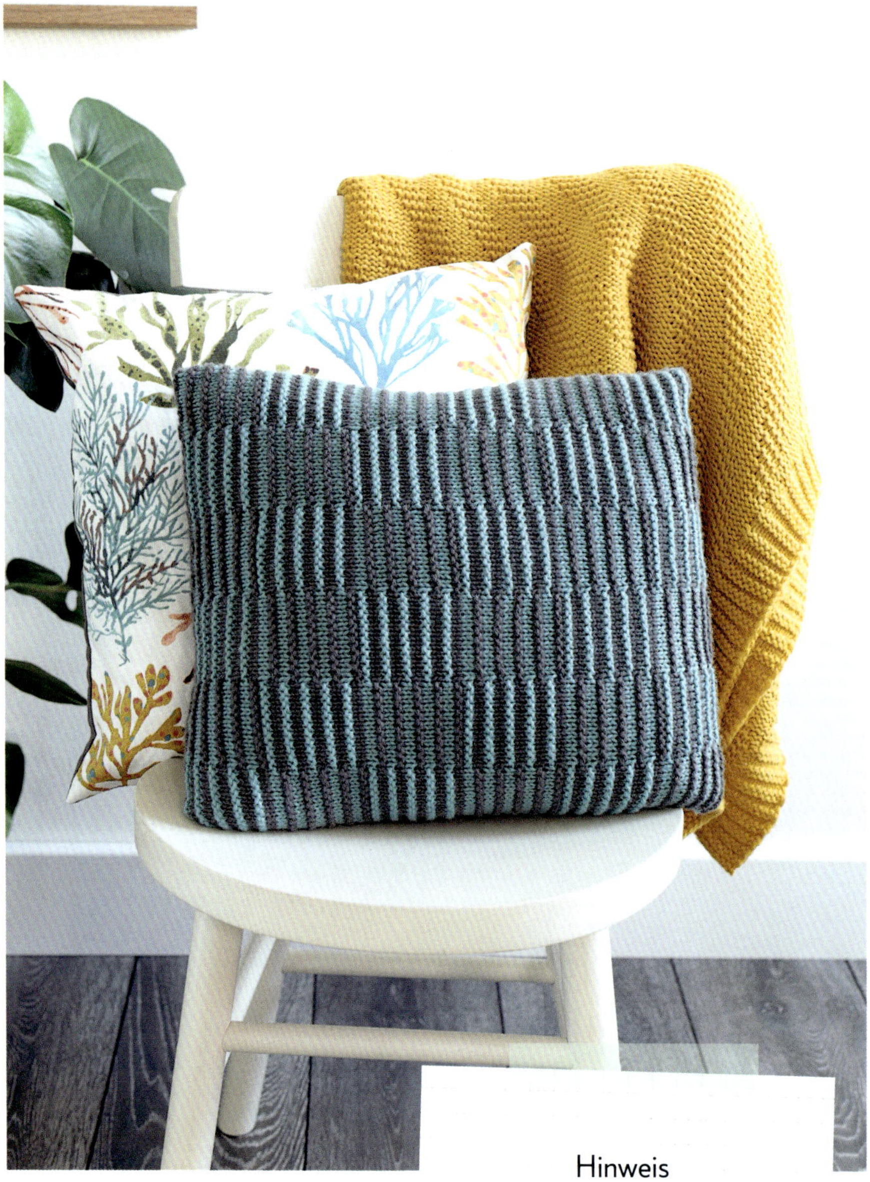

Hinweis

Das Schattenmuster tritt deutlicher hervor, wenn Du das fertige Kissen um 90° kippst und es so platzierst, dass die Knopfleiste auf der Rückseite senkrecht verläuft.

Strickschrift

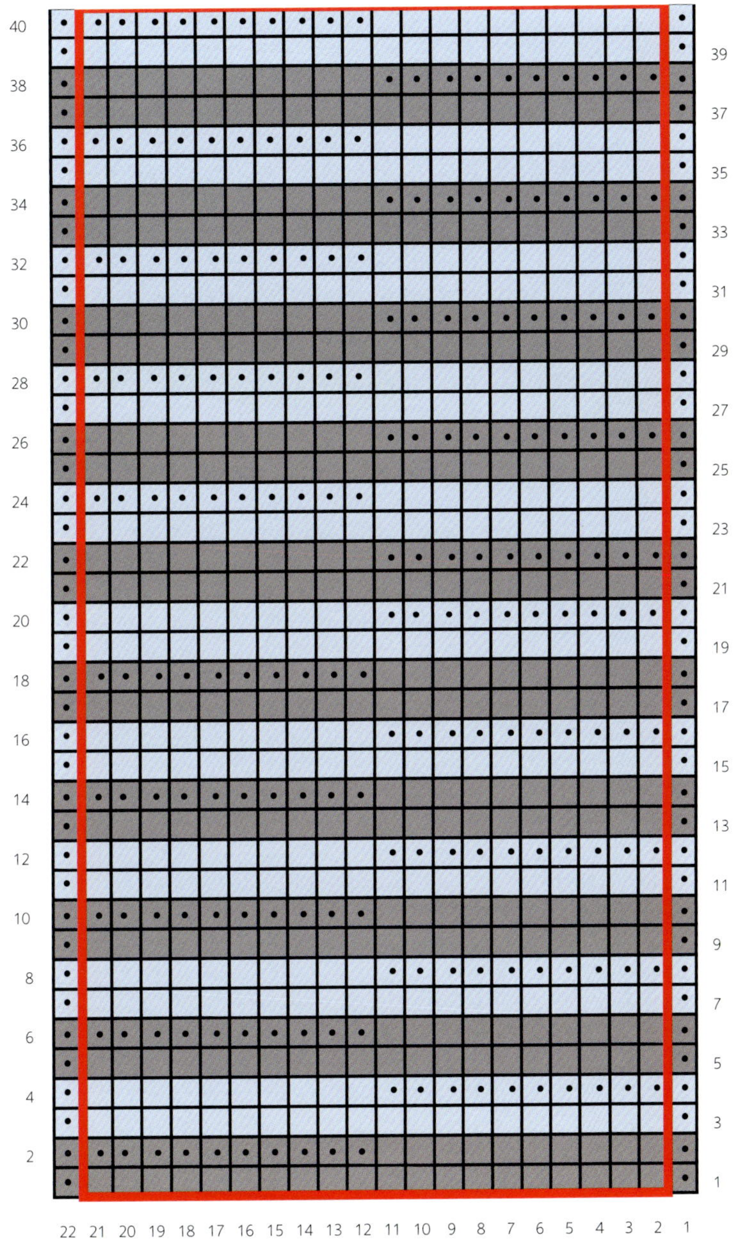

- Musterrapport
- Garn A
- Garn B
- 1 M kraus re (in Hinr und Rückr re)
- 1 M glatt re (in Hinr re, in Rückr li)

Knopflochleiste

Zu **Garn A** wechseln.

Reihe 1: Re M stricken

Reihe 2: 1 M re, * 2 M re, 2 M li; ab * wdh, 1 M re.

Reihe 3: Re M stricken

Reihe 4: 1 M re, * 2 M li, 2 M re; ab * wdh, 1 M re

Reihen 5–12: Die **Reihen 1–4** noch 2x wdh.

Reihe 13: Re M stricken.

Reihe 14: 1 M re, * 2 M re, 2 M li; ab * wdh, 1 M re.

Reihe 15 (Knopfloch-Reihe): 10 M re, 2 M re zus, 1 U, 3x (11 M re, 2 M re zus, 1 U), 11 M re.

Reihe 16: 1 M re, * 2 M li, 2 M re; ab * wdh, 1 M re.

Reihen 17–20: Die letzten 4 R noch 1x wdh.

Alle M abketten.

Rückseite

Mit **Garn A** 62 M anschlagen.

Reihen 1–40: Wie die Vorderseite arbeiten.

Die **Reihen 1–40** noch 1x wdh.

Die **Reihen 1–20** noch 1x wdh.

Knopfleiste

Zu **Garn A** wechseln.

Reihe 1: Re M stricken.

Reihe 2: 1 M re, * 2 M re, 2 M li; ab * wdh, 1 M re.

Reihe 3: Re M stricken.

Reihe 4: 1 M re, * 2 M li, 2 M re; ab * wdh, 1 M re.

Reihen 5–20: Die **Reihen 1–4** noch 4x wdh.

Alle M abketten.

Fertigstellen

- Das Kissen auf die angegebenen Maße spannen (siehe Spannen auf Seite 123).
- Die Knopflochleiste und die Knopfleiste verbinden. Dazu die Knopflochleiste über die Knopfleiste legen und die Seiten mit Steppstich zusammennähen.
- Die Seiten des Kissens an den anderen 3 Seiten mit Matratzenstich schließen (siehe Matratzenstich auf Seite 123).
- Vier Knöpfe auf der Höhe der Knopflöcher auf die Knopfleiste nähen.
- Alle Fäden vernähen.

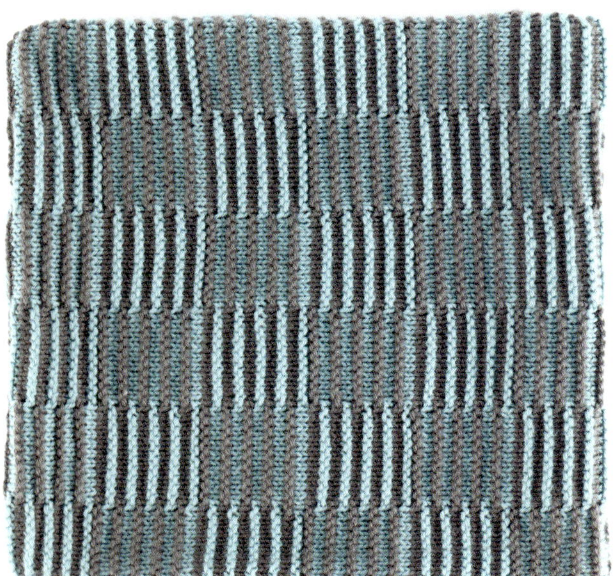

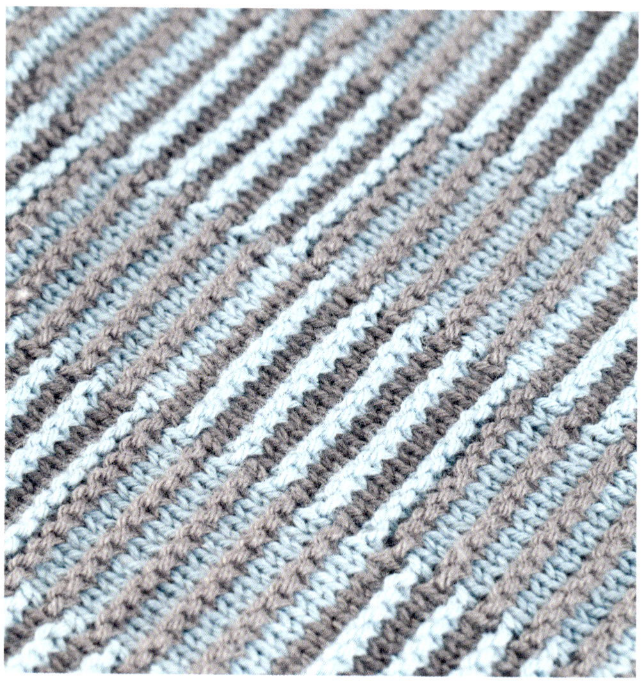

Faden am Strickrand nach oben führen

Die Schattenstrick-Technik wird als zweifarbiges Streifenmuster mit zwei Reihen pro Streifen gearbeitet. Du wirst das Garn nicht nach jedem Streifen abschneiden wollen, daher bietet es sich an, das Garn am Strickrand nach oben mitzuführen. Bei Streifen, die zwei Reihen hoch sind, ist das sehr einfach.

1. Nachdem du zwei Reihen in einer Farbe gestrickt hast, halte die Farbe, die du gerade beendet hast, auf der Rückseite deiner Arbeit (Abb. 1).

2. Stricke die nächste Masche mit der neuen Farbe. Stelle dabei sicher, dass du das Garn etwas festgezogen hast, jedoch nicht zu sehr, damit es nicht die Seite der Arbeit zusammenzieht (Abb. 2).

3. Auch bei Streifen über mehr als zwei Reihen kannst du den Faden am Strickrand mit nach oben führen. Für saubere, gleichmäßige Strickränder winde das Arbeitsgarn (das gerade verwendete Garn) dabei alle paar Reihen um das mitgeführte Garn (das nicht verwendete Garn) herum (Abb. 3). Achte dabei auf die Fadenspannung.

1.

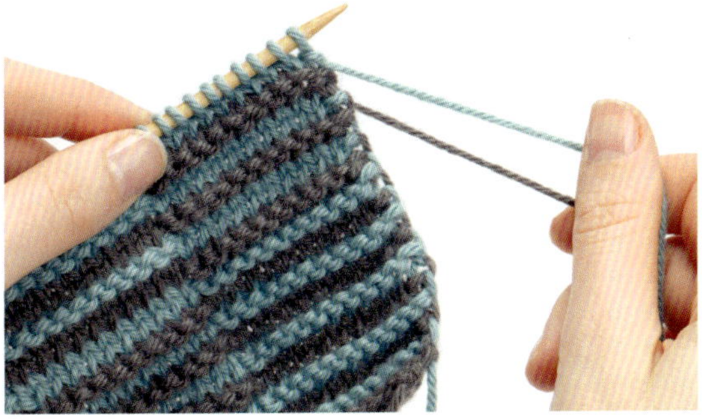

2.

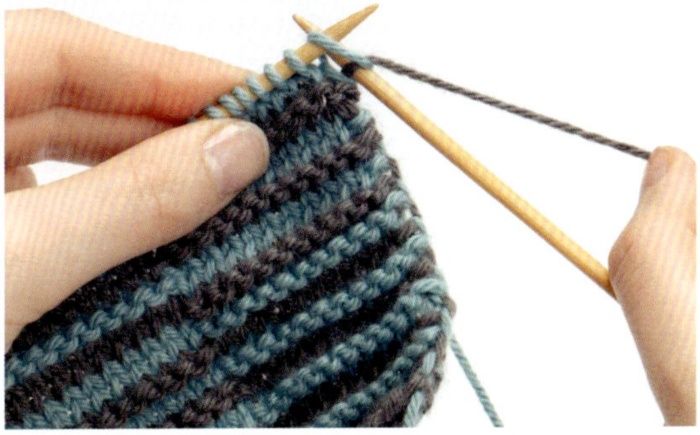

3.

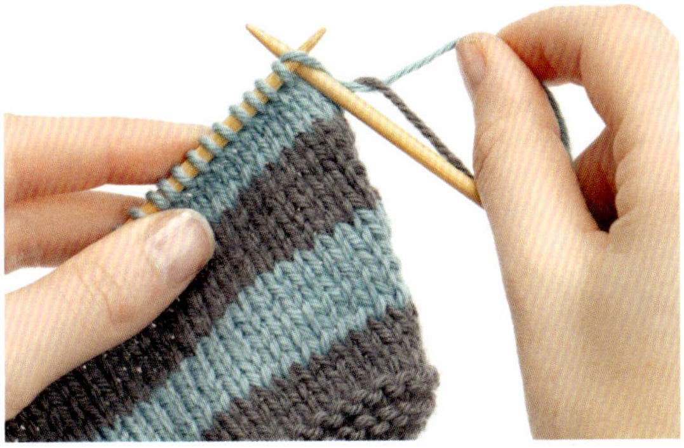

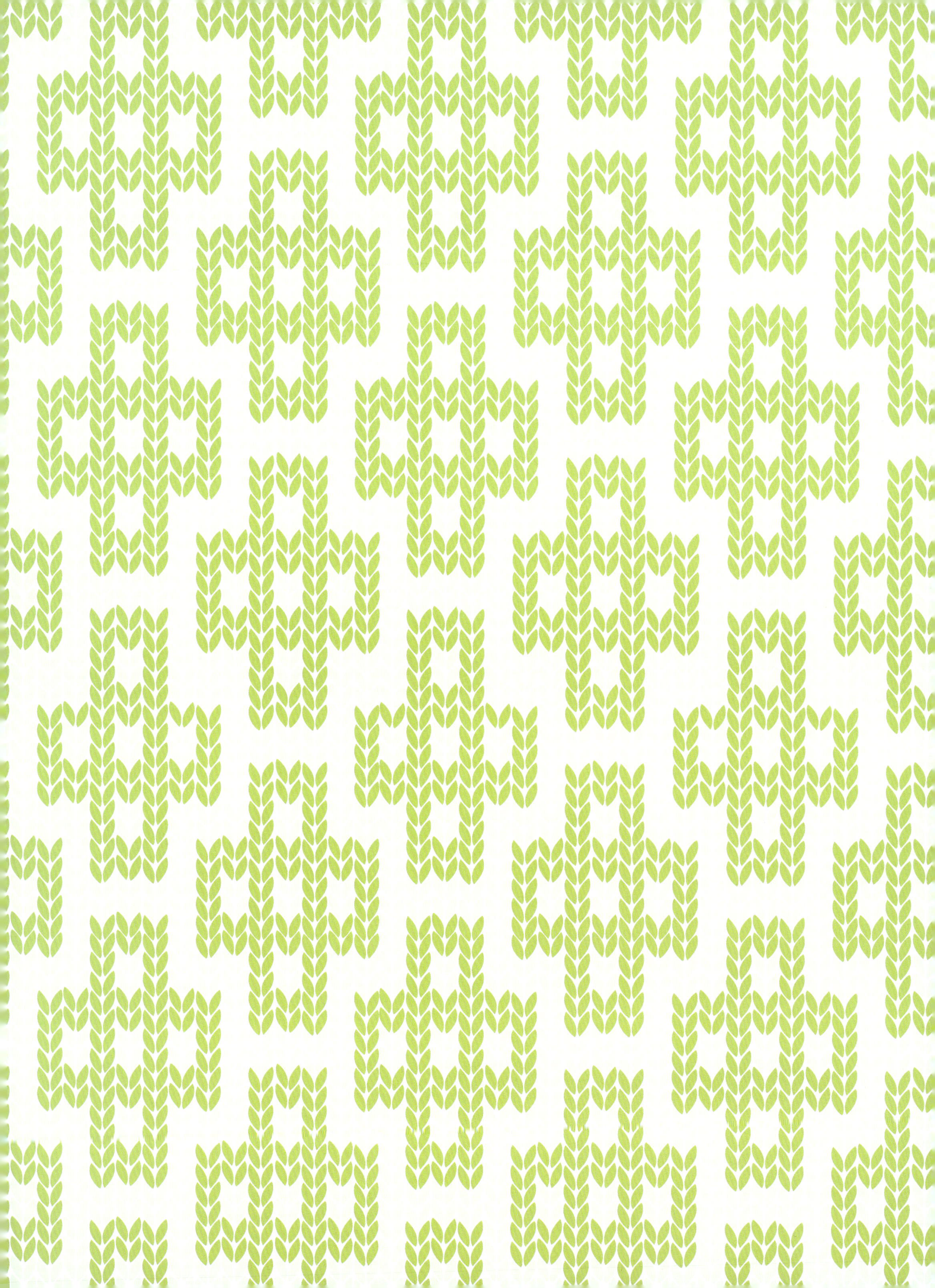

Hebemaschen

Waschlappen im Backsteinmuster

Waschlappen sind perfekt, um neue Techniken auszuprobieren. Sie sind nicht nur klein, sondern auch unkompliziert: Sie müssen keine bestimmte Größe haben und selbst mit Fehlern sind sie noch nützlich! Diese Waschlappen verwenden Hebemaschen an den Seiten der Arbeit, um einen sauberen Rand zu bilden, sowie im strukturierten Hauptmuster. Ich habe ruhige, natürliche Farben mit genug Kontrast gewählt, um das Farbmuster zu betonen. Dies ist ein tolles Design, um alle erdenklichen Farbkombinationen auszuprobieren, da du nur zwei Farben kombinierst und die verschiedenen Farbbereiche recht klar definiert sind. Da du sie nicht anziehen wirst, kannst du gewagtere Farben wählen und Kombinationen ausprobieren, die du sonst nicht verwenden würdest.

Was du brauchst

Garn

- Lily Sugar 'n Cream (100 % Baumwolle, LL = 109 m/71 g), in folgenden Farben:

Fliederfarbener Waschlappen:

- **Garn A**: Jute (0082); 1 Knäuel
- **Garn B**: Lilac (0093); 1 Knäuel

Grüner Waschlappen:

- **Garn A**: Jute (0082); 1 Knäuel
- **Garn B**: Sage Green (0084); 1 Knäuel

Nadeln und Zubehör

- 4,5 mm Nadeln (US 7/UK 7) oder anderer Stärke, um die Maschenprobe zu erreichen

Größe

Einheitsgröße: 24 cm x 24 cm

Techniken

Maschen anschlagen, rechte und linke Maschen, Hebemaschen, in Reihen arbeiten, Strickschriften lesen, abketten

Maschenprobe

18 M und 36 R = 10 cm x 10 cm im Backsteinmuster mit 4,5 mm Nadeln, nach dem Waschen und Spannen

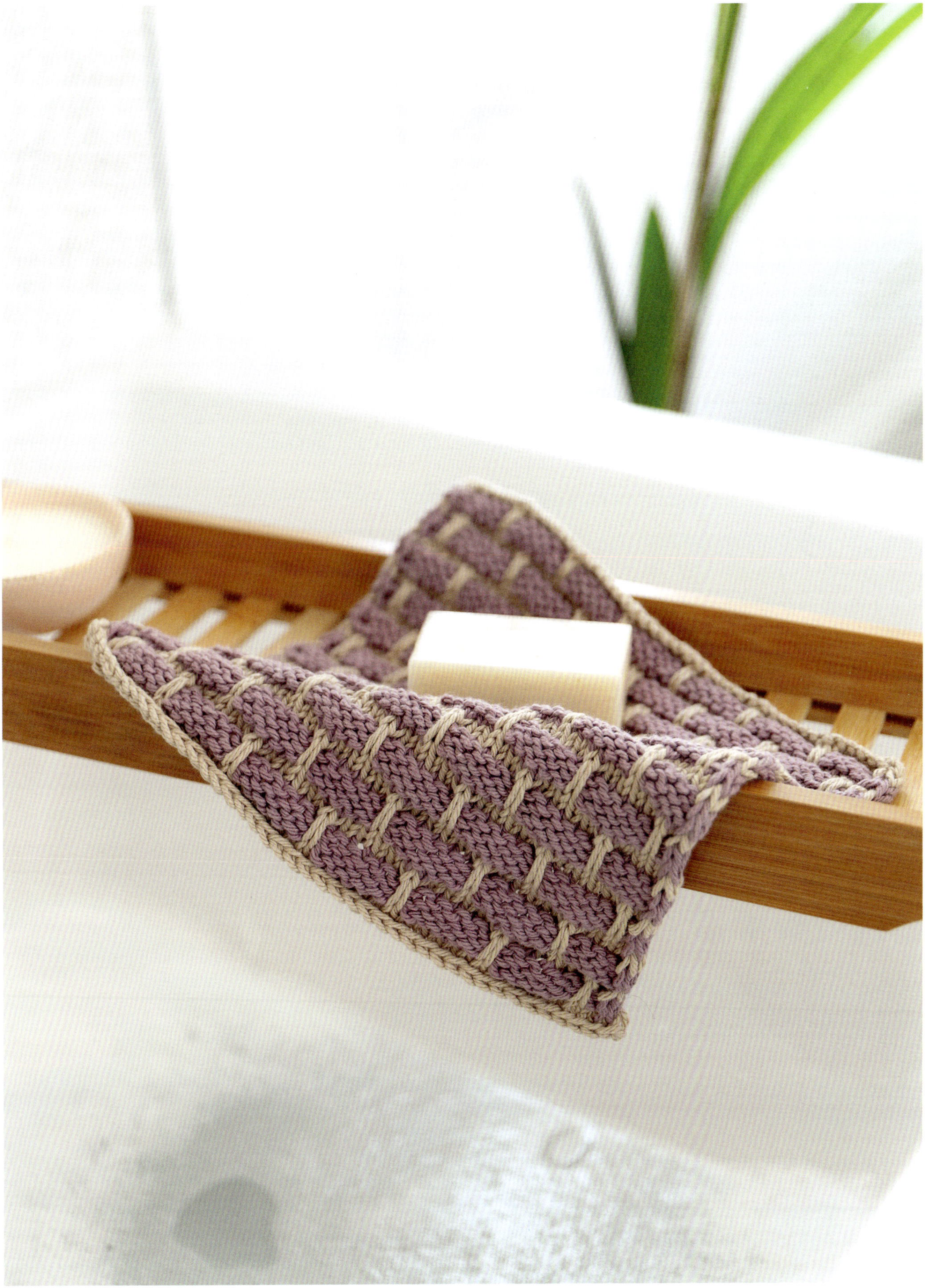

Anleitung

Mit **Garn A** 43 M anschlagen.

Für die **Reihen 1–12** arbeite entweder nach der Musterbeschreibung oder der untenstehenden Strickschrift. Lies Hebemaschen auf Seite 45, bevor du mit dem Waschlappen beginnst.

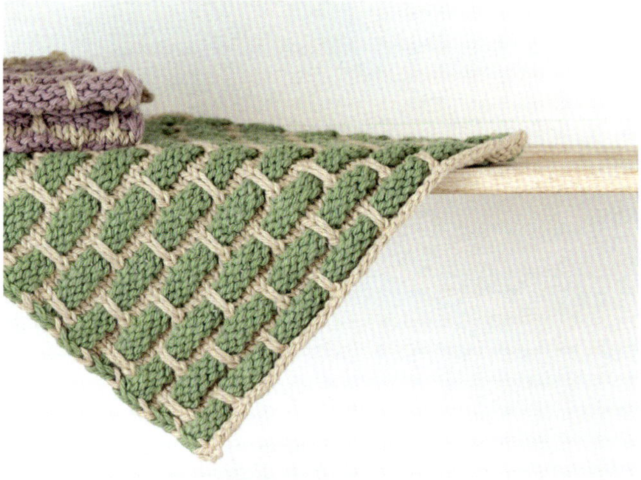

Musterbeschreibung

Reihe 1 (Hinr): Re M, die letzten 2 M abh (Fd hinten).

Reihe 2 (Rückr): Li M, die letzten 2 M abh (Fd vorne).

Zu **Garn B** wechseln.

Reihe 3: 6 M re, * 1 M abh (Fd hinten), 5 M re; ab * wdh, 1 M abh (Fd hinten), 4 M re, 2 M abh (Fd hinten).

Reihe 4: 2 M li, 4 M re, * 1 M abh (Fd vorne), 5 M re; ab * wdh, 1 M abh (Fd vorne), 4 M re, 2 M abh (Fd vorne).

Reihe 5: 2 M re, 4 M li, * 1 M abh (Fd hinten), 5 M li; ab * wdh, 1 M abh (Fd hinten), 4 M li, 2 M abh (Fd hinten).

Reihe 6: Die **Reihe 4** wdh.

Zu **Garn A** wechseln.

Reihe 7: Re M, die letzten 2 M abh (Fd hinten).

Reihe 8: Li M, die letzten 2 M abh (Fd vorne).

Zu **Garn B** wechseln.

Reihe 9: 3 M re, * 1 M abh (Fd hinten), 5 M re; ab * wdh, 1 M abh (Fd hinten), 1 M re, 2 M abh (Fd hinten).

Reihe 10: 2 M li, 1 M re, * 1 M abh (Fd vorne), 5 M re; ab * wdh, 1 M abh (Fd vorne), 1 M re, 2 M abh (Fd vorne).

Reihe 11: 2 M re, 1 M li, * 1 M abh (Fd hinten), 5 M li; ab * wdh, 1 M abh (Fd hinten), 1 M li, 2 M abh (Fd hinten).

Reihe 12: Die **Reihe 10** wdh.

Die **Reihen 1–12** noch 6x wdh.

Die **Reihen 1–2** 1x wdh.

Alle M abketten.

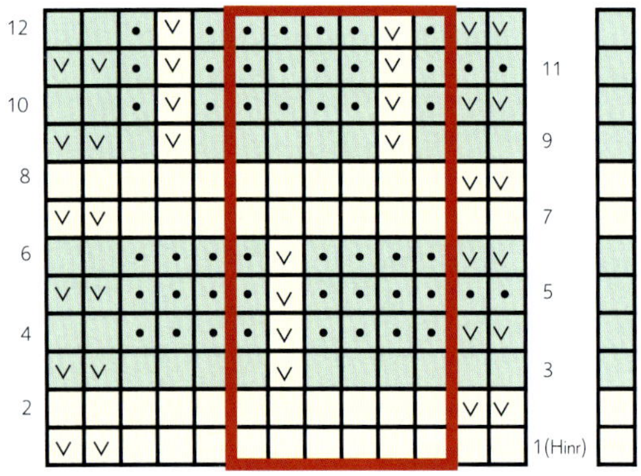

Die Spalte rechts zeigt die für die Reihe verwendete Garnfarbe.

- Musterrapport
- Garn A
- Garn B
- M kraus re (in Hinr und Rückr re)
- 1 M glatt re (in Hinr re, in Rückr li)
- 1 M abh (Fd auf Rückseite: in Hinr Fd hinten, in Rückr Fd vorne)

Strickschrift

Reihe 1 (Hinr): Reihe 1 der Strickschrift von rechts nach links lesen, dabei mit den 2 M vor dem Rapport beginnen, 6x den Rapport, dann die letzten 5 M stricken.

Reihe 2 (Rückr): Reihe 2 der Strickschrift von links nach rechts lesen, dabei mit den 5 M vor dem Rapport beginnen, 6x den Rapport, dann die letzten 2 M stricken.

Diese beiden Reihen legen die Position des Musters fest.

Reihen 3–12: Weiter nach Strickschrift arbeiten, bis alle 12 Reihen fertig sind.

Die **Reihen 1–12** noch 6x wdh.

Die **Reihen 1–2** 1x wdh.

Alle M abketten.

Fertigstellen

- Den Waschlappen spannen (siehe Spannen auf Seite 123).
- Alle Fäden vernähen.

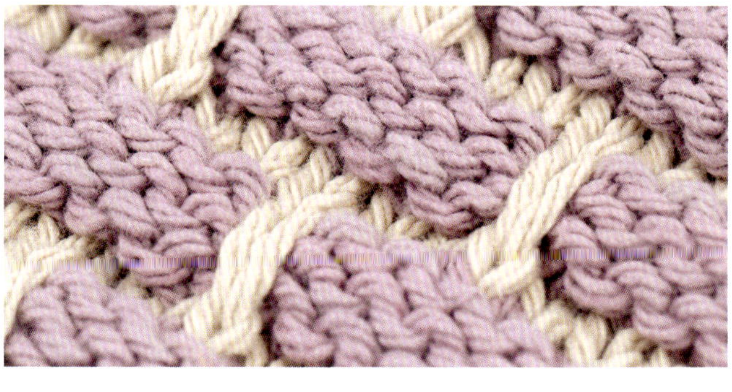

Hebemaschen

Maschen werden wie zum Linksstricken abgehoben, es sei denn, dass die Anleitung ausdrücklich angibt, dass sie wie zum Rechtsstricken abgehoben werden sollen. Außerdem ist zu beachten, ob der Faden beim Abheben der Masche vor oder hinter der Arbeit gehalten werden soll. Dies kann verwirrend sein, da wir auch von der rechten bzw. linken Seite der Arbeit sprechen! Ich erkläre diese Unterschiede hier, aber mach dir nicht zu viele Gedanken: Für jedes Design ist alles klar erklärt.

Vorne und hinten

»Vorne« ist die Seite der Strickarbeit, die beim Stricken zu dir zeigt.

»Hinten« ist die Seite der Strickarbeit, die beim Stricken von dir wegzeigt.

Was wir unter »vorne« und »hinten« verstehen, ändert sich also beim Wenden der Arbeit.

Hin- und Rückreihen

Die »Vorderseite« deiner Arbeit ist die Seite, die später zu sehen sein soll.

Die »Rückseite« deiner Arbeit ist die Seite, die später nicht zu sehen sein soll.

Vorder- und Rückseite deiner Arbeit bleiben immer gleich und werden in den ersten zwei Reihen der Anleitung festgelegt.

1 Masche abheben mit dem Faden hinten – 1 M abh (Fd hinten)

Hebe die nächste Masche wie folgt links ab und halte den Faden dabei von dir weg: Mit dem Faden hinter der Arbeit hebe die nächste Masche wie eine linke Masche ab. Stich dazu die rechte Nadel so ein, als wolltest du eine linke Masche stricken (Abb. 1), und s chiebe sie von der linken auf die rechte Nadel.

1 Masche abheben mit Faden vorne – 1 M abh (Fd vorne)

Hebe die nächste Masche wie folgt links ab und halte dabei den Arbeitsfaden zu dir hin: Führe den Faden zunächst zwischen den Nadeln nach vorne. Hebe die nächste Masche wie eine linke Masche ab. Stich dazu die rechte Nadel so ein, als wolltest du eine linke Masche stricken (Abb. 2), und schiebe sie von der linken auf die rechte Nadel. Führe den Faden zwischen den Nadeln wieder nach hinten, um die nächste Masche zu stricken.

1.

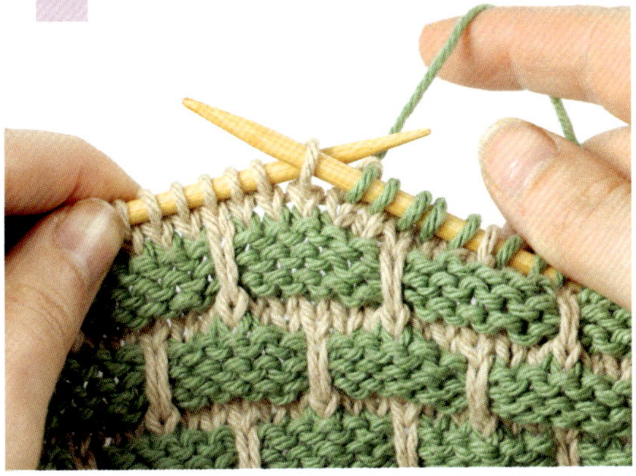

2.

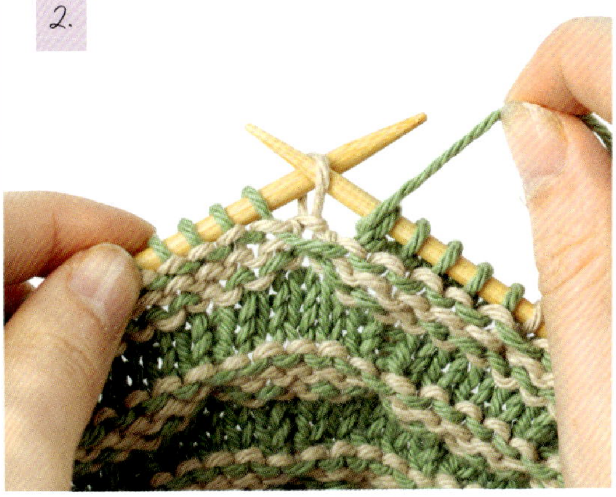

Tasche im Webstich

Wie viele Designs in diesem Buch ist dieses Projekt erstaunlich leicht zu stricken. Dennoch ist das Ergebnis beeindruckend. Das auffällige Muster wird über die gesamte Arbeit gestrickt, indem man stets Hebemaschen mit glatt rechts gestrickten Maschen abwechselt. Leuchtende Kontrastfarben sehen eventuell etwas unruhig aus. Deshalb habe ich drei Farben gewählt, die auf dem Farbkreis nahe beieinanderliegen: zwei Blautöne und ein helles Gelbgrün.

Was du brauchst

Garn

BC Garn Semilla Grosso (100 % Biowolle, LL = 80 m/50 g), in folgenden Farben:

- **Garn A:** Gorgeous Turquoise (OA111); 2 Knäuel
- **Garn B:** Duck Egg (OA120); 1 Knäuel
- **Garn C:** Chartreuse (OA107); 1 Knäuel

Nadeln und Zubehör

- 5,5 mm Nadeln (US 9/UK 5) oder anderer Stärke, um die Maschenprobe zu erreichen
- 6,5 mm Nadeln (US 10,5/UK 3) oder ähnlicher Stärke zum Abketten

Größe

Einheitsgröße: 32 cm x 28 cm

Techniken

Maschen anschlagen, rechte und linke Maschen, Hebemaschen, in Reihen arbeiten, Strickschriften lesen, abketten

Maschenprobe

18 M und 35 R = 10 cm x 10 cm glatt rechts mit 5,5 mm Nadeln, nach dem Waschen und Spannen

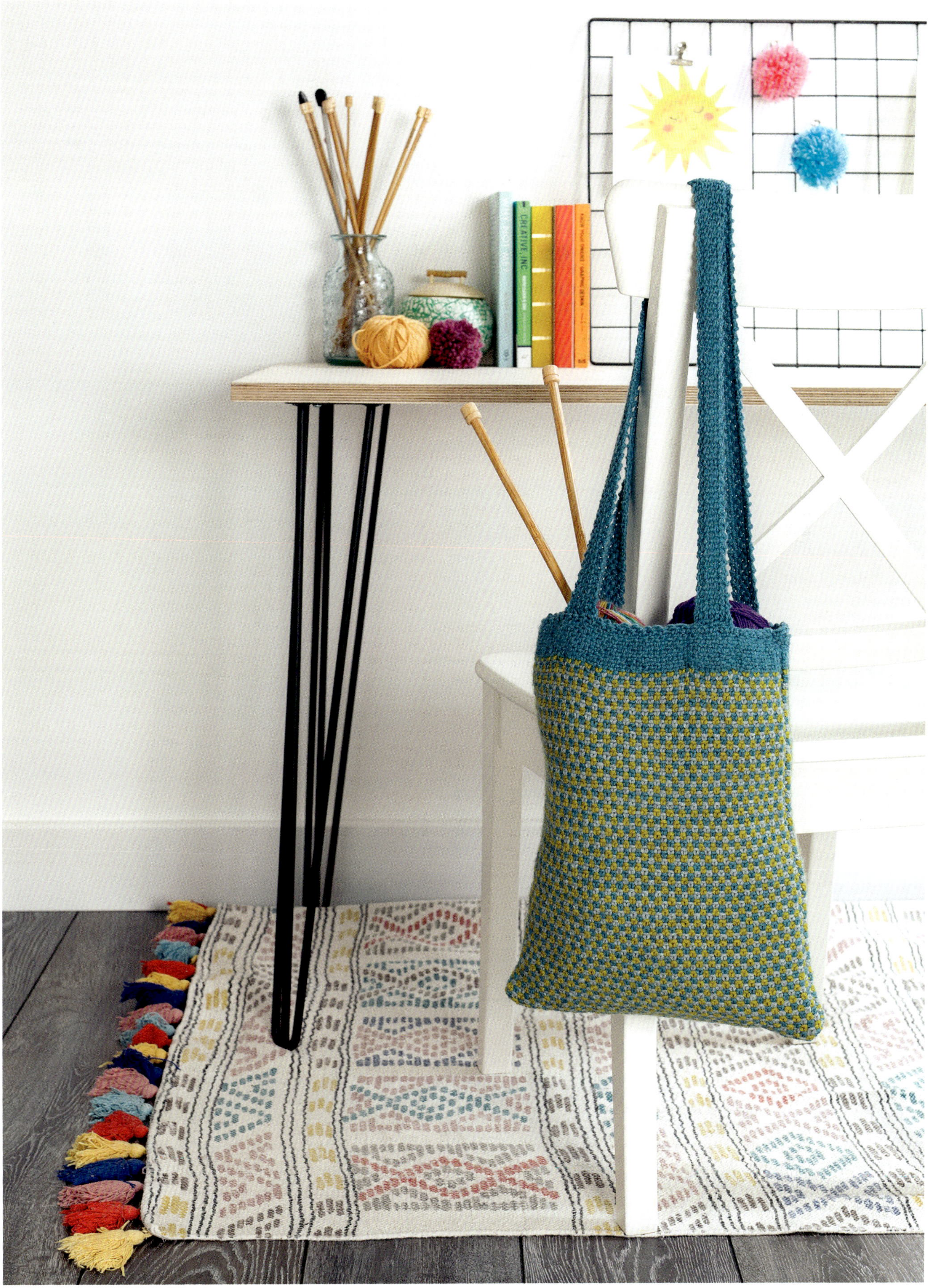
CREATIVE, INC

Anleitung

Vorder- und Rückseite

2 gleiche Teile arbeiten.

Mit **Garn A** 55 M anschlagen.

Die **Reihen 1–6** entweder nach Musterbeschreibung oder nach untenstehender Strickschrift arbeiten. Lies die Beschreibung des Webstichs (siehe Dreifarbiger Webstich auf Seite 49), bevor du mit der Tasche beginnst.

Musterbeschreibung

Zu **Garn B** wechseln.

Reihe 1 (Hinr): 1 M re, * 1 M abh (Fd vorne), 1 M re; ab * wdh.

Zu **Garn C** wechseln.

Reihe 2 (Rückr): 1 M re, 1 M li, * 1 M abh (Fd hinten), 1 M li; ab * wdh, 1 M re.

Zu **Garn A** wechseln.

Reihe 3: Reihe 1 wdh.

Zu **Garn B** wechseln.

Reihe 4: Reihe 2 wdh.

Zu **Garn C** wechseln.

Reihe 5: Reihe 1 wdh.

Zu **Garn A** wechseln.

Reihe 6: Reihe 2 wdh.

Strickschrift

Reihe 1 (Hinr): Reihe 1 der Strickschrift von rechts nach links lesen, dabei den Rapport insgesamt 26x arbeiten.

Reihe 2 (Rückr): Reihe 2 der Strickschrift von links nach rechts lesen, dabei den Rapport insgesamt 26x arbeiten.

Reihen 3–6: Weiter nach Strickschrift arbeiten, bis alle 6 Reihen fertig sind.

Für Musterbeschreibung und Strickschrift

Folgendermaßen fortfahren:

Reihen 7–102: Die **Reihen 1–6** noch 16x wdh.

Schneide **Garn B** und **C** ab und arbeite nur mit **Garn A** weiter.

Reihe 103: 1 M re, * 1 M abh (Fd vorne), 1 M re; ab * wdh.

Reihe 104: 1 M re, 1 M li, * 1 M abh (Fd hinten), 1 M li; ab * wdh, 1 M re.

Reihen 105–114: Die letzten 2 Reihen noch 5x wdh.

Mit der größeren Nadelstärke wie folgt locker abketten:

Abketten: 1 M re, M abh, die 1. M der rechten Nadel über die 2. M ziehen, * 1 M re, die 1. M der rechten Nadel über die 2. M ziehen; ab * bis Ende wdh, den Faden abschneiden und durch die letzte M ziehen.

Taschengriffe

2 gleiche Teile arbeiten.

Mit **Garn A** 7 M anschlagen.

Reihe 1 (Hinr): 1 M re, * 1 M abh (Fd vorne), 1 M re; ab * wdh.

Reihe 2 (Rückr): 1 M re, 1 M li, * 1 M abh (Fd hinten), 1 M li; ab * wdh, 1 M re.

Die letzten 2 Reihen wdh, bis die Griffe 58 cm lang sind.

Mit einer größeren Nadelstärke locker abketten, wie für das Vorder- und Rückteil beschrieben.

Fertigstellen

- Die Tasche spannen (siehe Spannen auf Seite 123).
- Das Vorder- und Rückteil unten und an den Seiten im Matratzenstich zusammennähen (siehe Matratzenstich auf Seite 123).
- Die Griffe auf der Innenseite der Tasche 3 cm vom Rand gut festnähen.
- Alle Fäden vernähen.

Strickschrift

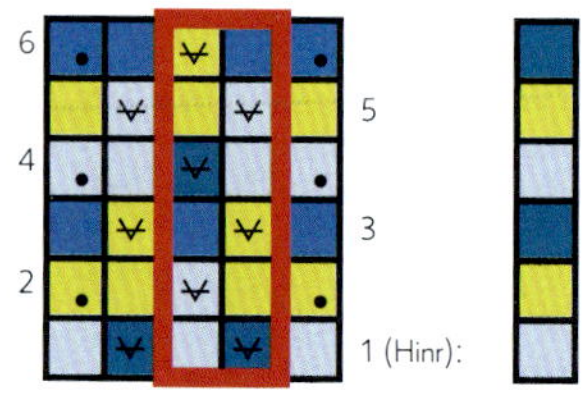

Die Spalte rechts zeigt die für die Reihe verwendete Garnfarbe.

- Musterrapport
- Garn A
- Garn B
- Garn C
- 1 M kraus re (in Hinr und Rückr re)
- 1 M glatt re (in Hinr re, in Rückr li)
- 1 M abh (Fd auf Vorderseite: in Hinr Fd vorne, in Rückr Fd hinten)

Webstich auf der Vorderseite

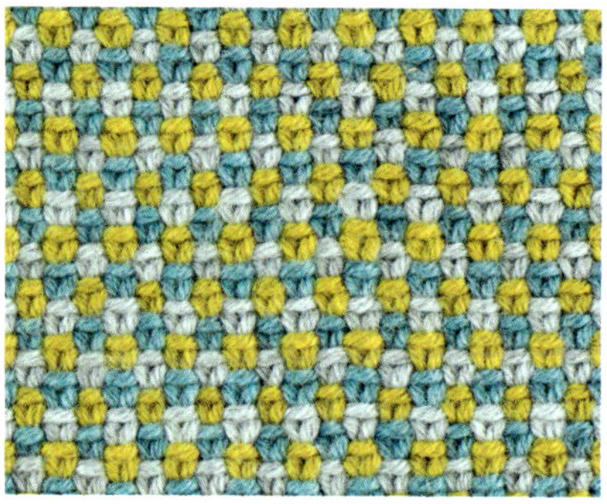

Webstich auf der Rückseite

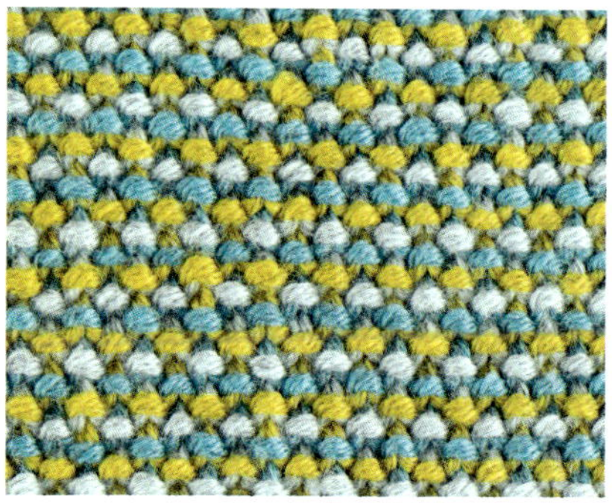

Dreifarbiger Webstich

Der dreifarbige Webstich wird genauso gearbeitet, wie der normale Webstich – nur, dass die Garnfarbe nach jeder Reihe in einer stetigen Streifenfolge von 3 Farben wechselt.
Beim Abheben der Maschen ist es bei diesem Muster hilfreich, den Arbeitsfaden zunächst auf die Vorderseite der Arbeit zu führen und ihn nach dem Abheben der Masche wieder auf die Rückseite zurückzuführen. Dadurch bildet sich ein horizontaler »Garn-Balken«, der ein wichtiges Musterelement im Webstich darstellt. Da sich die Farbe in jeder Reihe ändert, brauchst du den Faden nach einem Streifen nicht abzuschneiden. Nimm einfach die nächste Farbe, die du verstricken musst – und versuche, die Fäden nicht zu verheddern!

1.

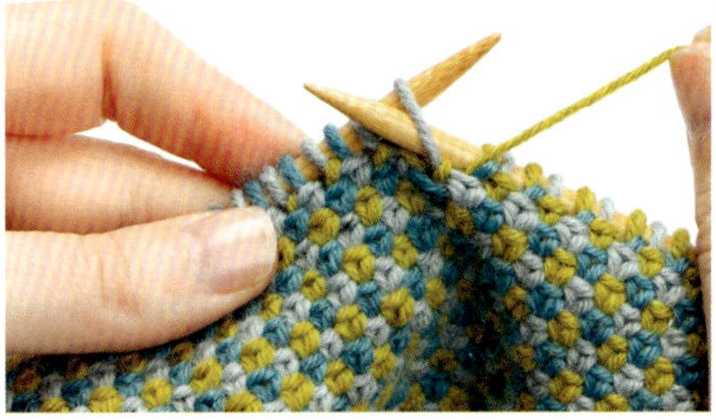

Hinreihen

In Hinreihen (wenn die Vorderseite der Arbeit beim Stricken zu dir zeigt) wechseln sich stets eine rechte Masche und eine Hebemasche ab, wobei der Faden vorne liegt:

1. 1 re M stricken.

2. 1 M abh (Fd vorne) – Hole den Faden zwischen den Nadeln nach vorne. Hebe die nächste Masche ab, stich die rechte Nadel dazu so ein, als wolltest du die Masche links stricken (Abb. 1), und hebe sie von der linken auf die rechte Nadel. Dann nimm den Faden zwischen den Nadeln wieder nach hinten, um die nächste Masche rechts zu stricken (Abb. 2).

Wiederhole die **Schritte 1** und **2** bis zur letzten Masche. Stricke die letzte Randmasche.

2.

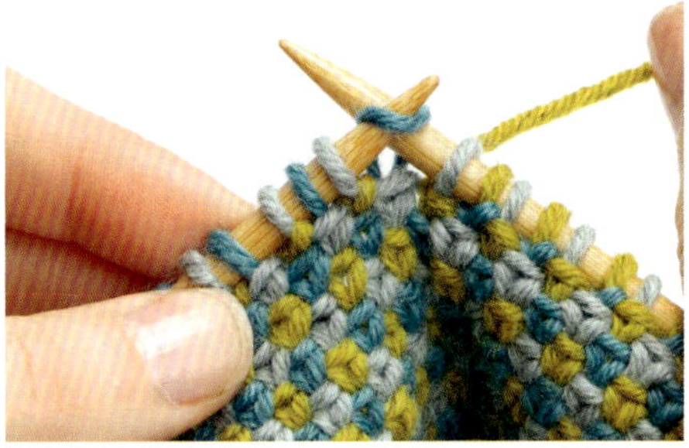

Rückreihen

In Rückreihen (wenn die Rückseite der Arbeit beim Stricken zu dir zeigt) wechseln sich stets eine linke Masche und eine Hebemasche ab, wobei der Faden hinten liegt:

1. 1 Randmasche re stricken.

2. 1 li M stricken.

3. 1 M abh (Fd hinten).

Nimm den Faden zwischen den Nadeln nach hinten. Hebe die nächste Masche ab, stich die rechte Nadel dazu so ein, als wolltest du eine linke Masche stricken (Abb. 3), und hebe sie von der linken auf die rechte Nadel. Dann hole den Faden zwischen den Nadeln wieder nach vorne, um die nächste Masche links zu stricken (Abb. 4).

Wiederhole die **Schritte 2** und **3** bis zur letzten Masche. Stricke die letzte Randmasche.

3.

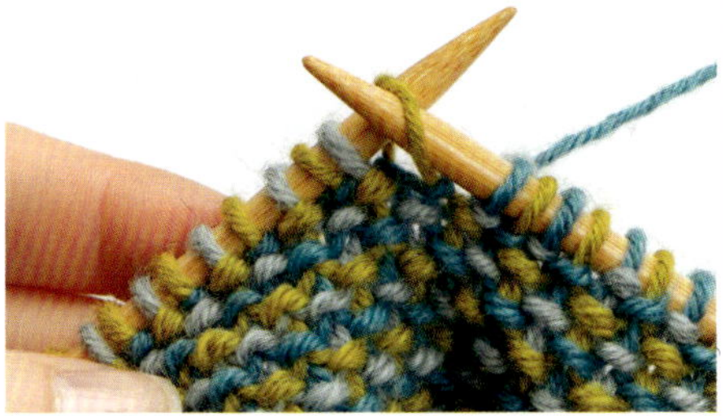

4.

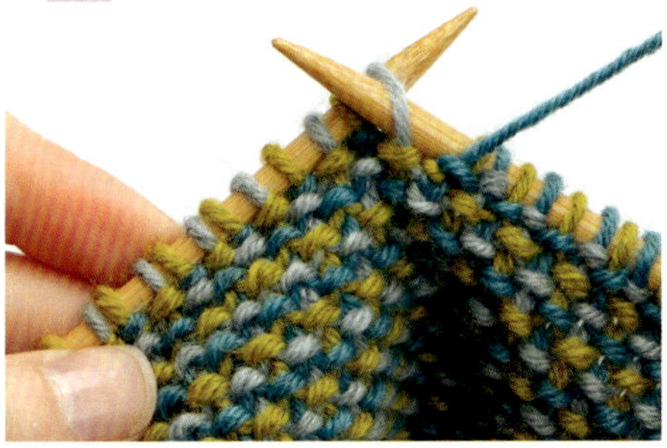

Mosaik-handschuhe

Diese Handschuhe werden in Mosaik-Technik in Runden gearbeitet. Das Muster entsteht aus rechts gestrickten und abgehobenen Maschen. Die Wirkung ist ähnlich wie beim Fair-Isle-Stricken. Da aber in jeder Runde nur eine Farbe verwendet wird, ist es eine einfachere Stricktechnik. Den Schaft der Handschuhe ziert ein Kreuzmotiv, das das ansonsten schlichte Design interessant machen. Ein starker Farbkontrast lässt das Hebemaschen-Muster gut wirken. Während die verwendete Hauptfarbe relativ hell ist, bietet sie trotzdem einen klaren Kontrast zu der wesentlich helleren Farbe des Kreuzmotivs.

Was du brauchst

Garn

Quince & Co. Tern (75 % Wolle, 25 % Seide, LL = 202 m/50 g), in folgenden Farben:

- **Garn A:** Kelp; 1 Knäuel
- **Garn B:** Oyster; 1 Knäuel

Nadeln und Zubehör

- 2,75 mm Nadelspiel (US 2/UK 12) oder anderer Stärke, um die Maschenprobe zu erreichen
- Garnrest – etwa 50 cm lang, in ähnlicher Stärke wie das verwendete Garn, am besten glattes Garn in einer anderen Farbe, da es sich dann leicht wiederfinden und entfernen lässt
- Maschenmarkierer

Größe

Einheitsgröße: mittelgroße Hand eines Erwachsenen

- **Für einen Handumfang von:** 18–20 cm
- **Handschuhumfang:** 18,5 cm
- **Länge:** 19 cm

Techniken

Maschen anschlagen, rechte und linke Maschen, Strickschriften lesen, in Runden arbeiten, Fair-Isle-Technik, abketten, nachträglicher Daumen

Maschenprobe

26 M und 40 R = 10 cm x 10 cm glatt rechts mit 2,75 mm Nadeln, nach dem Waschen und Spannen

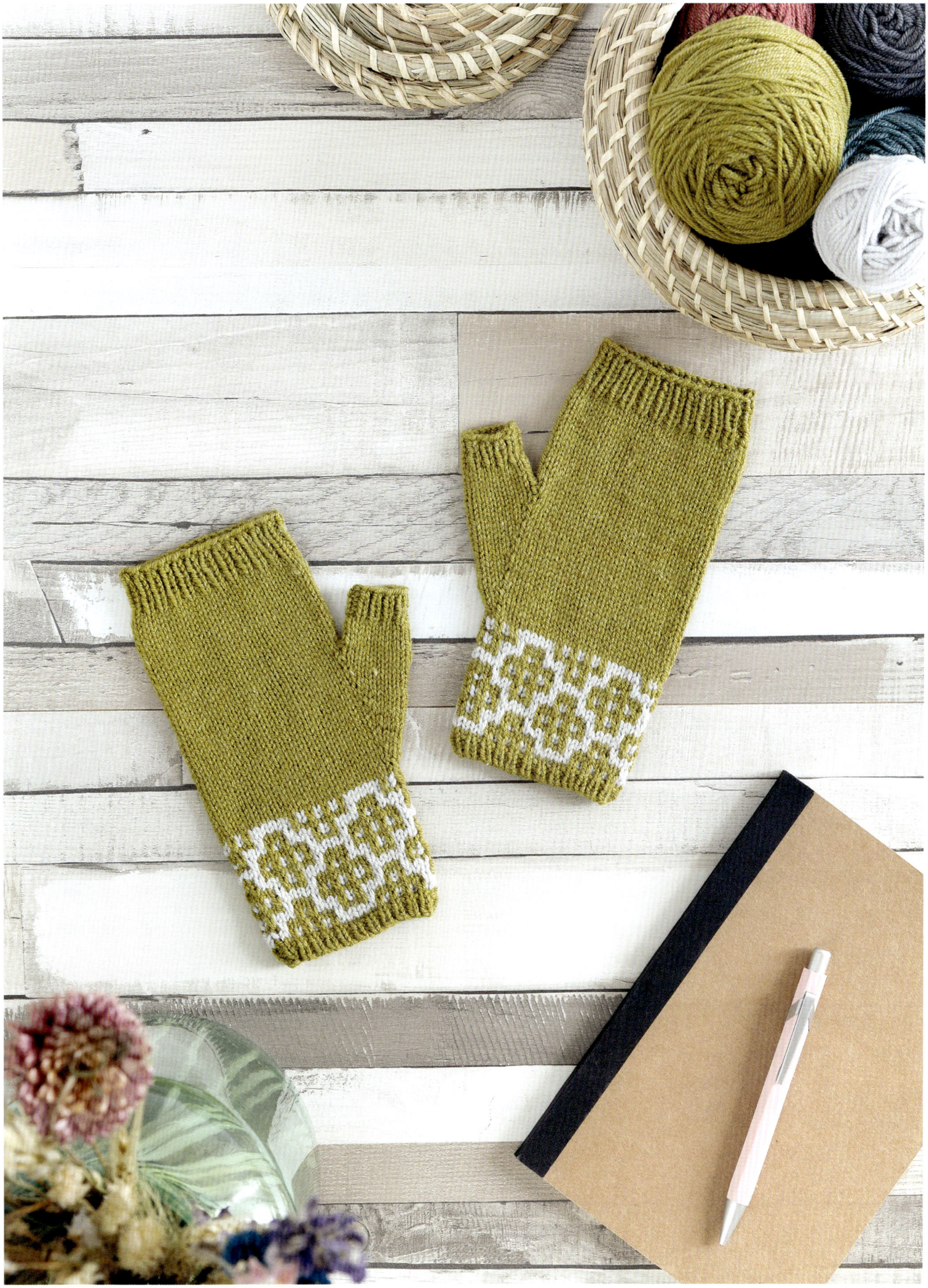

Anleitung

Bündchen

48 M mit **Garn A** anschlagen und zur Runde schließen. Dabei darauf achten, die M nicht zu verdrehen (siehe Stricken in Runden auf Seite 120).

Den Rundenübergang markieren.

Runde 1: ∗ 1 M re, 1 M li; ab ∗ bis Ende der Runde wdh.

Runden 2–3: Die letzte Runde noch 2x wdh.

Runde 4: Re M stricken.

Mosaikmuster

Die Runden 1–26 entweder nach Musterbeschreibung oder nach Strickschrift arbeiten. Lies Hebemaschen in Runden auf Seite 53, bevor du die Handschuhe beginnst.

Musterbeschreibung

Zu **Garn B** wechseln.

Runde 1: ∗ 2 M re, 4x (1 M abh, 1 M re), 2 M re; ab ∗ bis Ende wdh.

Runde 2: Runde 1 wdh.

Zu **Garn A** wechseln.

Runde 3: ∗ 1 M re, 1 M abh, 7 M re, 1 M ab, 2 M re; ab ∗ bis Ende wdh.

Runde 4: Runde 3 wdh.

Zu **Garn B** wechseln.

Runde 5: ∗ 1 M abh, 3 M re, 1 M abh, 1 M re, 1 M abh, 3 M re, 1 M abh, 1 M re; ab ∗ bis Ende wdh.

Runde 6: Runde 5 wdh.

Zu **Garn A** wechseln.

Runde 7: ∗ 2x (3 M re, 1 M abh), 4 M re; ab ∗ bis Ende wdh.

Runde 8: Runde 7 wdh.

Zu **Garn B** wechseln.

Runde 9: ∗ 2x (1 M abh, 1 M re), 4 M re, 2x (1 M abh, 1 M re); ab ∗ bis Ende wdh.

Runde 10: Runde 9 wdh.

Zu **Garn A** wechseln.

Runde 11: ∗ 2x (3 M re, 1 M abh), 4 M re; ab ∗ bis Ende wdh.

Runde 12: Runde 11 wdh.

Zu **Garn B** wechseln.

Runde 13: ∗1 M abh, 3 M re, 2x (1 M abh, 1 M re), 2 M re, 1 M abh, 1 M re; ab ∗ bis Ende wdh.

Runde 14: Runde 13 wdh.

Zu **Garn A** wechseln.

Runde 15: ∗ 1 M re, 1 M abh, 7 M re, 1 M ab, 2 M re; ab ∗ bis Ende wdh.

Runde 16: Runde 15 wdh.

Zu **Garn B** wechseln.

Runden 17–26: Die **Runden 1–10** wdh.

Strickschrift

Garn B hinzunehmen, wie folgt nach Strickschrift arbeiten:

Runde 1: Die Strickschrift von rechts nach links lesen, **Reihe 1** der Strickschrift 4x arbeiten.

Runde 2: Runde 1 wdh.

Diese Runden legen die Position des Mosaikmusters fest.

Runden 3–26: Weiter nach Strickschrift arbeiten, bis alle 26 Reihen fertig sind.

Strickschrift

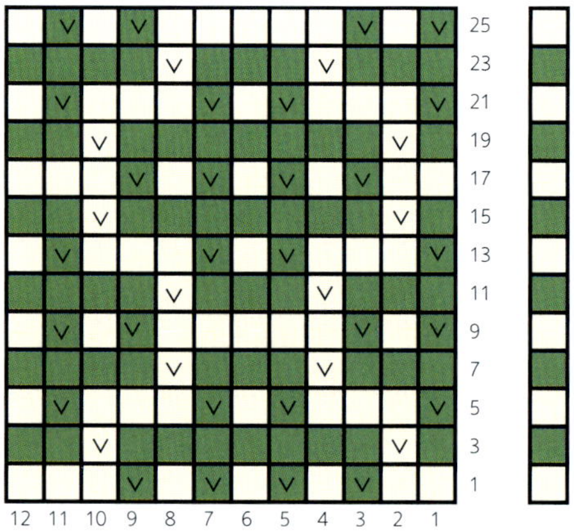

Die Spalte rechts zeigt die für die Runde verwendete Garnfarbe.
Beachte, dass jede Reihe der Strickschrift zwei gestrickte Runden beschreibt.

- ■ Garn A
- □ Garn B
- □ 1 M glatt re (in Hinr re, in Rückr li)
- ☑ 1 M abh (Fd hinten)

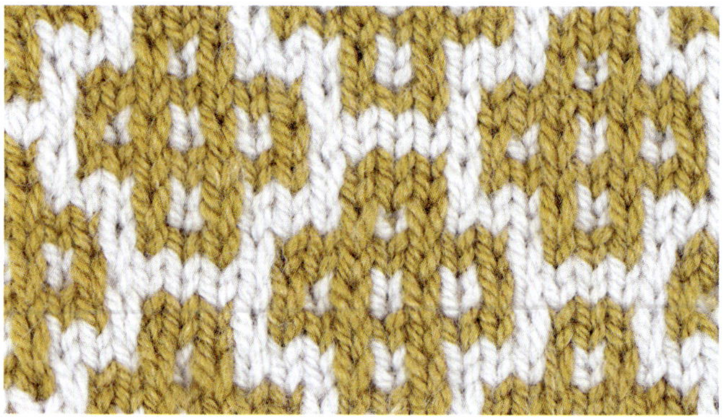

Hand

Nur mit **Garn A** weiterarbeiten.

Runden 1–3: Re M stricken.

Runde 4: 23 M re, 1 MM einhängen, 1 Zun nach li, 2 M re, 1 Zun nach re, 1 MM einhängen, 23 M re – 50 M.

Runden 5–6: Re M stricken.

Runde 7: Bis zum MM re M stricken, den MM abh, 1 Zun nach li, bis zum MM re M stricken, 1 Zun nach re, den MM abh, alle übrigen M re stricken – 52 M.

Runden 8–22: Die Runden 5–7 noch 5x wdh – 62 M.

Runde 23: Re M stricken.

Runde 24: Bis zum MM re M stricken, 16 M auf Garnrest legen, 2 neue M aufstricken (siehe Aufstricken auf Seite 113) oder in deiner bevorzugten Methode anschlagen, alle übrigen M re stricken – 48 M.

Runden 25–44: 20 R re M stricken.

Runde 45: * 1 M re, 1 M li; ab * wdh.

Runden 46–51: Runde 45 noch 6x wdh.

Im Muster abketten.

Daumen

Mit **Garn A** 2 M aus den neu angeschlagenen M unten am Daumen auffassen und re stricken, die 16 M vom Garnrest aufnehmen und re M stricken und zur Runde schließen. Darauf achten, dass sich die M nicht verdrehen (siehe Stricken in Runden auf Seite 120) – 18 M.

Runden 1–6: 6 R re M stricken.

Runde 7: * 1 M re, 1 M li; ab * wdh.

Runden 8–10: Runde 7 noch 3x wdh.

Im Muster abketten.

Fertigstellen

- Die Handschuhe spannen (siehe Spannen auf Seite 123).
- Alle Fäden vernähen.

Hebemaschen in Runden

Die Handschuhe werden in Runden gestrickt, die Vorderseite zeigt daher immer zu dir und das Garn wird beim Abheben einer Masche immer hinten gehalten. Dabei lässt sich das Muster stets leichter erkennen.

Es werden immer zwei Runden auf die gleiche Weise gearbeitet. Eine Reihe der Strickschrift stellt daher zwei gestrickte Runden dar. Da du in Runden arbeitest, liest du die Strickschrift immer von rechts nach links.

1. Die ersten zwei Runden strickst du mit **Garn B** und hebst **Garn A** ab (Abb. 1).

2. Die nächsten zwei Runden strickst du mit **Garn A** und hebst **Garn B** ab (Abb. 2).

3. Wechsele weiter alle zwei Runden das Garn, das du abhebst, und das Garn, das du verstrickst, und arbeite im Muster.

1.

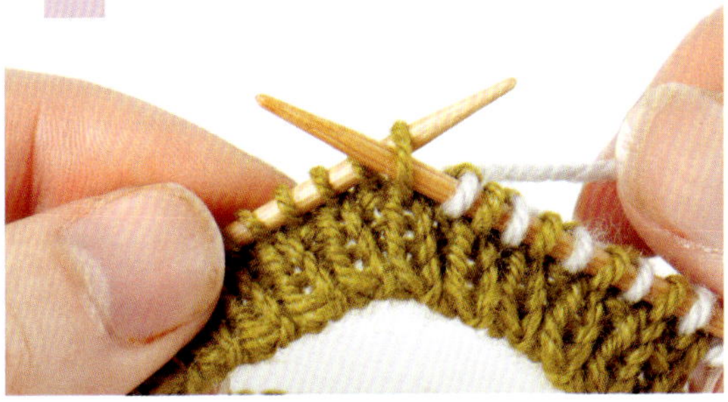

2.

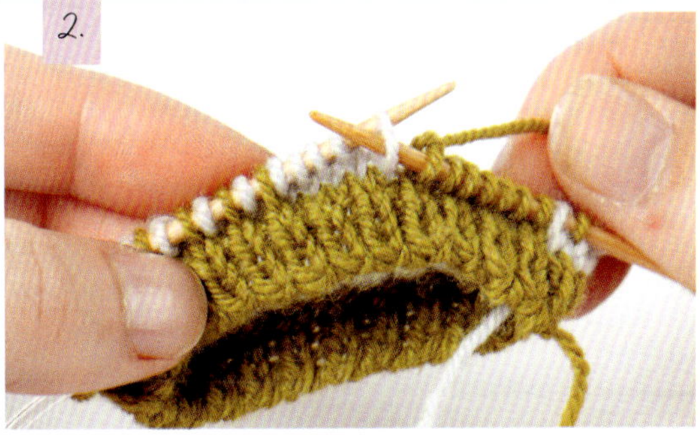

Tuch im Sternenmuster

Das kompliziert wirkende Muster dieses Tuchs wird mit Hebemaschen sowie Zu- und Abnahmen gearbeitet. Nach ein paar Wiederholungen wird das Stricken intuitiv – ein entspanntes Projekt. Fertiggestellt wird der Schal mit ein paar Reihen kraus rechts und einem Picot-Abschluss. Ich habe zwei handgefärbte, leicht melierte Garne mit sehr starkem Kontrast für dieses Tuch gewählt, damit das Muster gut zur Geltung kommt. Bei der Farbwahl habe ich es mir einfach gemacht: Ich habe eine helle und eine dunkle Variante eines pink-violetten Farbtons gewählt.

Was du brauchst

Garn

Tosh Merino Light 4ply (100 % Merinowolle, LL = 384 m/100 g), in folgenden Farben:

- **Garn A:** Scout; 1 Knäuel
- **Garn B:** Phantasm; 1 Knäuel

Nadeln und Zubehör

- 3,75 mm Nadeln (US 5/UK 9) oder anderer Stärke, um die Maschenprobe zu erreichen

Größe

Einheitsgröße

- **Breite:** 180 cm
- **Länge in der Mitte:** 56 cm

Techniken

Maschen anschlagen, rechte und linke Maschen, Hebemaschen, zu- und abnehmen, Strickschriften lesen, abketten

Maschenprobe

22 M und 36 R = 10 cm x 10 cm im Sternenmuster mit 3,75 mm Nadeln, nach dem Waschen und Spannen

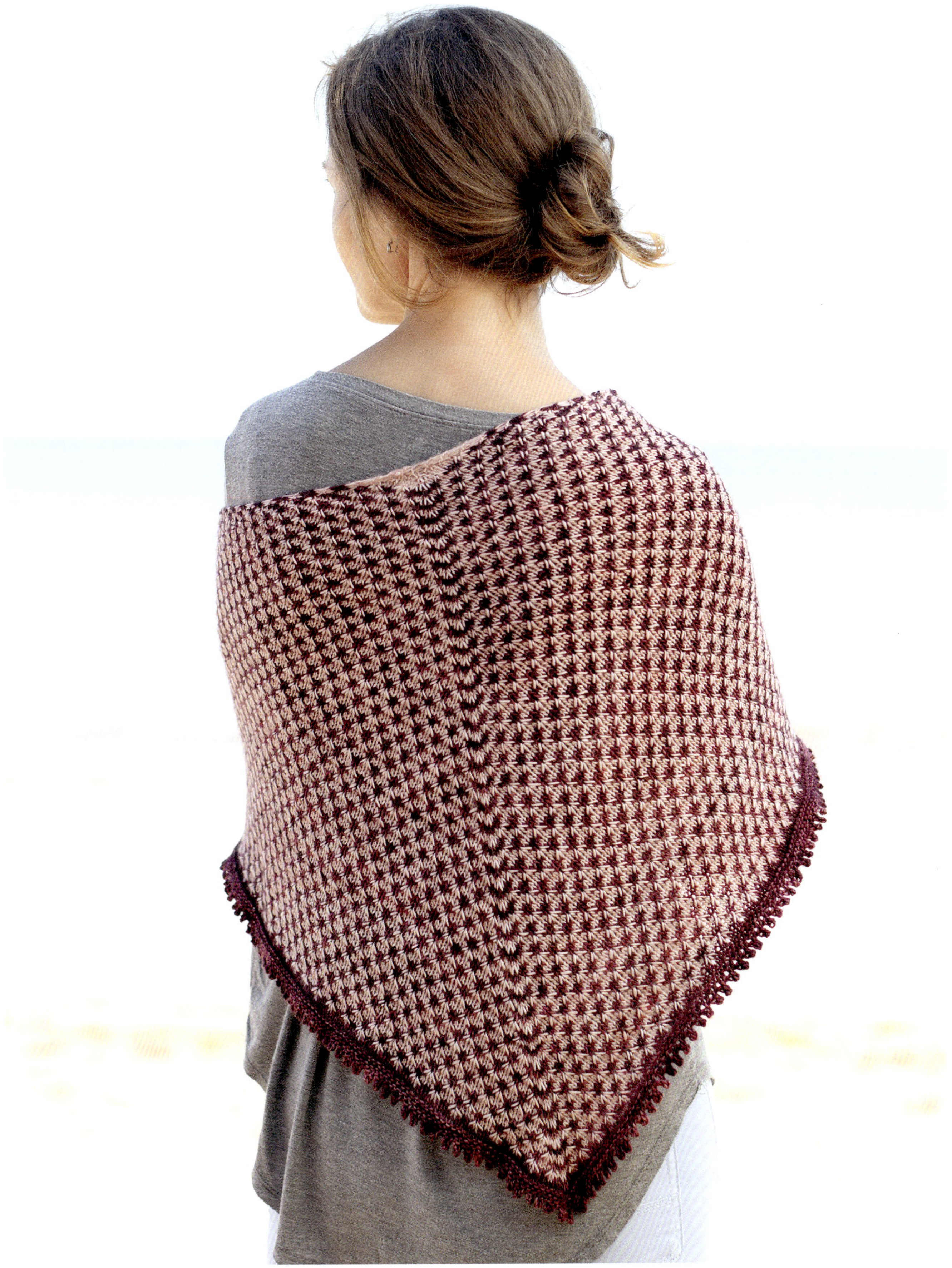

Anleitung

Mit **Garn A** 2 M anschlagen.

Kraus rechter Steg

Reihen 1–6: M li stricken.

3 M aus dem Strickrand auffassen und li stricken.

Aus der Anschlagkante 2 M auffassen und li stricken – 7 M.

Erste Formgebung

Reihe 1 (Hinr): 2 M li, 1 U, 1 M re, 1 Zun nach re, 1 MM einhängen, 1 M re, 1 MM einhängen, 1 Zun nach li, 1 M re, 1 U, 2 M li – 11 M.

Reihe 2 (Rückr): 2 M li, 1 U, li M stricken, 1 U, 2 M li – 13 M.

Reihe 3: 2 M li, 1 U, 4 M re, 1 Zun nach re, 1 M re, 1 Zun nach li, 4 M re, 1 U, 2 M li – 17 M.

Reihe 4: Reihe 2 wdh – 19 M.

Hauptteil des Tuchs

Die **Reihen 1–8** nach Musterbeschreibung oder Strickschrift arbeiten. Hebemaschen immer mit dem Faden auf der Rückseite des Tuchs abheben, in Hinreihen also mit dem Faden hinten, in Rückreihen mit dem Faden vorne. Lies Sternenmuster auf Seite 59, bevor du mit dem Tuch beginnst. Hebe die Markierer ab, wenn du sie erreichst.

Hinweis

Mit 2 MM beide Seiten der mittleren M markieren. Sie werden beim Stricken einfach abgehoben. Bei den Zunahmen darauf achten, dass die MM stets auf beiden Seiten der mittleren M bleiben.

Strickschrift

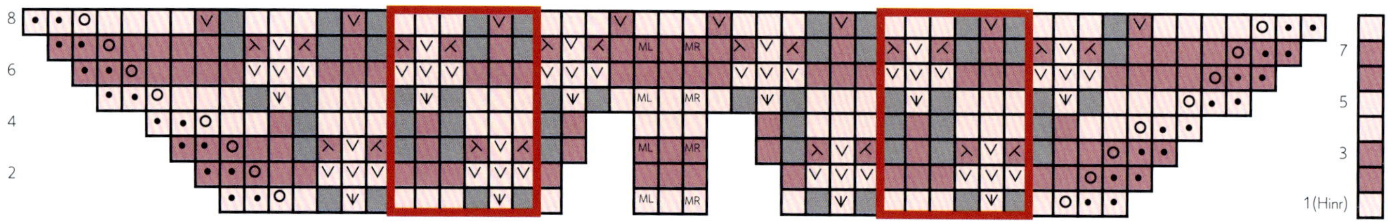

Die Spalte rechts zeigt die für die Reihe verwendete Garnfarbe.

- Garn A
- Garn B
- keine Masche (weiter zum nächsten Arbeitsschritt)
- Musterrapport
- 1 M glatt re (in Hinr re, in Rückr li)
- 1 M kraus li (in Hinr und Rückr li)
- 1 Umschlag
- (1 M re, 1 U, 1 M re) in eine M
- 1 M abh (Fd auf LS)
- 1 li gen Abn
- 2 M re zus
- ML 1 Zun nach li
- MR 1 Zun nach re

Musterbeschreibung

Reihe 1: 2 M li, 1 U, 1 M re, * (1 M re, 1 U, 1 M re) in eine M, 3 M re; ab * wdh bis 2 M vor 1. MM, (1 M re, 1 U, 1 M re) in eine M, 1 M re, 1 Zun nach re, 1 M re, 1 Zun nach li, 1 M re, * (1 M re, 1 U, 1 M re) in eine M, 3 M re; ab * wdh bis zu den letzten 4 M, (1 M re, 1 U, 1 M re) in eine M, 1 M re, 1 U, 2 M li – 31 M.

Zu **Garn B** wechseln.

Reihe 2: 2 M li, 1 U, 2 M li, * 3 M abh, 3 M li; ab * wdh bis 5 M vor 1. MM, 3 M abh, 5 M li, * 3 M abh, 3 M li; ab * wdh bis zu den letzten 7 M, 3 M abh, 2 M li, 1 U, 2 M li – 33 M.

Reihe 3: 2 M li, 1 U, 2 M re, * 2 M re zus, 1 M abh, 1 li gen Abn, 1 M re; ab * wdh bis 1. MM, 1 Zun nach re, 1 M re, 1 Zun nach li, 1 M re, * 2 M re zus, 1 M abh, li gen Abn, 1 M re; ab * wdh bis zu den letzten 3 M, 1 M re, 1 U, 2 M li – 29 M.

Zu **Garn A** wechseln.

Reihe 4: 2 M li, 1 U, 2 M li, * 1 M abh, 3 M li; ab * wdh bis zu den letzten 5 M, 1 M abh, 2 M li, 1 U, 2 M li – 31 M.

Reihe 5: 2 M li, 1 U, * 3 M re, (1 M re, 1 U, 1 M re) in eine M; ab * wdh bis 1 M vor 1. MM, 1 M re, 1 Zun nach re, 1 M re, 1 Zun nach li, 1 M re, * (1 M re, 1 U, 1 M re) in eine M, 3 M re; ab * wdh bis zu den letzten 2 M, 1 U, 2 M li – 47 M.

Zu **Garn B** wechseln.

Reihe 6: 2 M li, 1 U, 4 M li, * 3 M abh, 3 M li; ab * wdh bis 5 M vor 1. MM, 3 M abh, 5 M li, * 3 M abh, 3 M li; ab * wdh bis zu den letzten 3 M, 1 M li, 1 U, 2 M li – 49 M.

Reihe 7: 2 M li, 1 U, 4 M re, * 2 M re zus, 1 M abh, 1 li gen Abn, 1 M re; ab * wdh bis 1. MM, 1 Zun nach re, 1 M re, 1 Zun nach li, * 1 M re, 2 M re zus, 1 M abh, 1 li gen Abn; ab * wdh bis zu den letzten 6 M, 4 M re, 1 U, 2 M li – 41 M.

Zu **Garn A** wechseln.

Reihe 8: 2 M li, 1 U, 4 M li, * 1 M abh, 3 M li; ab * wdh bis zu den letzten 3 M, 1 M li, 1 U, 2 M li – 43 M.

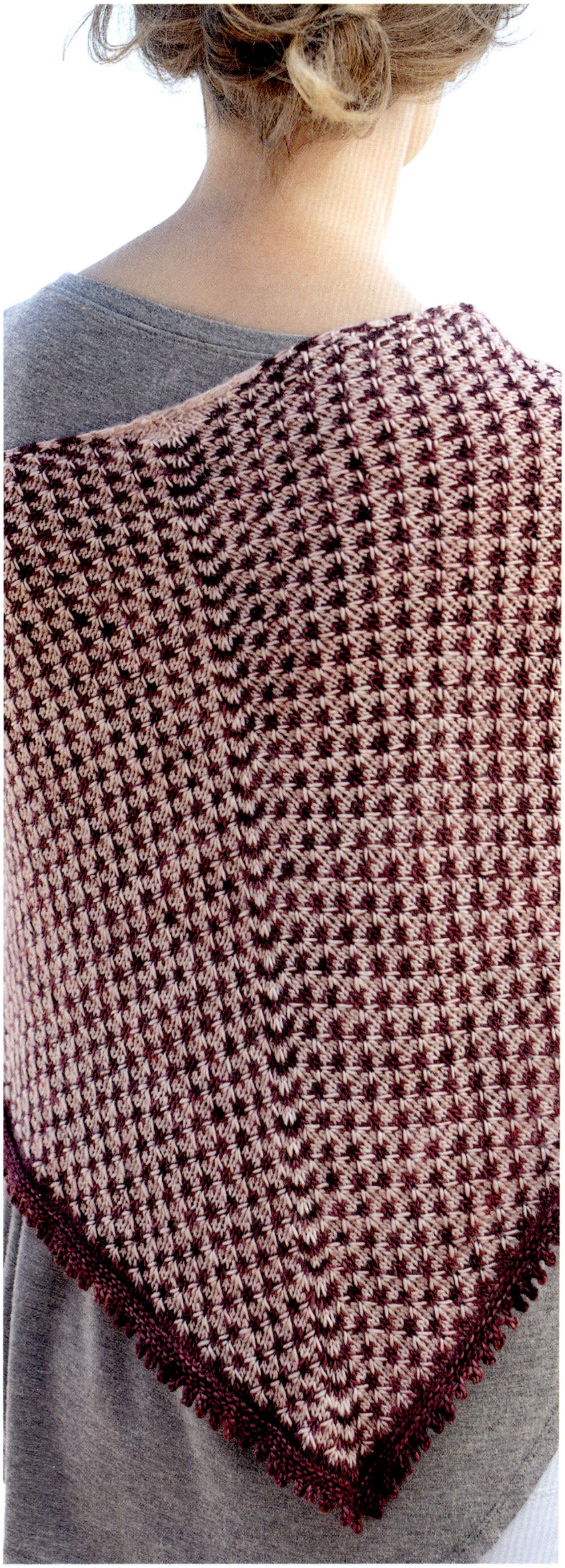

Strickschrift

Reihe 1 (Hinr): Die Strickschrift von rechts nach links lesen, **Reihe 1** der Strickschrift arbeiten – 31 M.

Reihe 2 (Rückr): Die Strickschrift von links nach rechts lesen, **Reihe 2** der Strickschrift arbeiten – 33 M.

Diese beiden Reihen legen die Position des Musters fest.

Reihen 3–8: Weiter nach Strickschrift arbeiten, bis alle 8 Reihen fertig sind – 43 M.

Für Musterbeschreibung und Strickschrift

Die **Runden 1–8** noch 17x wdh – 451 M.

Die **Reihen 1–3** noch 1x wdh – 561 M.

Borte

Nur mit **Garn B** weiterarbeiten.

Reihe 1: Li M stricken.

Reihe 2: 2 M li, bis zum 1. MM re M stricken, 1 Zun nach re, 1 M re, 1 Zun nach li, bis zu den letzten 2 M re M stricken, 2 M li – 563 M.

Reihe 3: Re M stricken.

Reihen 4–5: Die **Reihen 2–3** noch 1x wdh – 565 M.

Picot-Abschluss wie folgt arbeiten:

* 2 M anschlagen, 4 M abketten, letzte M auf die li Nadel heben; ab * bis letzte M wdh, den Fd abschneiden und durch die letzte M ziehen.

Fertigstellen

- Das Tuch spannen (siehe Spannen auf Seite 123). Werden die einzelnen Spitzen dabei festgesteckt, wird der Picot-Abschluss besonders schön.
- Alle Fäden vernähen.

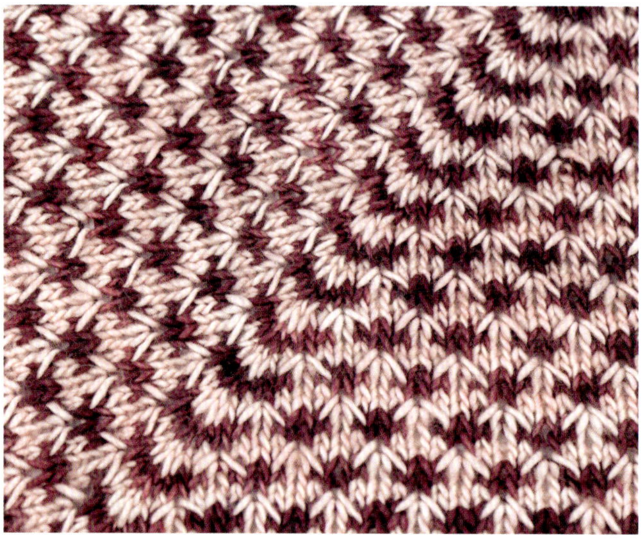

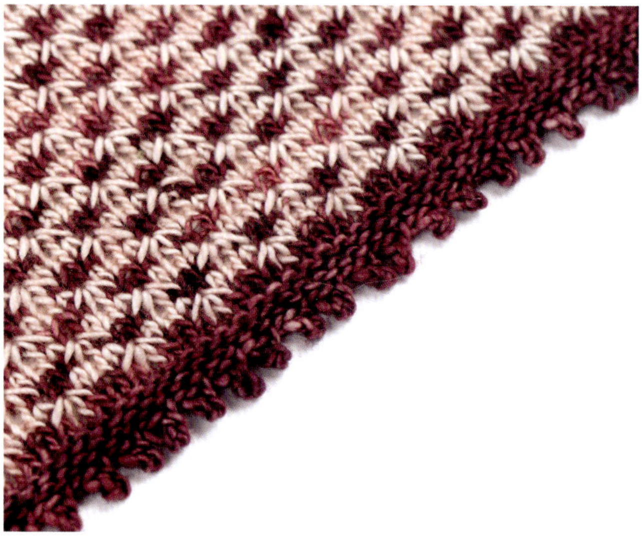

Sternenmuster

Hebemaschen werden immer wie linke Maschen abgehoben. Heben wir sie wie rechte Maschen ab, verdrehen sich die Maschen. Lies für weitere Informationen zu Vorder- und Rückseite sowie für eine Erklärung für vorne und hinten unter Hebenmaschen auf Seite 45.

Das Sternenmuster wird mit einem Rapport von 4 Maschen plus 1 weitere Masche über acht Reihen gearbeitet. Die Maschenzahl für die Maschenprobe sollte also teilbar durch 4 + 1 M sein. 33 Maschen reichen für die Maschenprobe aus.
Schlage für deine Probe Maschen mit **Garn A** an.

Um **(1 M re, 1 U, 1 M re) in eine M** zu arbeiten, die erste Masche rechts stricken, ohne sie von der Nadel zu heben, einen Umschlag über die rechte Nadel legen und dann erneut dieselbe Masche rechts stricken, woraufhin du sie nun von der Nadel hebst. Dies ist eine doppelte Zunahme, es entstehen also 2 zusätzliche Maschen.

Reihe 1 (Hinr): Mit **Garn A** 2 M re, * (1 M re, 1 U, 1 M re) in eine M (Abb. 1), 3 M re; ab * wdh bis letzte 3 M, (1 M re, 1 U, 1 M re) in eine M, 2 M re.

Reihe 2: Mit **Garn B** 2 M li, * 3 M abh (Fd vorne) (Abb. 2), 3 M li; ab * wdh bis letzte 5 M, 3 M abh (Fd vorne), 2 M li.

Reihe 3: Mit **Garn B** 1 M re, * 2 M re zus, 1 M abh (Fd hinten) (Abb. 3), 1 li gen Abn, 1 M re; ab * wdh.

Reihe 4: Mit **Garn A** 4 M li, * 1 M abh (Fd vorne) (Abb. 4), 3 M li; ab * wdh, 1 M li.

Reihe 5: Mit **Garn A** 4 M re, * (1 M re, 1 U, 1 M re) in eine M, 3 M re; ab * wdh, 1 M re.

Reihe 6: Mit **Garn B** 4 M li, * 3 M abh (Fd vorne), 3 M li; ab * wdh, 1 M re.

Reihe 7: Mit **Garn B** 3 M re, * 2 M re zus, 1 M abh (Fd hinten), 1 li gen Abn, 1 M re; ab * wdh, 2 M re.

Reihe 8: Mit **Garn A** 2 M li, * 1 M abh (Fd vorne), 3 M li; ab * wdh bis letzte 3 M, 1 M abh (Fd vorne), 2 M li.

1.

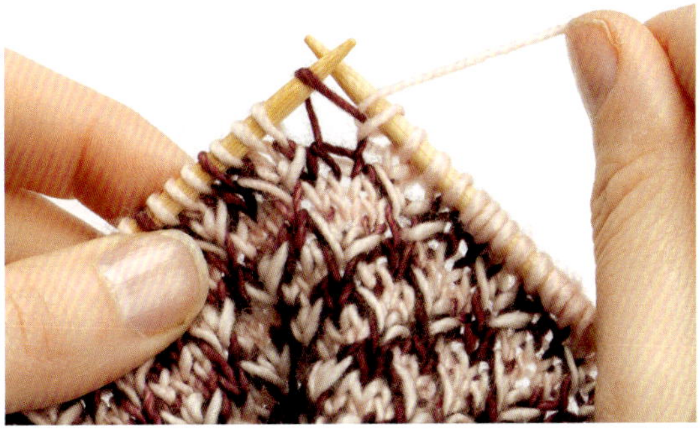

2.

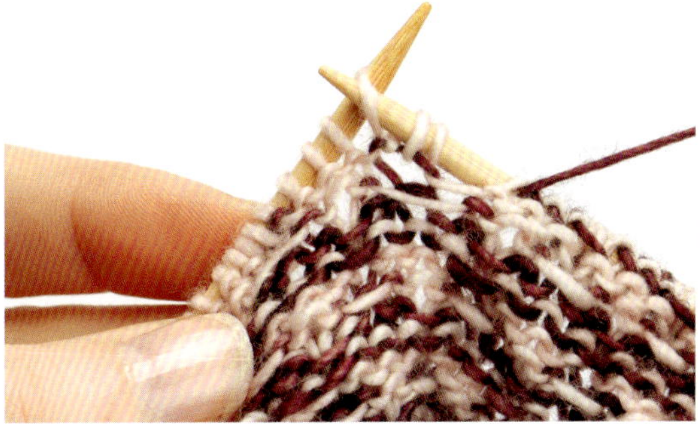

3.

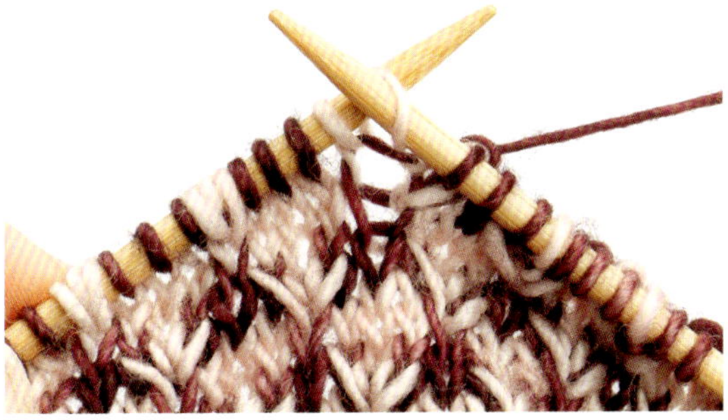

4.

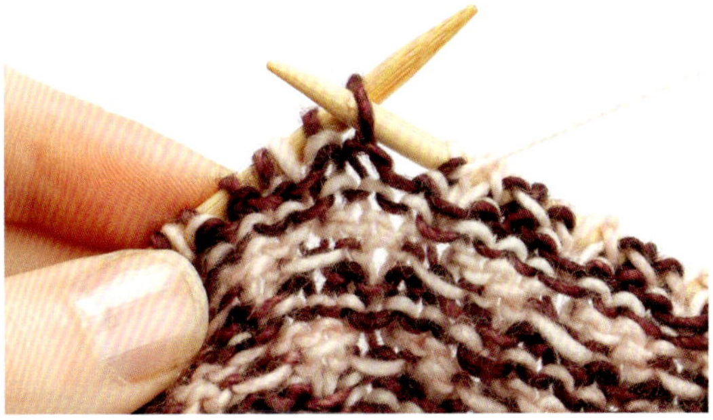

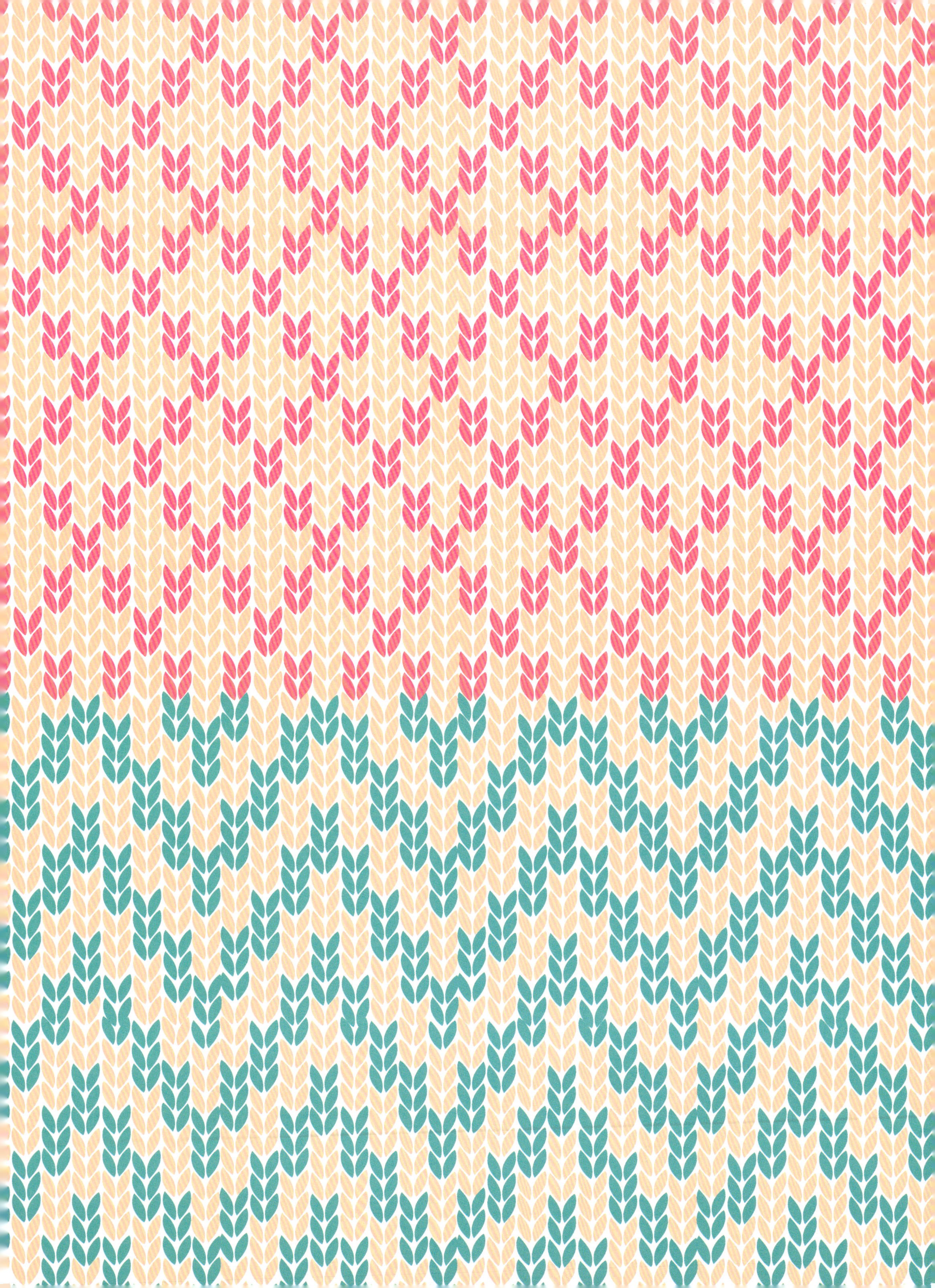

Fair Isle

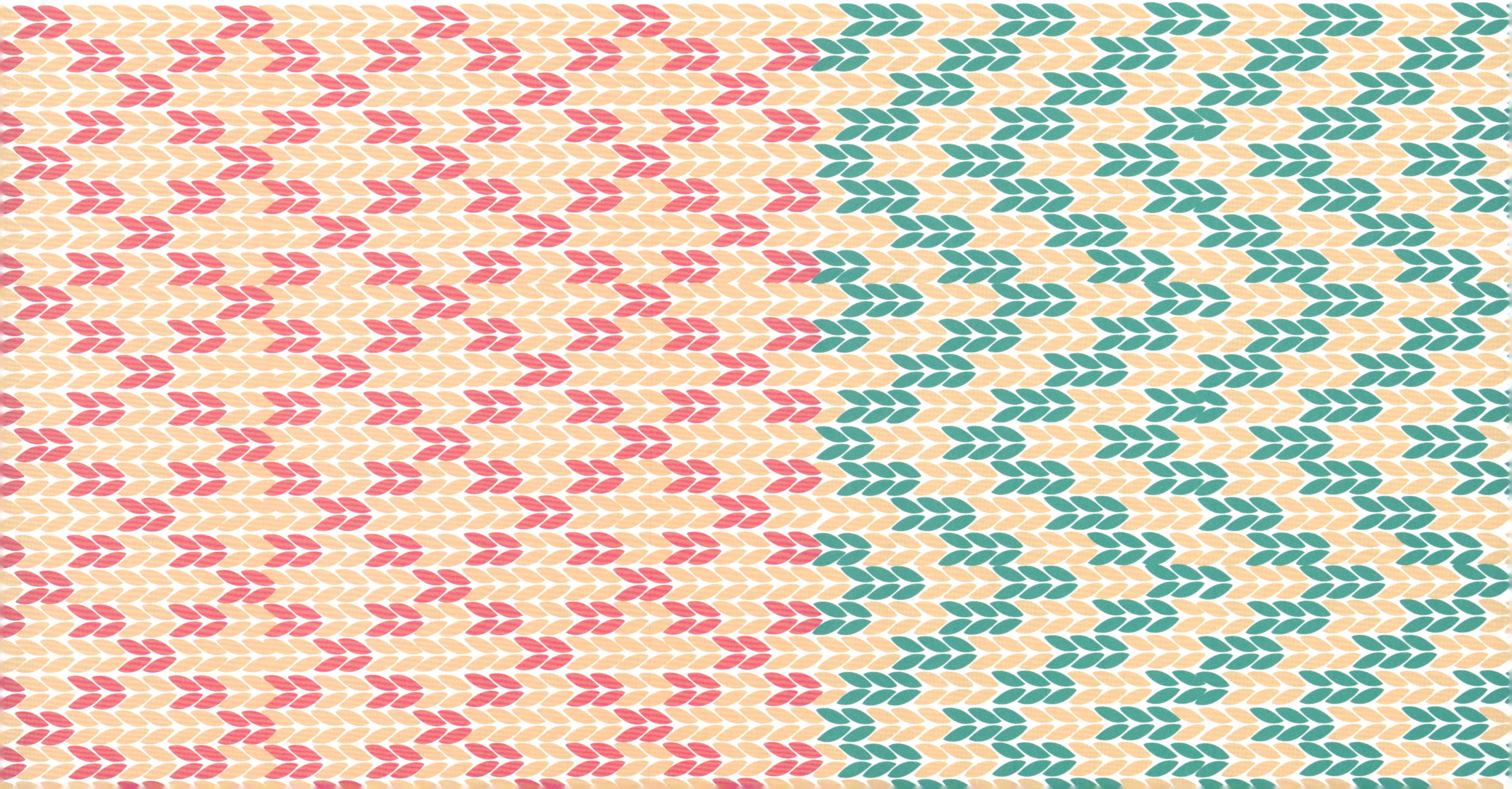

Monochrome Handschuhe

Diese Handschuhe sind die ideale Einführung in die Fair-Isle-Technik, bei der beim Stricken zwei Stränge Garn gleichzeitig verwendet werden. Bei diesem Design habe ich drei Farben verwendet – zwei Grautöne und einen Farbtupfer in Senfgelb für Bündchen und Daumen. Der starke Kontrast zwischen den beiden Grautönen hebt das Muster schön hervor. Ich habe mich für ein Wollgarn entschieden, das sich perfekt für diese Technik eignet. Die Fasern verbinden die Maschen schön, und die flauschige »Haftung« der Wolle kann dazu beitragen, dass mitlaufende Fäden auf der Rückseite nicht zu fest angezogen werden.

Was du brauchst

Garn

Baa Ram Ewe Pip Colourwork (100 % Wolle, LL = 116 m/25 g), in folgenden Farben:

- **Garn A:** Brass Band; 1 Knäuel
- **Garn B:** Coal; 1 Knäuel
- **Garn C:** Crucible; 1 Knäuel

Nadeln und Zubehör

- 2,5 mm Nadelspiel (US 1,5/UK 13) oder anderer Stärke, um die Maschenprobe zu erreichen
- 2,75 mm Nadelspiel (US 2/UK 12) oder anderer Stärke, um die Maschenprobe zu erreichen
- Garnrest – etwa 25 cm Garn in einer ähnlichen Stärke wie das Hauptgarn (glattes Garn in einer kontrastierenden Farbe ist am besten, da das Garn dadurch leicht zu finden und zu entfernen ist)
- Maschenmarkierer

Größen

Klein (mittel/groß)

- **Handumfang:** 17,5 (19/20,5) cm
- **Handschuhumfang:** 17,5 (19/20,5) cm
- **Länge:** 19 cm

Techniken

Maschen anschlagen, rechte und linke Maschen, Strickschriften lesen, in Runden arbeiten, Fair-Isle-Technik, nachträglicher Daumen, abketten

Maschenprobe

28 M und 30 R = 10 cm x 10 cm glatt rechts in Fair-Isle-Technik gestrickt mit 2,75 mm Nadeln, nach dem Waschen und Spannen

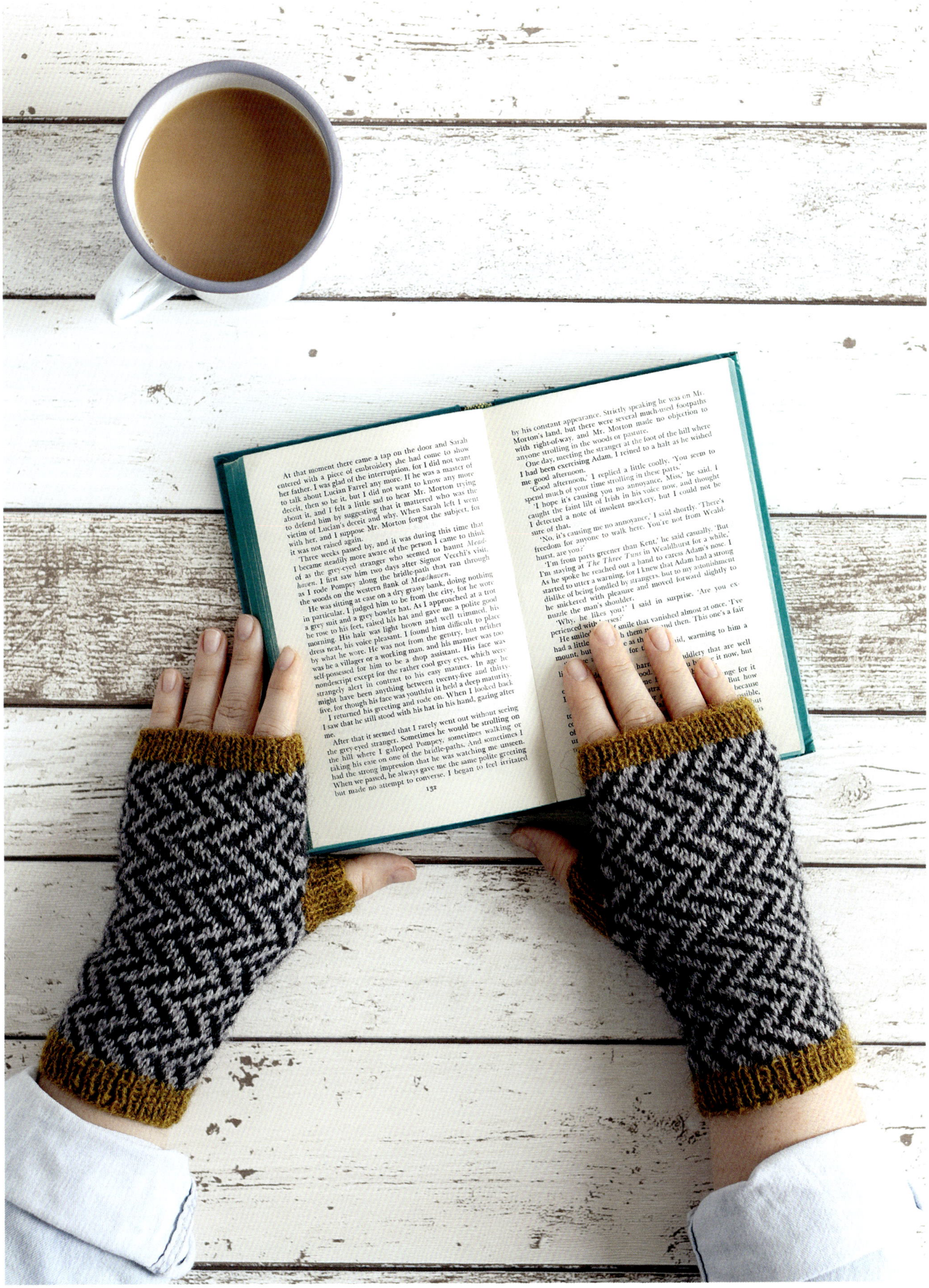

Anleitung

Lies Eine neue Farbe hinzunehmen auf Seite 65, Ordnung ins Garn bringen auf Seite 66, Dominierendes Garn auf Seite 67 und Gleichmäßige Fadenspannung auf Seite 67, bevor du die Handschuhe beginnst.

Oberer Rand

56 (60/64) M mit dem 2,5 mm Nadelspiel und **Garn A** anschlagen und zur Runde schließen. Die M dabei nicht verdrehen (siehe Stricken in Runden auf Seite 120).

Den Rundenübergang markieren.

Runde 1: * 1 M re, 1 M li; ab * wdh.

Runden 2–6: Die **Runde 1** noch 5x wdh.

Hand bis zum Daumen

Wechsel zum 2,75 mm Nadelspiel. **Garn B** und **Garn C** hinzunehmen, wie folgt nach Strickschrift arbeiten:

Runde 1: Die Strickschrift von rechts nach links lesen, **Reihe 1** der Strickschrift 14x (15x/16x) arbeiten.

Die letzte Runde legt die Position des Fair-Isle-Musters fest.

Runden 2–8: Weiter nach Strickschrift arbeiten, bis alle 8 Reihen fertig sind.

Runden 9–16: Die **Runden 1–8** noch 1x wdh.

Runden 17–20: Die **Runden 1–4** noch 1x wdh.

Daumenloch – linke Hand

Die nächsten 8 (9/10) M mit dem Garnrest re stricken. Diese Mwieder auf die li Nadel zurückheben.

Mit **Garn B** und **Garn C** diese M noch 1x nach **Runde 5** der Strickschrift stricken und bis zum Ende der Runde fortfahren.

Daumenloch – rechte Hand

Nach Runde 5 der Strickschrift bis zu den letzten 8 (9/10) M stricken. Die nächsten 8 (9/10) M mit dem Garnrest re stricken. Diese M wieder auf die linke Nadel zurückheben.

Mit **Garn B** und **Garn C** diese M noch 1x nach **Runde 5** der Strickschrift stricken.

Hand ab dem Daumen

Runden 1–3: Die **Runden 6–8** der Strickschrift stricken.

Runden 4–27: Die **Runden 1–8** der Strickschrift noch 3x wdh.

Abschluss am Handgelenk

Wechsel zum 2,5 mm Nadelspiel. **Garn A** hinzunehmen und nur mit **Garn A** weiterarbeiten.

Runde 1: Re M stricken.

Runde 2: * 1 M re, 1 M li; ab * wdh.

Runden 3–9: Die **Runde 2** noch 7x wdh.

Dann im Muster abketten.

Daumen

Mit dem 2,5 mm Nadelspiel und **Garn A** 9 M oben und 9 M unten vom Garnrest aufnehmen, den Garnrest dabei entfernen – 18 M.

Die M auf 3 oder 4 Nadeln verteilen und mit der freien Nadel zu stricken beginnen. Diese M können anfangs etwas unordentlich aussehen (siehe Foto mit den M auf zwei Nadeln). Sobald du sie abgestrickt hast, werden sie besser aussehen.

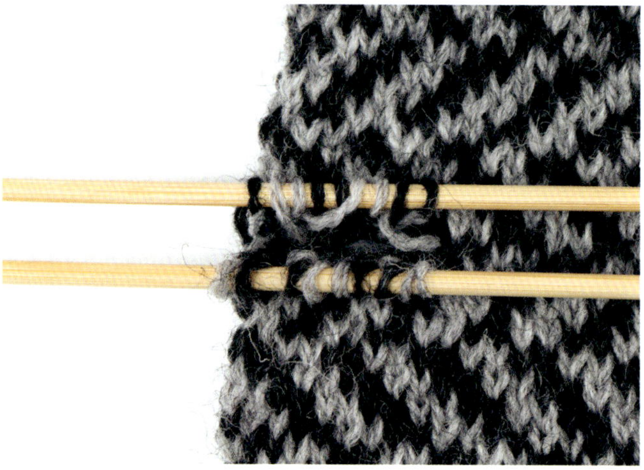

Runde 1: 9 M re, aus der Seite des Daumens 1 M auffassen und re stricken, 9 M re stricken, aus der anderen Seite des Daumens 1 M auffassen und re stricken und die M zur Runde schließen – 20 M.

Runde 2: * 1 M re, 1 M li; ab * wdh.

Die **Runde 2** noch 4x wdh.

Im Rippenmuster locker abketten.

Fertigstellen

- Die Handschuhe spannen (siehe Spannen auf Seite 123).
- Alle Fäden vernähen.

Strickschrift

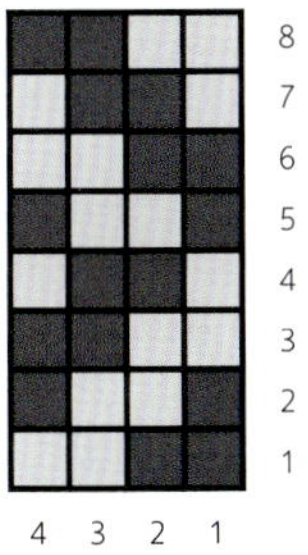

- ■ Garn B
- ■ Garn C
- □ 1 M glatt re

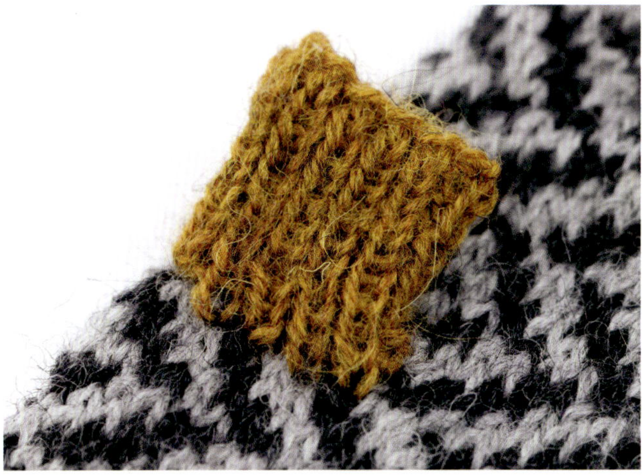

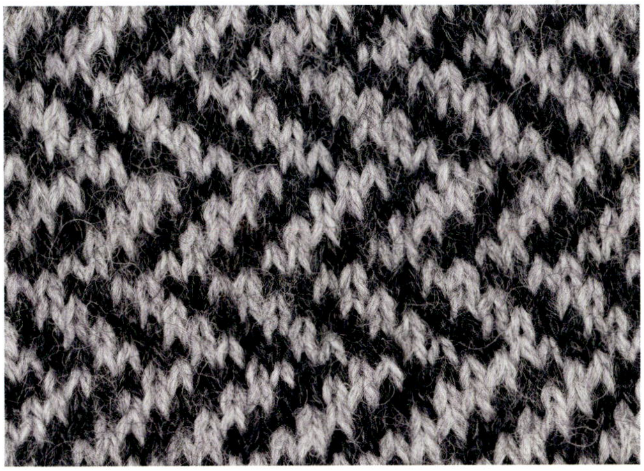

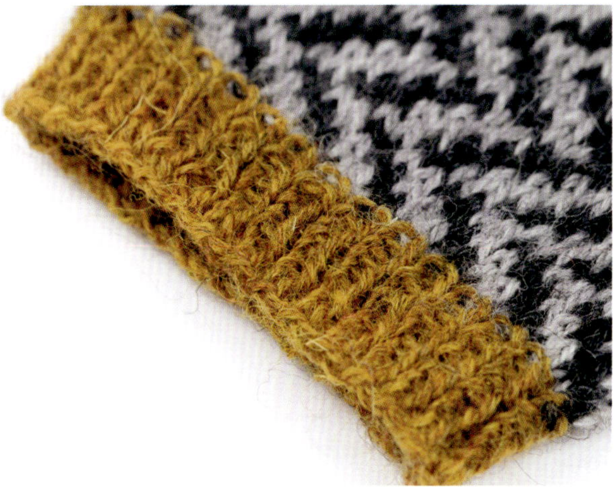

Eine neue Farbe hinzunehmen

Wenn du ein Fair-Isle-Muster beginnst, steht in der Anleitung oft »**Garn B** hinzunehmen«. Das kann etwas verwirren, insbesondere wenn du wie ich dazu neigst, Dinge unnötig zu verkomplizieren! Eine neue Farbe hinzuzunehmen geht genauso wie das Wechseln der Farbe bei Streifenmustern. Wir sagen »hinzunehmen« statt »wechseln«, da wir von nun an in der Runde mit zwei Farben arbeiten.

Um eine neue Farbe hinzuzunehmen, stricke einfach mit der neuen Farbe, wenn dies in deinem Muster angezeigt ist, egal an welcher Stelle in der Runde (Abb. 1).

1.

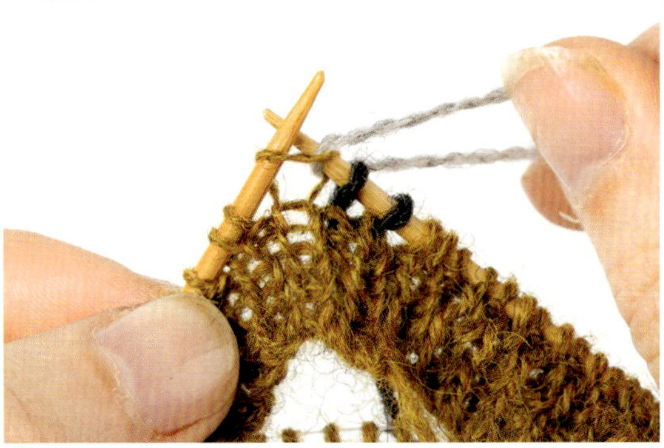

Ordnung ins Garn bringen

Bei der Fair-Isle-Technik werden zwei Garne pro Runde verwendet. Während ein Garn verstrickt wird, wird das andere auf der Rückseite der Arbeit mitgeführt. Diese Garne wechseln sich in der Runde immer wieder ab, um so das Fair-Isle-Muster zu bilden. Fair Isle kann auf verschiedene Arten gearbeitet werden. Manche halten das Garn auf dem Finger und holen es mit der Nadel, bei anderen bleiben die Nadeln ruhig und die Finger bewegen das Garn.

Zwei Garne bei Fair-Isle-Mustern in Runden zu handhaben, braucht vielleicht etwas Übung. Wie du dein Garn dabei am liebsten hältst, hängt auch von deiner üblichen Stricktechnik ab. Ich stricke selbst im englischen Wickelstil und halte manchmal beide Garne auf der rechten Hand. Manchmal nehme ich aber auch jeweils nur das Garn auf, mit dem ich gerade stricken möchte. Ich glaube nicht, dass es eine falsche Methode zum Halten der Fäden gibt, solange dir das Stricken Spaß macht und du mit den Ergebnissen zufrieden bist. Dennoch probieren Stricker*innen auch gerne Techniken aus, um zu sehen, welche sie am besten finden. Jeweils eine Farbe in einer Hand zu halten, ist beim Fair-Isle-Stricken sehr beliebt.

Beide Fäden mit der rechten Hand halten

1.

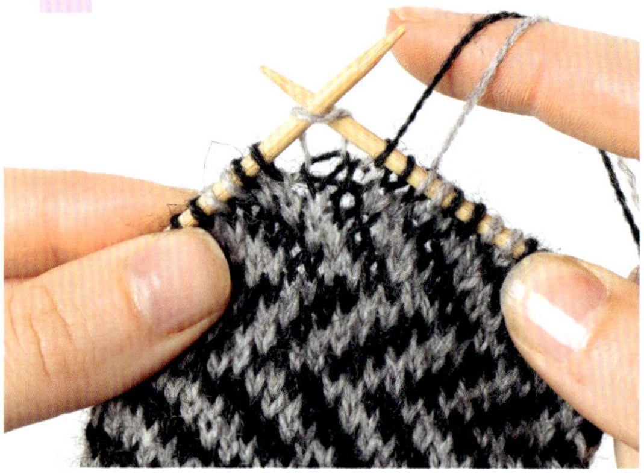

In jeder Hand eine Farbe halten

3.

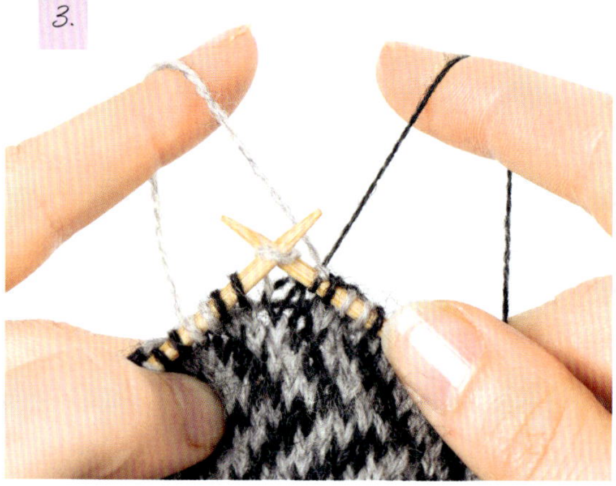

Beide Fäden mit der linken Hand halten

2.

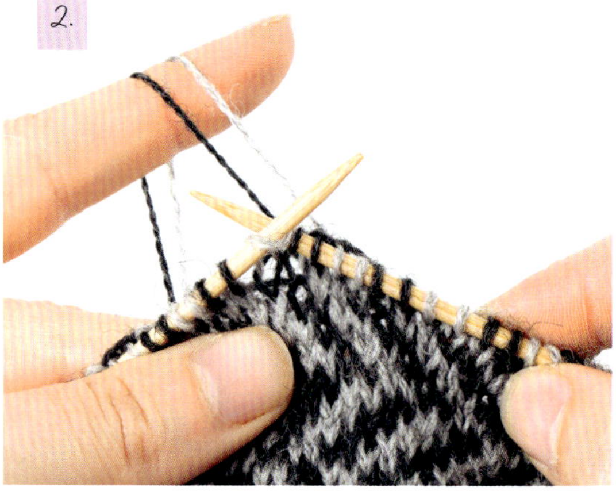

Beide Fäden in einer Hand auf verschiedenen Fingern halten

4.

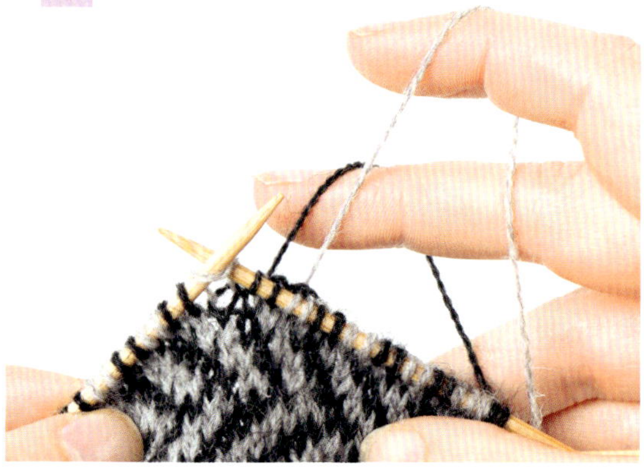

Dominierendes Garn

Wie du das Garn auch hältst, du solltest auf jeden Fall versuchen, die Positionen der Garne nicht zu verdrehen und das dominierende Garn durchgängig beizubehalten. Das dominierende Garn ist das Garn, dessen Farbe in deiner Arbeit dominiert. Dies ist von Bedeutung, da die auf der Rückseite mitgeführten Fäden beider Farben in einer anderen Position liegen, je nachdem, ob du das Garn über oder unter dem anderen Garn hältst. Das Garn, das unter dem anderen mitgeführt wird, ist die dominante Farbe, während die Maschen, die mit dem oberen Garn gearbeitet werden, etwas zurücktreten.

Die oben laufende Farbe tritt leicht zurück (Abb. 1).

Die unten laufende Farbe wirkt dominant (Abb. 2).

Manche Fair-Isle-Muster haben ein klar definiertes Muster und einen Hintergrund. In diesen Fällen kann es schön sein, mit dem dominierenden Garn zu experimentieren. Du kannst deine Garne aber auch immer auf die gleiche Weise halten und gar nicht weiter über dominierende Garne nachdenken.

1.

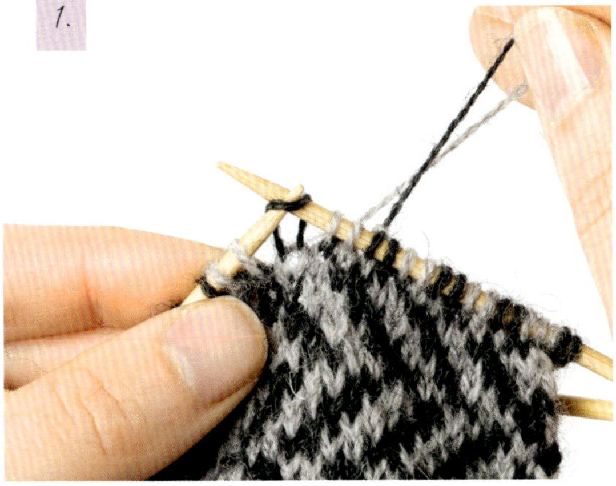

2.

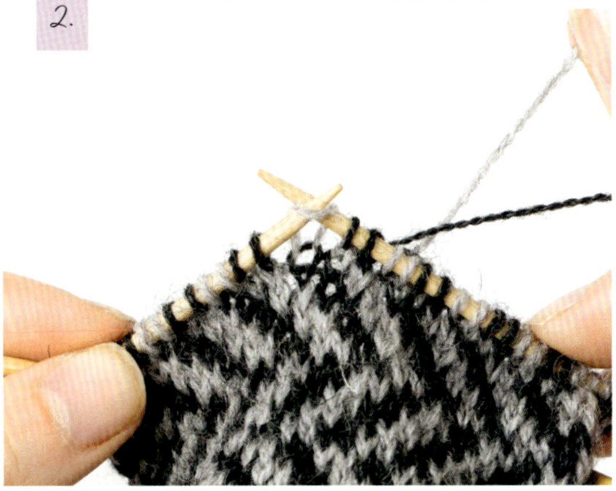

Gleichmäßige Fadenspannung

Ein toller Tipp, um deine Spannung bei Fair-Isle-Arbeiten schön gleichmäßig zu halten, ist, mit der linken Seite deiner Arbeit außen zu stricken. Dies verhindert zu fest angezogene Spannfäden, die sich dramatisch auf die Spannung und somit die Endmaße deines Projekts auswirken.

Schlage zunächst die Maschen an und stricke wie gewohnt. Wenn du zum gemusterten Abschnitt kommst, wende deine Arbeit einfach nach außen. Du arbeitest deine Maschen dann auf der Rückseite deiner Arbeit statt auf der Vorderseite. Die rechte Seite deiner Arbeit ist innen im Schlauch immer noch sichtbar.

Ich finde diese Technik sehr effektiv. Ich verwende sie immer, wenn ich ein Projekt stricke, das zwischen gemusterten und ungemusterten Abschnitten abwechselt, um die Spannung gleichmäßig zu halten.

1.

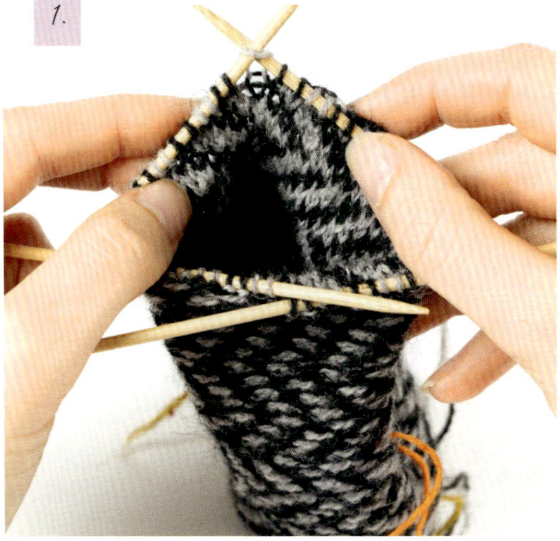

Mütze mit grafischem Muster

Diese Fair-Isle-Mütze ist ein echter bunter Hingucker und genau die Art von Projekt, die mir Spaß macht. Das Muster erstreckt sich über die gesamte Mütze, einschließlich der Formgebung an der Spitze, erfordert aber keine besonderen Fähigkeiten. Arbeite die Abnahmen einfach an derselben Stelle in Runden, sodass sie zu einem Musterelement werden. Ich habe fünf verschiedene Farben in dieser Mütze verwendet, du kannst dich jedoch für weniger entscheiden, wenn du willst. Für den gerippten Abschluss habe ich eine mittlere neutrale Farbe gewählt. Im gemusterten Teil habe ich zwei leuchtende Farben für die Linien und zwei sehr helle Farben für den Hintergrund gewählt.

Was du brauchst

Garn

Jamieson's of Shetland Spindrift 4ply (100 % Wolle, LL = 105 m/25 g), in folgenden Farben:

- **Garn A:** Steel (320); 1 Knäuel
- **Garn B:** Jade (787); 1 Knäuel
- **Garn C:** Apricot (435); 1 Knäuel
- **Garn D:** Buttermilk (179); 1 Knäuel
- **Garn E:** Spice (526); 1 Knäuel

Nadeln und Zubehör

- 3,5 mm Nadelspiel oder 40 cm lange Rundstricknadel (US 4/UK 9 oder 10) oder anderer Stärke, um die Maschenprobe zu erreichen
- Maschenmarkierer

Größen

Einheitsgröße für mittlere Kopfgröße eines Erwachsenen

- Für einen **Kopfumfang** von 56–60 cm
- **Mützenumfang**: 50 cm

Techniken

Maschen anschlagen, rechte und linke Maschen, abnehmen, in Runden stricken, Strickschriften lesen, Fair-Isle-Technik, abketten

Maschenprobe

24 M und 24 R = 10 cm x 10 cm glatt rechts mit 3,5 mm Nadeln, nach dem Waschen und Spannen

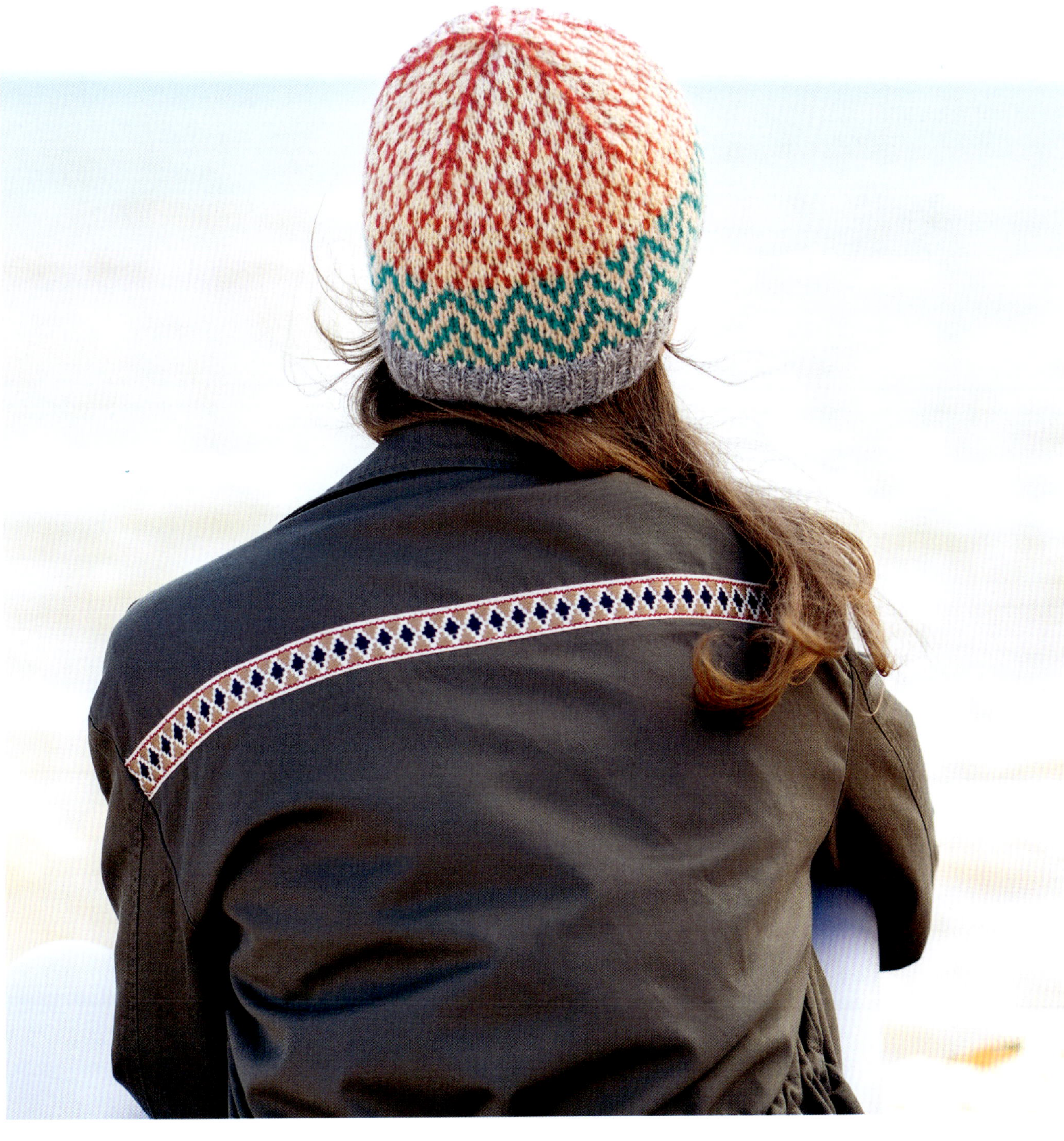

Anleitung

Lies zunächst Formgebung beim Fair-Isle-Stricken auf Seite 71, bevor du mit der Mütze beginnst.

Blende

120 M mit **Garn A** anschlagen und zur Runde schließen. Dabei die M nicht verdrehen (siehe Stricken in Runden auf Seite 120).

Den Rundenübergang markieren.

Runde 1: * 2 M re, 2 M li; ab * wdh.

Runden 2–11: Die **Runde 1** noch 10x wdh.

Hauptteil

Garn B und **C** hinzunehmen.

Runde 1: Die Strickschrift A von rechts nach links lesen, die 8 M von Reihe 1 der Strickschrift 15x arbeiten.

Die letzte Runde legt die Position des Fair-Isle-Musters fest.

Runden 2–29: Garn D und **Garn E** nach Bedarf hinzunehmen. Weiter nach Strickschrift A arbeiten, bis alle 29 Reihen fertig sind.

Mützenabnahmen

Nur noch mit **Garn D** und **E** fortfahren.

Runde 1: Die Strickschrift B von rechts nach links lesen, die 24 M von **Reihe 1** der Strickschrift 5x arbeiten.

Die letzte Runde legt die Position des Fair-Isle-Musters fest.

Runden 2–23: Weiter nach Strickschrift B arbeiten, bis alle 23 Runden fertiggestellt sind. Dabei die doppelt überzogene Abnahme wie eingezeichnet arbeiten, um in den Abnahmerunden jeweils 10 M abzunehmen – 10 M.

Den Faden abschneiden und durch die übrigen M ziehen.

Fertigstellen

- Die Mütze spannen (siehe Spannen auf Seite 123) und flach trocknen, um sie auf die angegebenen Maße zu bringen.
- Die Fäden vernähen.

Strickschrift A

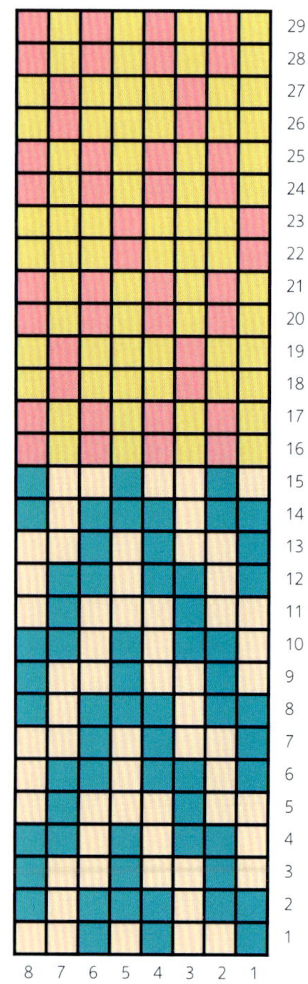

- Garn B
- Garn C
- Garn D
- Garn E
- 1 M glatt re
- ∧ 1 dopp überz Abn

Strickschrift B

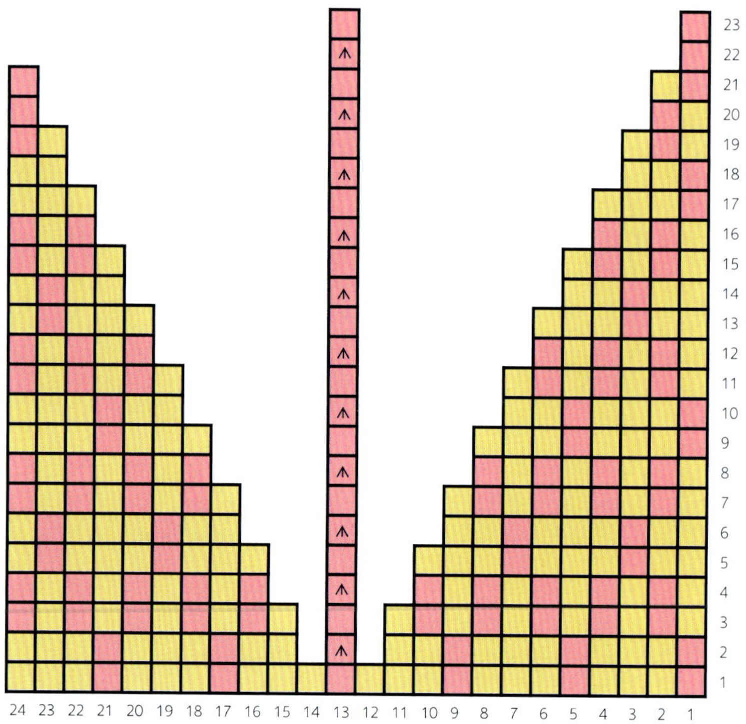

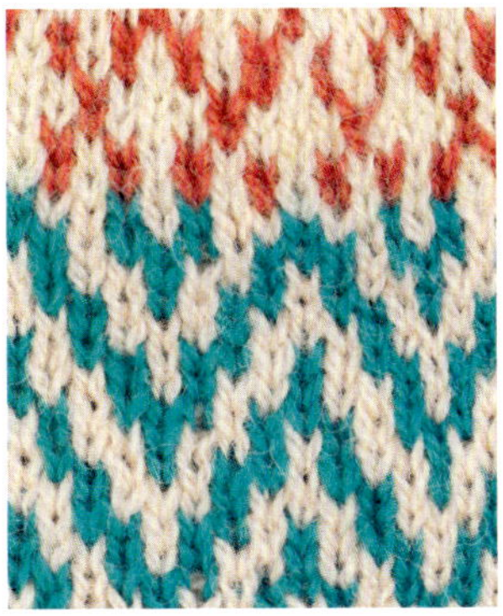 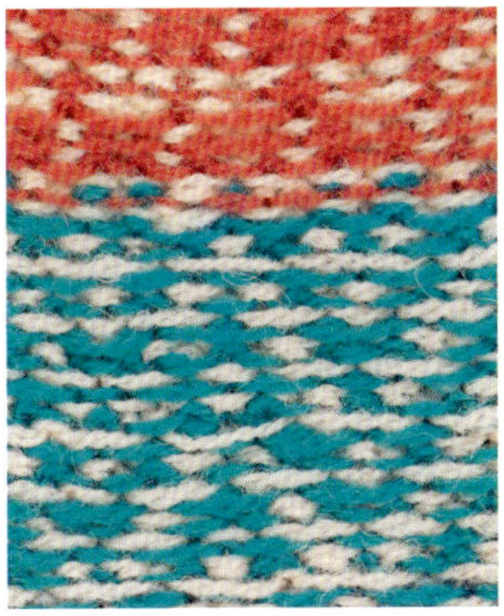 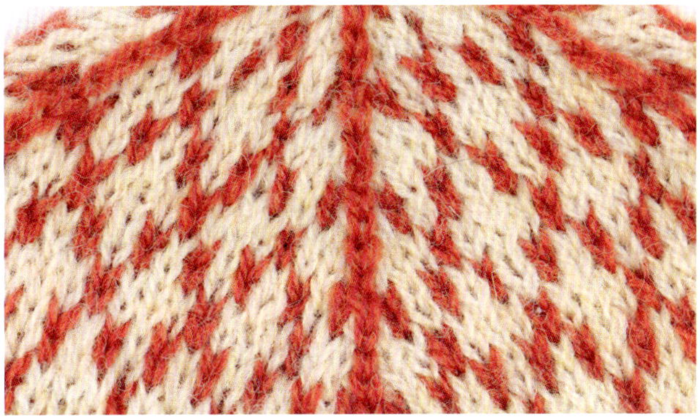

Formgebung beim Fair-Isle-Stricken

Bei dieser Mütze reicht das Fair-Isle-Muster über die gesamte Arbeit bis zur Spitze. Dazu nimmst du bei der Arbeit mit Farbwechseln Maschen ab. Es ist möglich, Zu- und Abnahmen in Fair-Isle-Mustern zu arbeiten, sie beeinträchtigen jedoch das Muster und manche Methoden stören das Muster mehr als andere.

Eine doppelt überzogene Abnahme (dopp überz Abn) ist eine gute Alternative für sichtbare, jedoch saubere Abnahmen in Fair-Isle-Mustern.

Diese doppelt überzogene Abnahme mit aufliegender Mittelmasche wird wie beim Stricken mit einer Farbe gearbeitet. Sie eignet sich für Fair-Isle-Muster, da mit den aufliegenden mittleren Maschen der Abnahmen eine Farbe im Muster senkrecht nach oben verlaufen kann.

1. Die Strickschrift bis zu den Anweisungen der doppelt überzogenen Abnahme arbeiten.

2. Die nächsten 2 Maschen zusammen auf die rechte Nadel heben, als wolltest du 2 Maschen rechts zusammenstricken (Abb. 1).

3. Mit der in der Strickschrift angegebenen Farbe die nächste Masche rechts stricken (Abb. 2).

4. Die 2 Hebemaschen über die gerade gestrickte Masche ziehen (Abb. 3).

Die neue Masche erscheint so in der richtigen Farbe und die darunter liegenden Maschen sehen ordentlich aus.

Weiter nach Strickschrift arbeiten und die nächste Masche in der angegebenen Farbe stricken.

1.

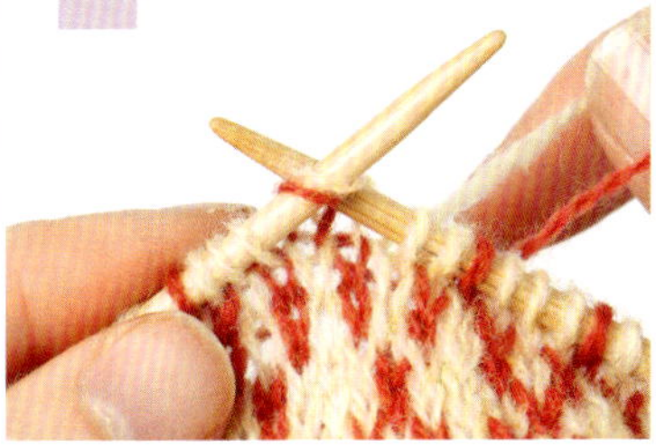

2.

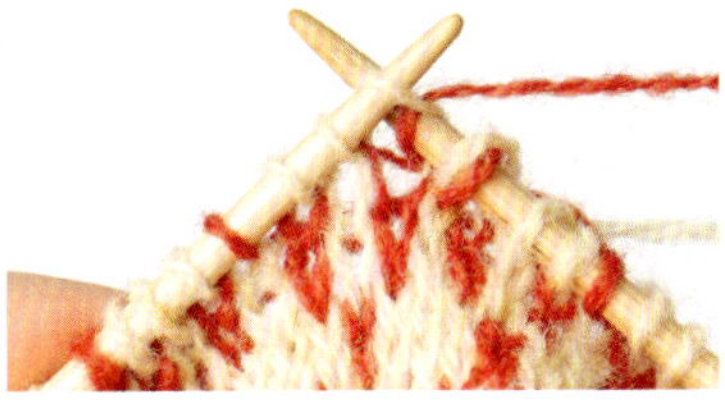

3.

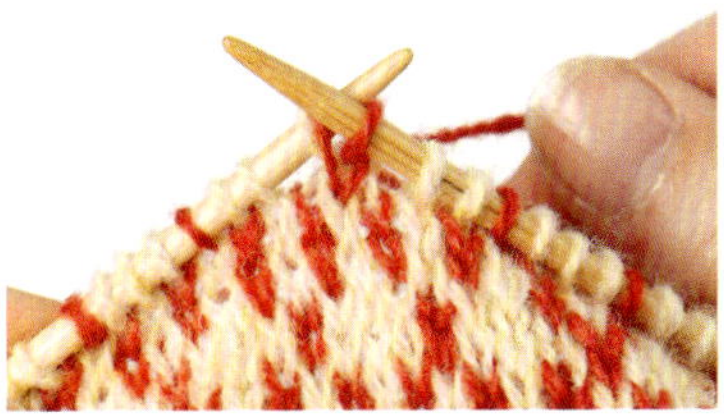

Dicke Mütze mit Farbverlauf

Diese schöne Farbverlauf-Mütze lässt sich schnell stricken. Durch das Muster in dickem Garn wird die Mütze mollig warm. Das zweifarbige Muster wird an den Seiten der Mütze gearbeitet, während die Formgebung am Abschluss nur in einer Farbe gestrickt wird. Wie bei den meisten Fair-Isle-Projekten unterstreicht ein starker Farbkontrast das Muster. Ich habe helle neutrale Farben zusammen mit dunklen, satten Tönen verwendet. Da das Muster selbst so markant ist, habe ich versucht, zurückhaltende Farbkombinationen zu wählen, die sich gut tragen lassen.

Was du brauchst

Garn

Cascade 128 Superwash (100 % Merinowolle, LL = 117 m/100 g), in folgenden Farben:

Variante 1

- **Garn A**: Dark Plum (1965); 1 Knäuel
- **Garn B**: Feather Grey (875); 1 Knäuel

Variante 2

- **Garn A**: Aporto (856); 1 Knäuel
- **Garn B**: Silver (1946); 1 Knäuel

Variante 3

- **Garn A**: Silver (1946); 1 Knäuel
- **Garn B**: Aporto (856); 1 Knäuel

Nadeln und Zubehör

- 5 mm Nadelspiel (US 8/UK 6) oder anderer Stärke, um die Maschenprobe zu erreichen

Größen

Kind (Erwachsener/Erwachsener groß)

- **Für einen Kopfumfang von:** 49 (56/61) cm
- **Tatsächlicher Mützenumfang:** 48 (53/58) cm

Techniken

Maschen anschlagen, rechte und linke Maschen, abnehmen, in Runden stricken, Strickschriften lesen

Maschenprobe

15 M und 18 R = 10 cm x 10 cm im Fair-Isle-Muster mit 5 mm Nadeln nach dem Waschen und Spannen

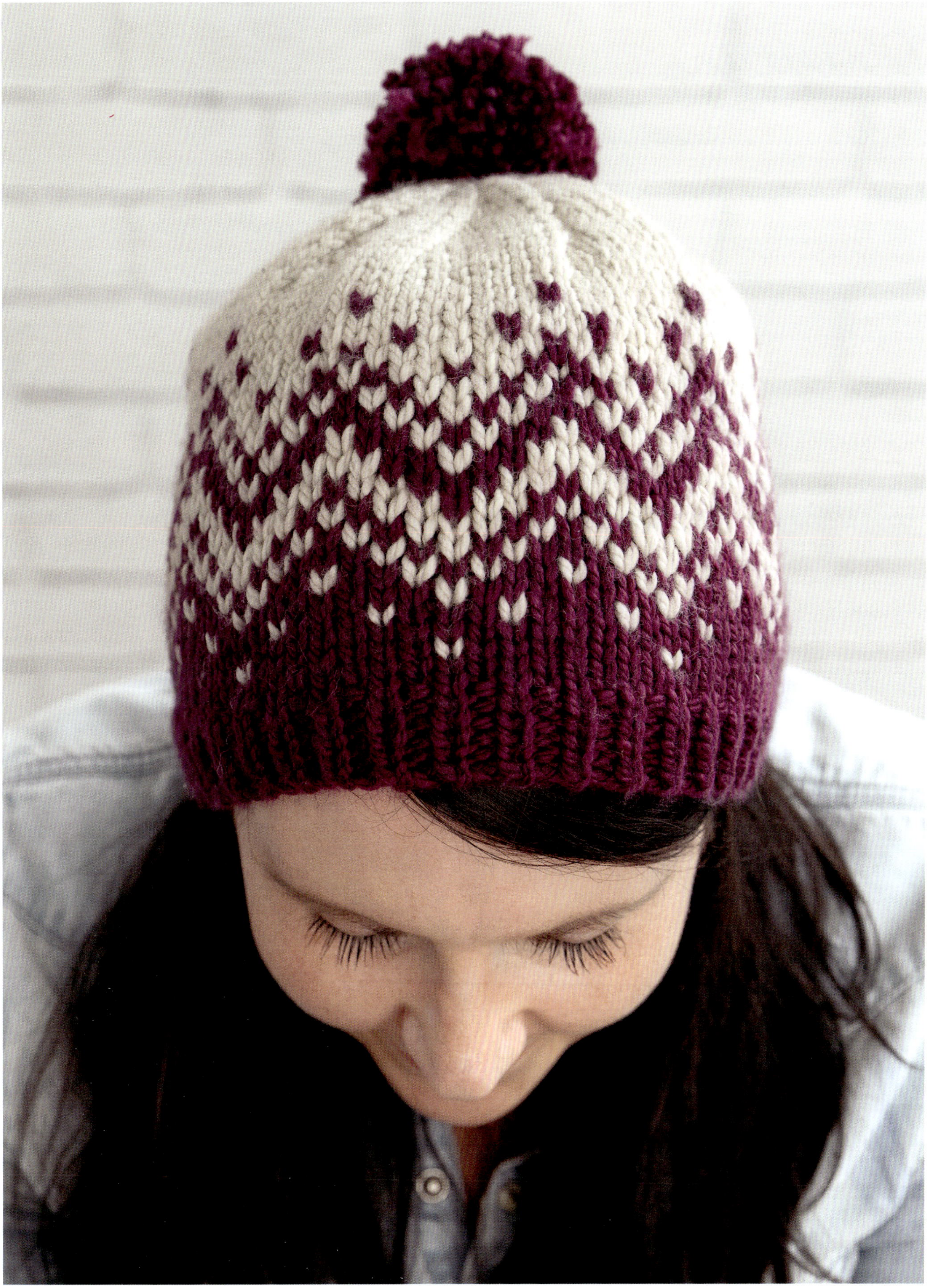

Anleitung

Lies zunächst Spannfäden einweben auf Seite 74, bevor du mit der Mütze beginnst. Die Strickschrift zeigt die Farben für Variante 1.

Blende

72 (80/88) M mit **Garn A** anschlagen und zur Runde schließen. Dabei die M nicht verdrehen (siehe Stricken in Runden auf Seite 120).

Den Rundenübergang markieren.

Runde 1: * 1 M re, 1 M li; ab * wdh.

Die **Runde 1** noch 2x (3x/4x) wdh.

Hauptteil

Garn B hinzunehmen.

Runde 1: Die Strickschrift von rechts nach links lesen, die M von **Runde 1** der Strickschrift 9x (10x/11x) arbeiten.

Die letzte Runde legt die Position des Fair-Isle-Muster fest.

Runden 2–19: Weiter nach Strickschrift arbeiten, bis alle 18 Reihen fertig sind.

Dann nur mit **Garn B** weiterarbeiten.

Runde 20: Re M stricken.

Die **letzte Runde** noch 1x (3x/4x) wdh.

Mützenabnahmen

Runde 1: * 6 M re, 2 M re zus; ab * wdh – 63 (70/77) M.

Runde 2: Re M stricken.

Runde 3: * 5 M re, 2 M re zus; ab * wdh – 54 (60/ 66) M.

Runde 4: Re M stricken.

Runde 5: * 4 M re, 2 M re zus; ab * wdh – 45 (50/55) M.

Runde 6: Re M stricken.

Runde 7: * 3 M re, 2 M re zus; ab * wdh – 36 (40/44) M.

Runde 8: Re M stricken.

Runde 9: * 2 M re, 2 M re zus; ab * wdh – 27 (30/33) M.

Runde 10: Re M stricken.

Runde 11: * 1 M re, 2 M re zus; ab * wdh – 18 (20/22) M.

Runde 12: Re M stricken.

Runde 13: 2 M re zus stets wdh – 9 (10/11) M.

Den Faden abschneiden und durch die übrigen M ziehen.

Fertigstellen

- Die Mütze spannen (siehe Spannen auf Seite 123) und flach trocknen, um sie auf die angegebenen Maße zu bringen.
- Alle Fäden vernähen.
- Aus **Garn A** einen Bommel anfertigen und oben mittig auf der Mütze befestigen (siehe Einen Bommel anfertigen auf Seite 124).

Strickschrift

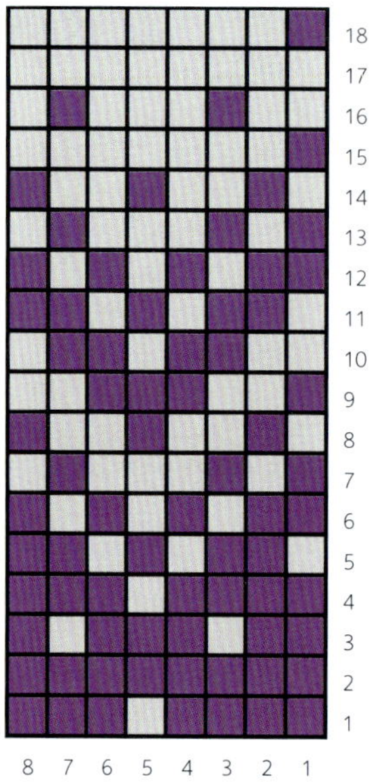

Garn A

Garn B

1 M glatt re

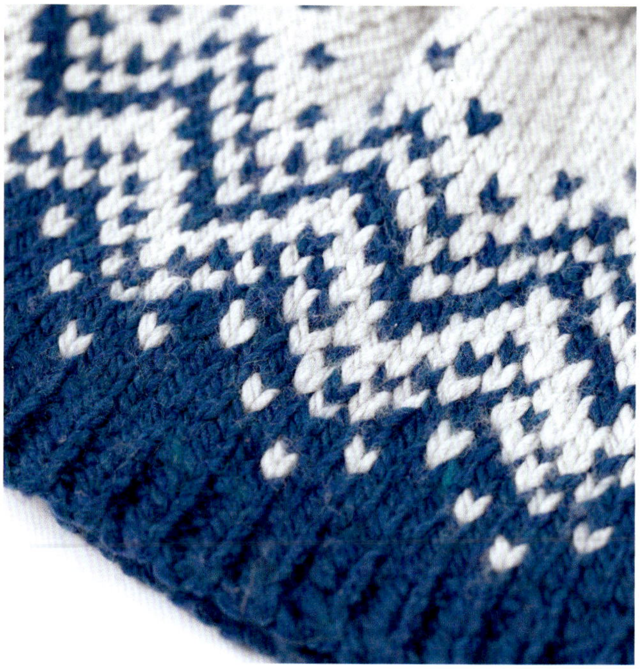

Spannfäden einweben

Als Spannfaden wird der auf der Rückseite eines Fair-Isle-Musters mitgeführte Faden bezeichnet. Bei den meisten Fair-Isle-Mustern wechseln die Farben nach nur wenigen Maschen, sodass die Spannfäden relativ kurz bleiben. Wenn fünf oder mehr Maschen zwischen den Farbwechseln gestrickt werden, werden die Spannfäden aber recht lang. In diesen Fällen lohnt es sich, die Spannfäden zwischendurch einzuweben, um sie ordentlich an der Arbeit zu sichern.

Mit den folgenden Schritten erreichst du ein glattes Muster mit gleichmäßigen Maschen. Die Abbildungen zeigen die Farben für Variante 3. Bei dieser Mütze wurden die Spannfäden in **Runde 1** und in **Runde 18** der Strickschrift nach dem Arbeiten von drei Maschen in der Hauptfarbe eingewebt. Der mitgeführte Faden sollte dabei unter dem Arbeitsfaden liegen (Abb. 1).

1. Um den Faden einzuweben, stich mit der Nadel in die zu strickende Masche ein, aber lege das Arbeitsgarn noch nicht um die Nadel (Abb. 2).

2. Schiebe die rechte Nadel unter den mitgeführten Faden (der Faden liegt oben auf der Nadel) (Abb. 3).

3. Lege das Arbeitsgarn wie üblich um die rechte Nadel, um die Masche zu stricken (Abb. 4).

4. Ziehe die Nadel wie gewohnt durch die Masche, wobei der mitgeführte Faden fixiert wird (Abb. 5).

5. Stricke die nächste Masche und halte die Fäden dabei in ihren Positionen.

Arbeite weiter im Muster und wiederhole diese Schritte nach Bedarf, um lange Spannfäden einzuweben.

1.

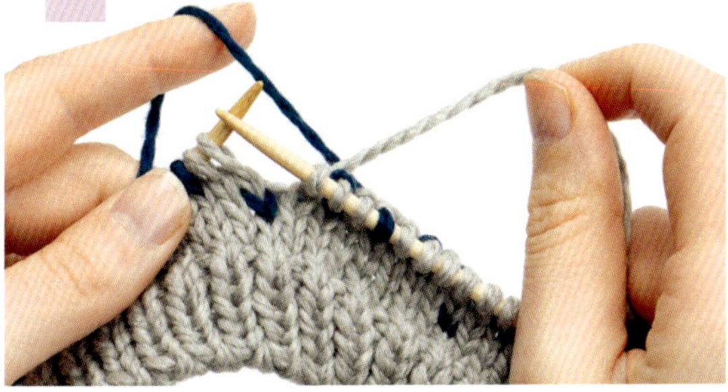

2.

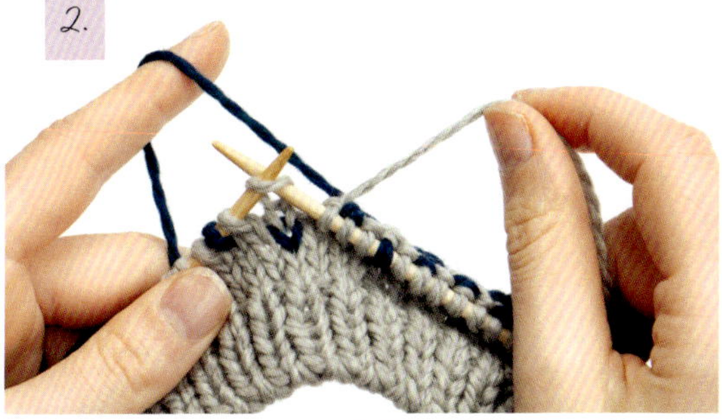

3.

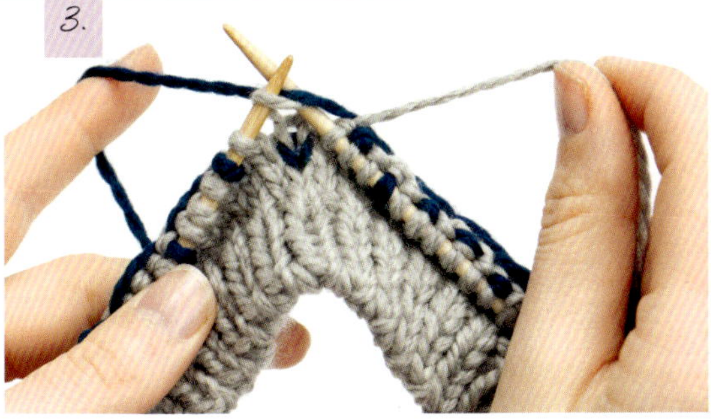

4.

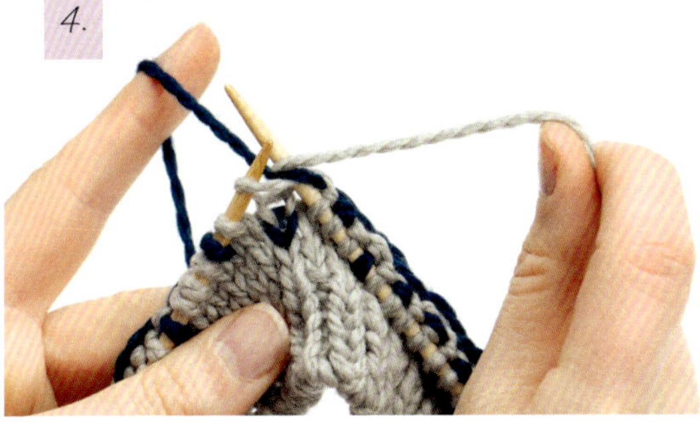

5.

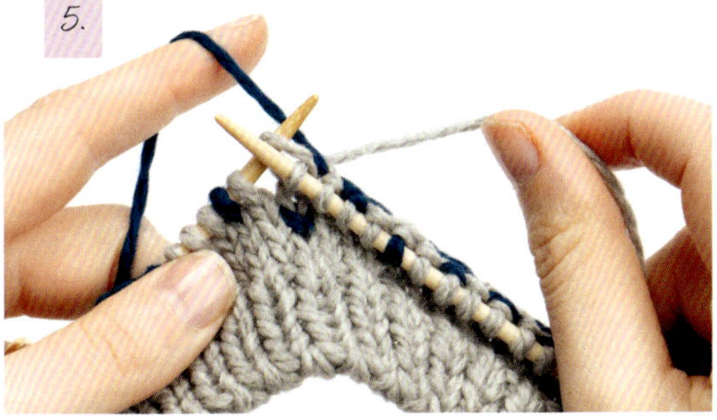

Tassenwärmer

Die meisten Stricker*innen arbeiten Fair-Isle-Muster am liebsten in Runden, aber manchmal soll das fertig Gestrickte nicht als Schlauch, sondern flach verwendet werden. Hier kommt Steeking ins Spiel! Es mag ein großer Schritt sein, deine Strickarbeit durchzuschneiden. Darum ist dieser Tassenwärmer ein ideales Übungsprojekt. Er ist eine schnelle, kleine Strickarbeit, die du problemlos noch einmal stricken kannst, falls etwas schiefgeht (es wird nichts schief gehen!). Das leichte Muschelmuster sieht in den meisten Farbkombinationen schön aus. Ich habe ein flauschiges Tweedgarn für einen weichen Look gewählt, und ein großer Perlmuttknopf rundet das Ganze ab.

Was du brauchst

Garn

Rowan Felted Tweed DK (50 % Merinowolle, 25 % Alpaka, 25 % Viskose, LL = 175 m/50 g), in folgenden Farben:

- **Garn A:** Watery (152); 1 Knäuel
- **Garn B:** Bilberry (151); 1 Knäuel
- **Garn C:** Avocado (161); 1 Knäuel

Nadeln und Zubehör

- 3,25 mm Nadelspiel (US 3/UK 10) oder anderer Stärke, um die Maschenprobe zu erreichen
- Etwa 120 cm langer Garnrest in ähnlicher Stärke wie das Hauptgarn (feste Garne wie Sockengarn eignen sich am besten)
- 1 Knopf
- 3,5 mm Häkelnadel (US E/4 / UK 9)

Größen

Einheitsgröße: für eine durchschnittliche bis große Tasse

- **Breite:** 26 cm
- **Höhe:** 7 cm

Techniken

Maschen anschlagen, rechte und linke Maschen, Strickschriften lesen, in Runden stricken, Fair-Isle-Technik, Luftmaschen häkeln, abketten

Maschenprobe

28 M und 28 R = 10 cm x 10 cm glatt rechts im Fair-Isle-Muster mit 3,25 mm Nadeln, nach dem Waschen und Spannen

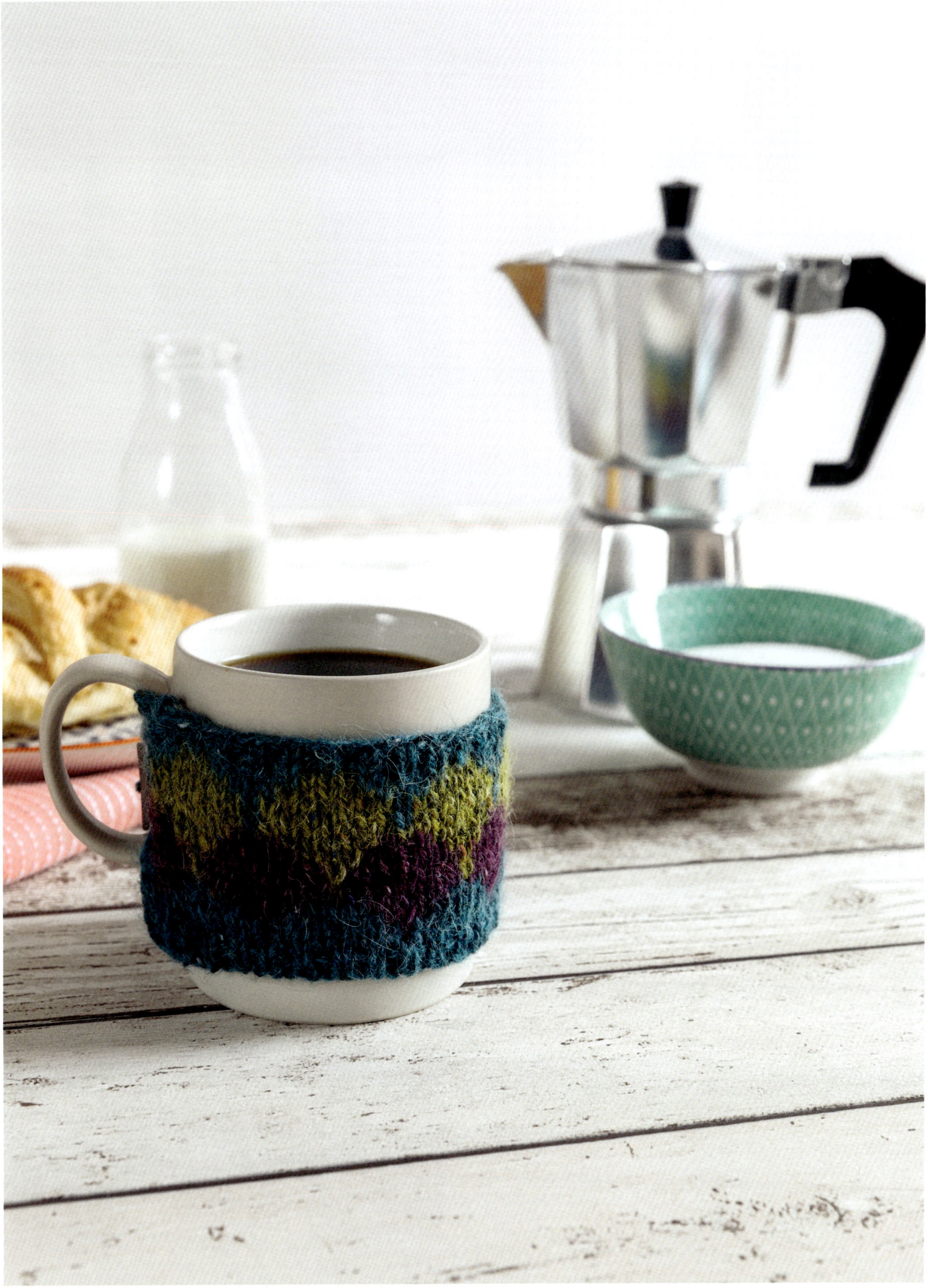

Anleitung

62 M mit **Garn A** anschlagen und zur Runde schließen. Dabei die M nicht verdrehen (siehe Stricken in Runden auf Seite 120).

Runde 1: * 1 M re, 1 M li; ab * wdh bis letzte 6 M, 6 M re.

Runde 2: Die **Runde 1** wdh.

Runde 3: Die Strickschrift von rechts nach links lesen, den Rapport von Reihe 1 der Strickschrift 7x arbeiten, anschließend die letzten 6 M stricken.

Runden 4–17: Weiter nach Strickschrift arbeiten, bis alle 14 Reihen fertig sind.

Nur mit **Garn A** weiterarbeiten.

Runde 18: Re M stricken.

Runde 19: Die **Runde 1** wdh.

Dann im Muster abketten.

Den Steek verstärken und durch die mittlere Steek-M schneiden, die in der Strickschrift als Spalte 12 markiert ist (siehe Steeking auf Seite 79).

Bündchen

Beide Ränder gleich arbeiten.

17 M zwischen den Steek-M und dem Fair-Isle-Muster auffassen und re stricken. Dies ist in der Strickschrift zwischen den Spalten 9 und 10 für den einen Rand und zwischen den Spalten 14 und 1 für den anderen Rand markiert. Weiter im Rippenmuster:

Reihe 1: * 1 M re, 1 M li; ab * wdh.

Reihe 2: * 1 M li, 1 M re; ab * wdh.

Dann im Rippenmuster abketten.

Knopfschlaufe

Mit der Häkelnadel eine 6 cm lange Luftmaschenkette häkeln. Alternativ eine Kordel stricken oder nach Belieben mit einer anderen Technik eine Knopfschlaufe anfertigen.

Den Tassenwärmer flach arbeiten

Wenn du das Steeking lieber umgehen willst, kannst du den Tassenwärmer auch flach mit geraden 3,25 mm Nadeln arbeiten. Siehe dazu Fair-Isle-Technik in Hin- und Rückreihen auf Seite 81:

65 M mit **Garn A** mit geraden 3,25 mm Nadeln anschlagen.

Reihe 1: * 1 M re, 1 M li; ab * wdh, wenden.

Reihe 2: Die **Reihe 1** wdh.

Reihe 3: Die Strickschrift in ungeraden Reihen von rechts nach links lesen und den Rapport von **Reihe 1** der Strickschrift 8x arbeiten, anschließend Spalte 9 arbeiten.

Reihe 4: Die Strickschrift in geraden Reihen von links nach rechts lesen. Die Spalten 10–14 ignorieren, Spalte 9 arbeiten, dann den Rapport von **Reihe 2** der Strickschrift 8x arbeiten.

Reihen 5–16: Weiter nach Strickschrift arbeiten, bis alle 14 Reihen fertig sind.

Strickschrift

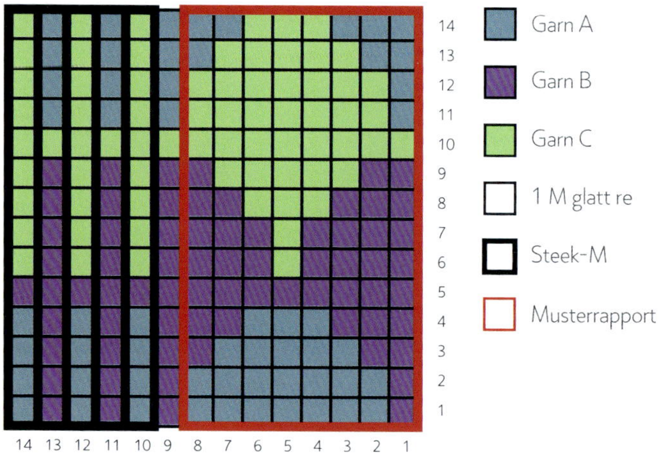

Reihe 17: * 1 M re, 1 M li; ab * wdh, wenden.

Reihe 18: Die Reihe 17 wdh.

Im Rippenmuster abketten. Dann die Knopfschlaufe wie beim Tassenwärmer mit Steeking arbeiten.

Fertigstellen

- Den Tassenwärmer spannen (siehe Spannen auf Seite 123) und flach trocknen, um ihn auf die angegebenen Maße zu bringen.
- Die Fäden vernähen.
- Die Knopfschlaufe an einem der beiden Bündchen annähen. Den Knopf auf derselben Höhe am anderen Bündchen annähen.

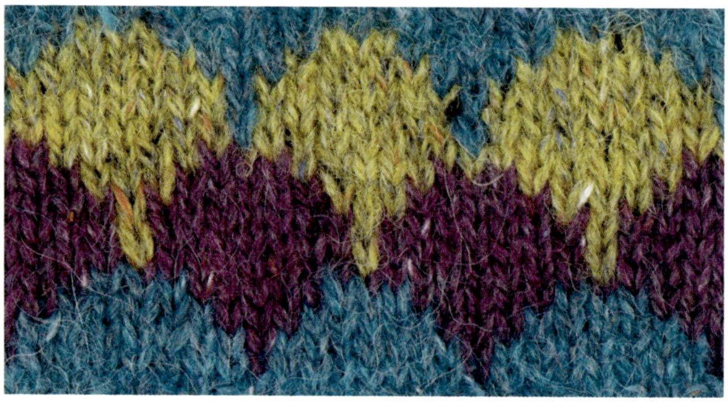

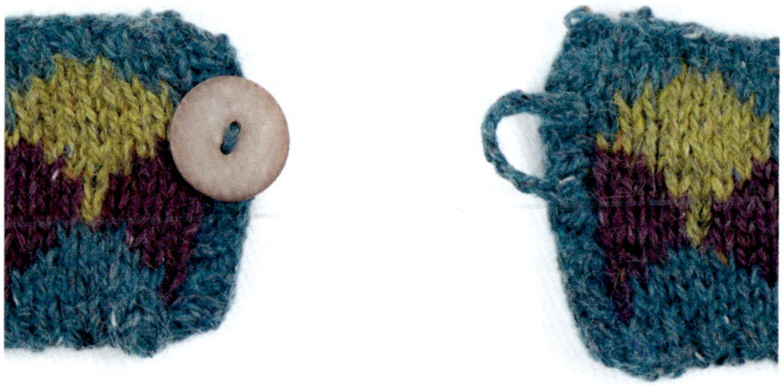

Steeking

Das Steeking ist eine Fair-Isle-Technik, die eingesetzt wird, um eine rundgestrickte Arbeit zu öffnen und sie anschließend flach ausgebreitet zu verwenden. Steeks sind zusätzliche Maschen, die an der Stelle gestrickt werden, die später aufgeschnitten werden soll. Steek-Maschen werden in der Regel als vertikale Streifen in Fair-Isle-Muster eingestrickt, um das Gestrickte fester zu machen und beide Garne sicher über den Steek-Abschnitt zu führen. Wenn das Teil fertig gestrickt ist, werden die Steeks gesichert und aufgeschnitten, was längst nicht so schlimm ist, wie es klingt!

Verstärken des Steeks

Verstärke zunächst die Ränder des Steeks mit einem Garnrest und einer Häkelnadel. Es ist auch möglich, eine Verstärkung von Hand oder mit der Nähmaschine zu nähen. Sichere dann beide Ränder aller mittleren Steek-Maschen, da wir genau mittig durch diese mittleren Maschen hindurchschneiden werden.

1. Suche deine Steek-Maschen und dort deine mittlere Masche (Abb. 1).

2. Knote eine Schlaufe in dem Garnrest auf deiner Häkelnadel (Abb. 2).

3. Stich mit der Häkelnadel in die Masche neben der mittleren Steek-Masche ein (Abb. 3).

4. Ziehe eine Garnrestschlaufe durch die gestrickte Masche (2 Schlaufen auf der Nadel) (Abb. 4). Ziehe dann diese Garnrestschlaufe (die obere Schlaufe) durch die untere Schlaufe, sodass sich nur eine Schlaufe auf der Häkelnadel befindet.

1.

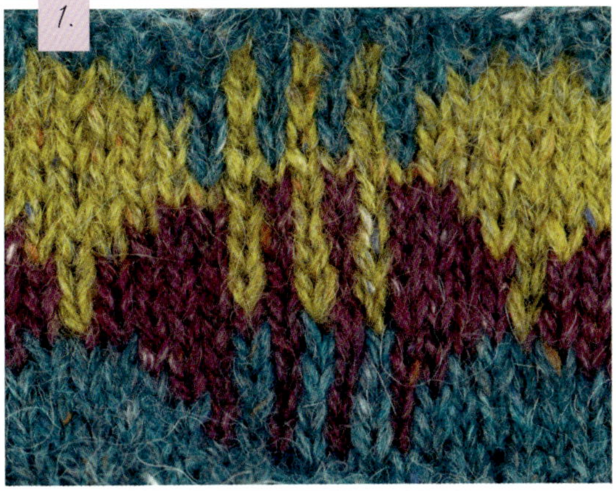

2.

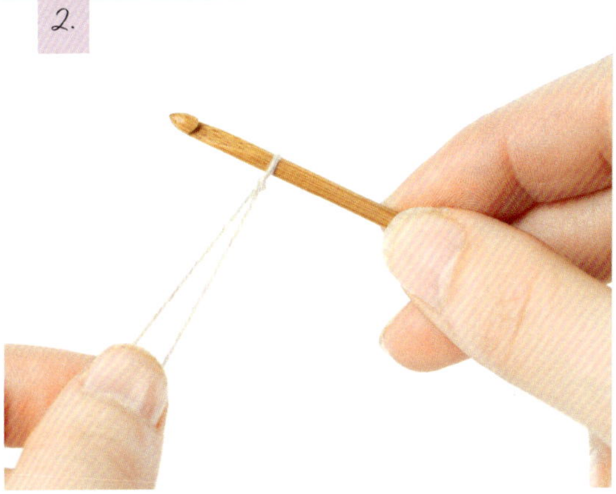

3.

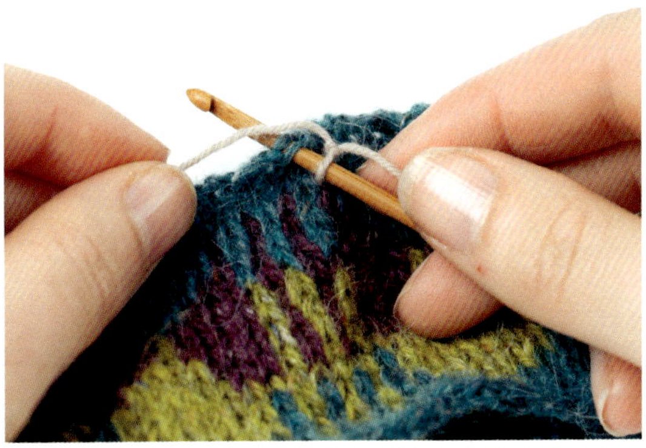

4.

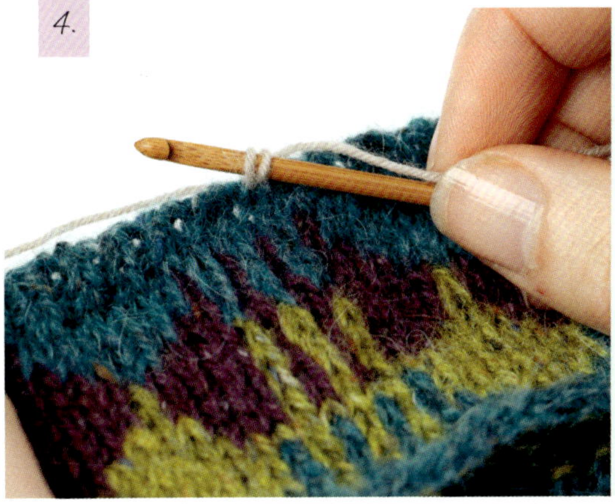

5. Führe die Häkelnadel unter der halben Masche neben der mittleren Steek-Masche und unter der halben mittleren Steek-Masche hindurch (Abb. 5).

6. Ziehe eine Garnrestschlaufe durch die Maschen (Abb. 6). Ziehe dann diese Garnrestschlaufe durch die vorige Schlaufe, sodass sich nur noch eine Schlaufe auf der Häkelnadel befindet.

7. Arbeite die **Schritte 5–6** über die gesamte Höhe aller mittleren Steek-Maschen (Abb. 7). Dann sichere das Ende, indem du in die Mitte der Masche neben der mittleren Steek-Masche arbeitest und das Fadenende durchziehst.

8. Drehe deine Arbeit, um in die entgegengesetzte Richtung zu arbeiten. Wiederhole alle vorigen Schritte auf der anderen Seite der mittleren Steek-Maschen (Abb. 8).

5.

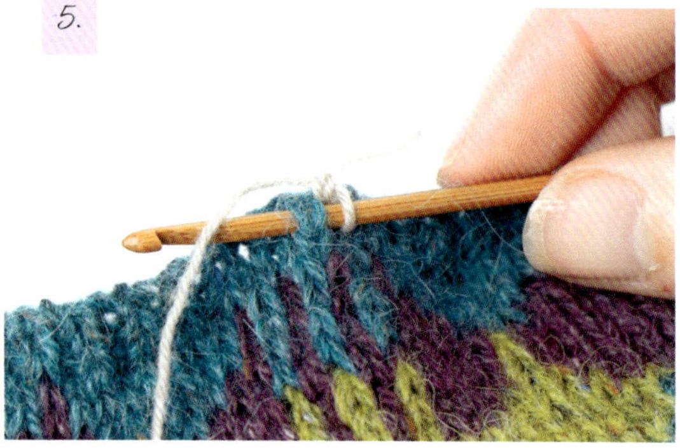

6.

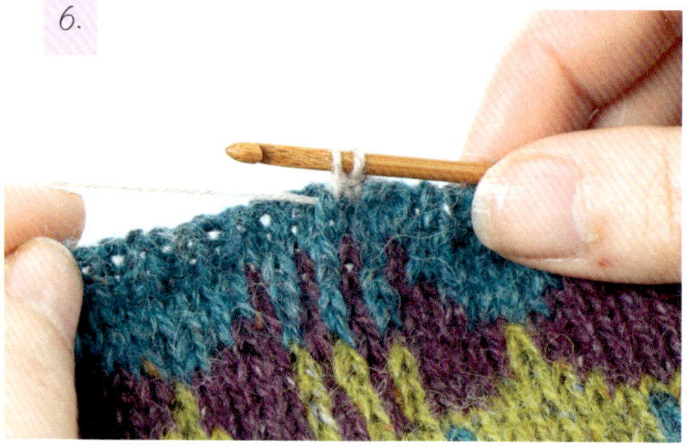

7.

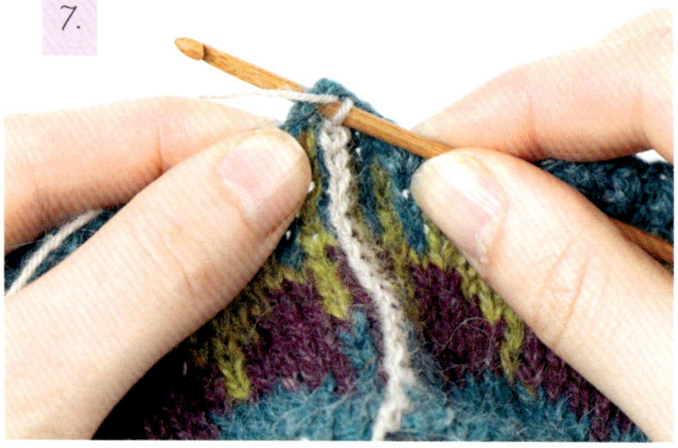

8.

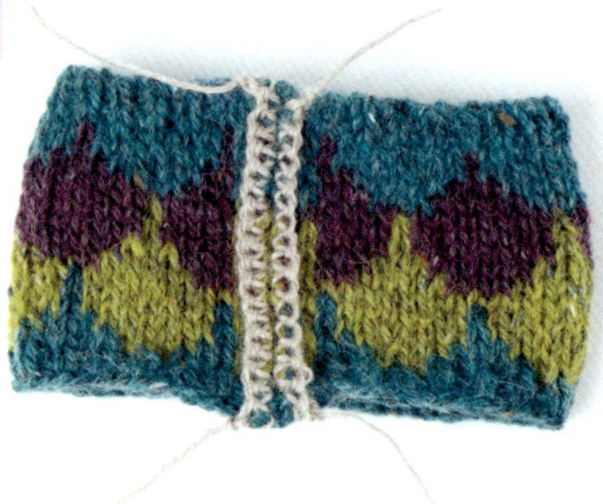

9.

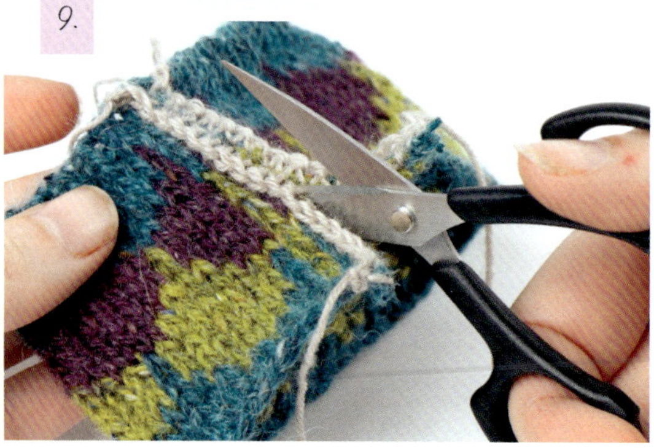

Den Steek aufschneiden

Schneide mit einer kleinen, scharfen Schere zwischen den beiden verstärkten Rändern entlang (Abb. 9, Seite 80).

Den Steek fertigstellen

1. Nimm entlang dem Steek-Rand jeweils zwischen den Steek-Maschen und den Maschen des Hauptmusters mit **Garn A** Maschen auf (Abb. 1).

2. Stricke die Ränder nach Anleitung (Abb. 2).

1.

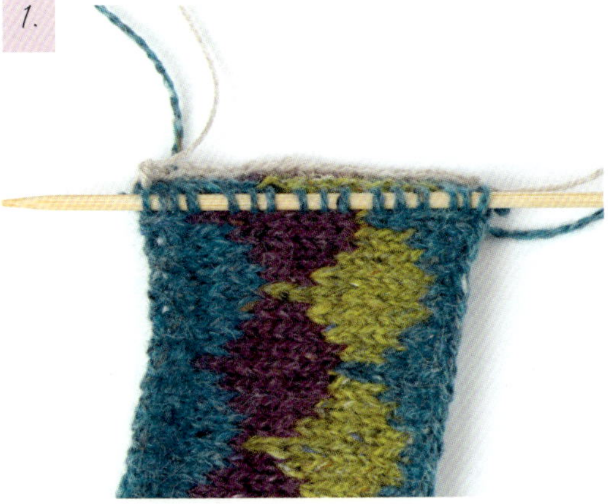

2.

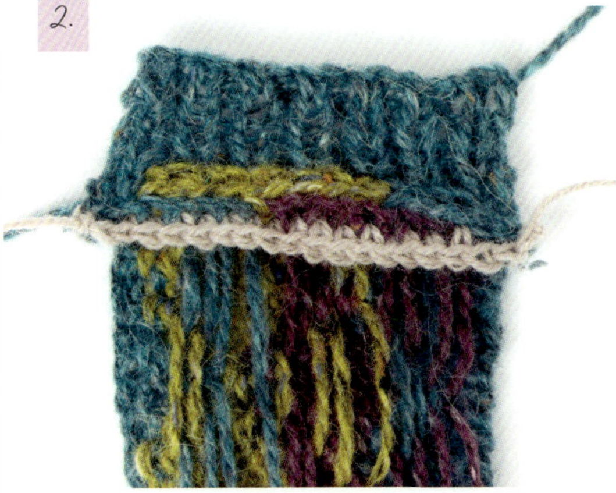

3.

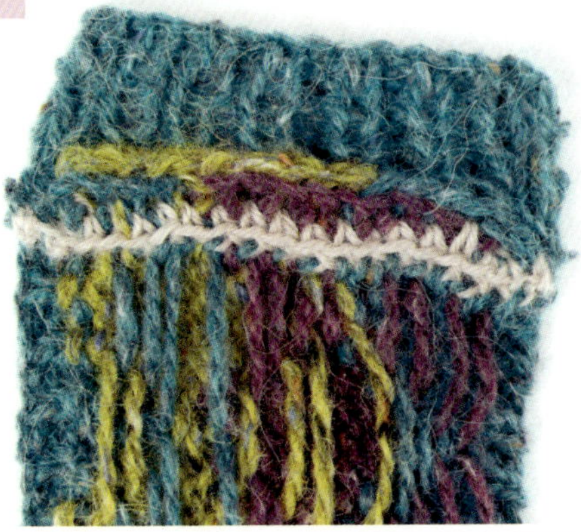

3. Um den Rand sauber und sicher zu halten, nähe die gehäkelte Kante um (Abb. 3).

Fair-Isle-Technik in Hin- und Rückreihen

Manche vermeiden es lieber, Fair-Isle-Muster in Reihen zu arbeiten, andere stört es wiederum nicht.

Drehe einfach deine Arbeit und stricke die Maschen links, wobei du die Spannfäden vor der Arbeit entlangführst. Achte darauf, die Strickschrift in die richtige Richtung zu lesen und stets das gleiche Garn über dem anderen zu führen (siehe Dominierendes Garn auf Seite 67).

4

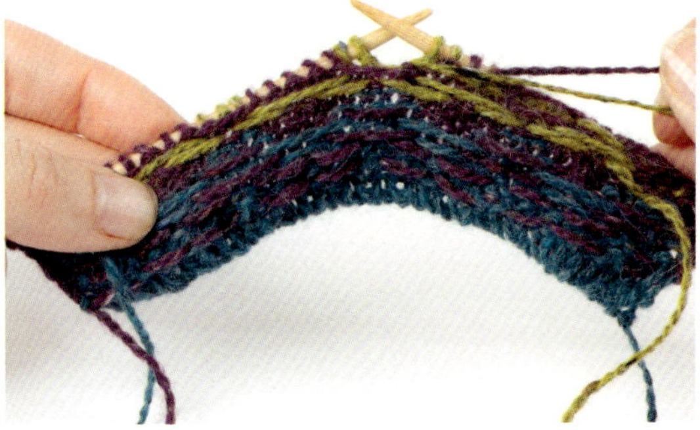

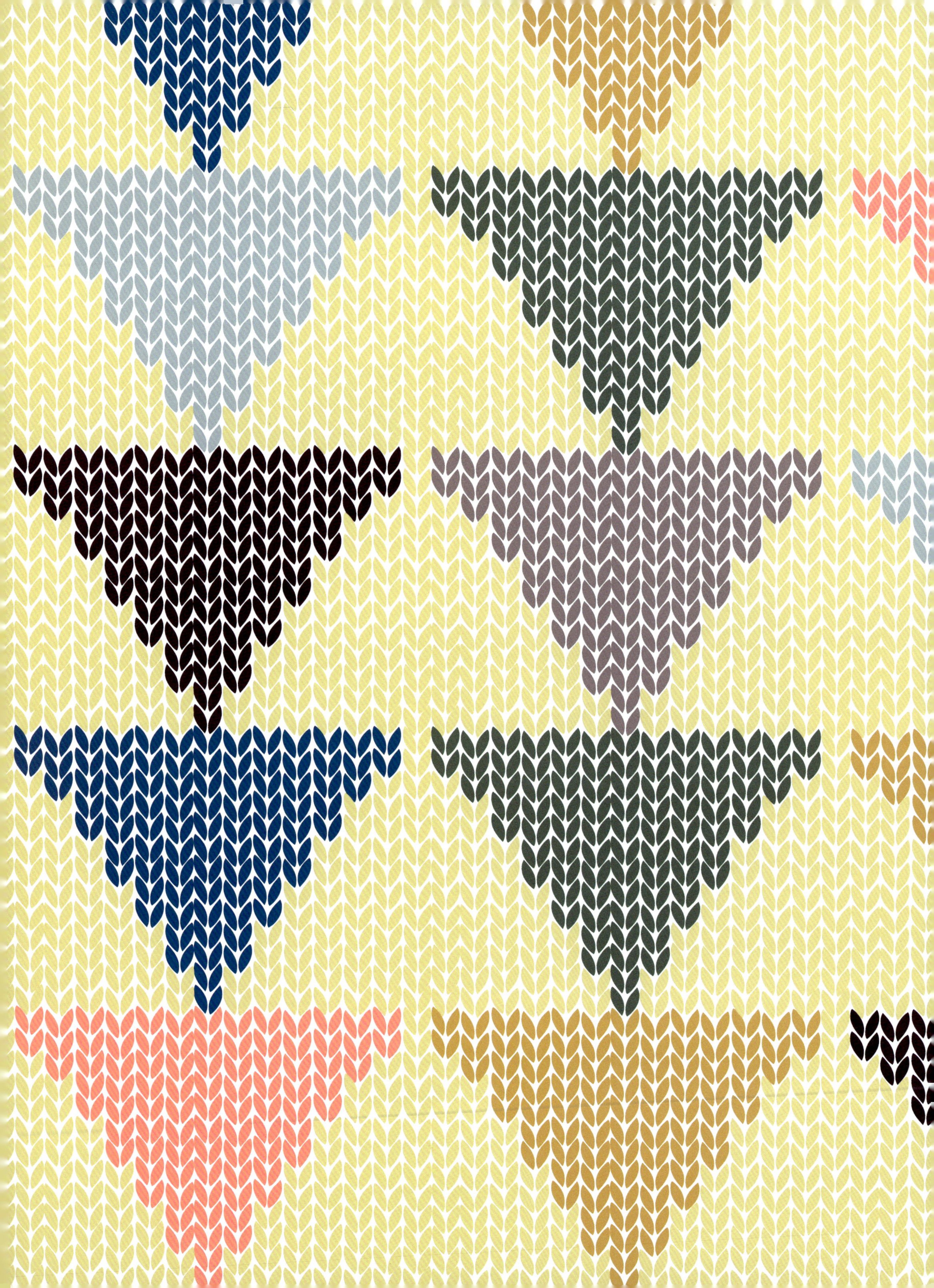

Intarsien

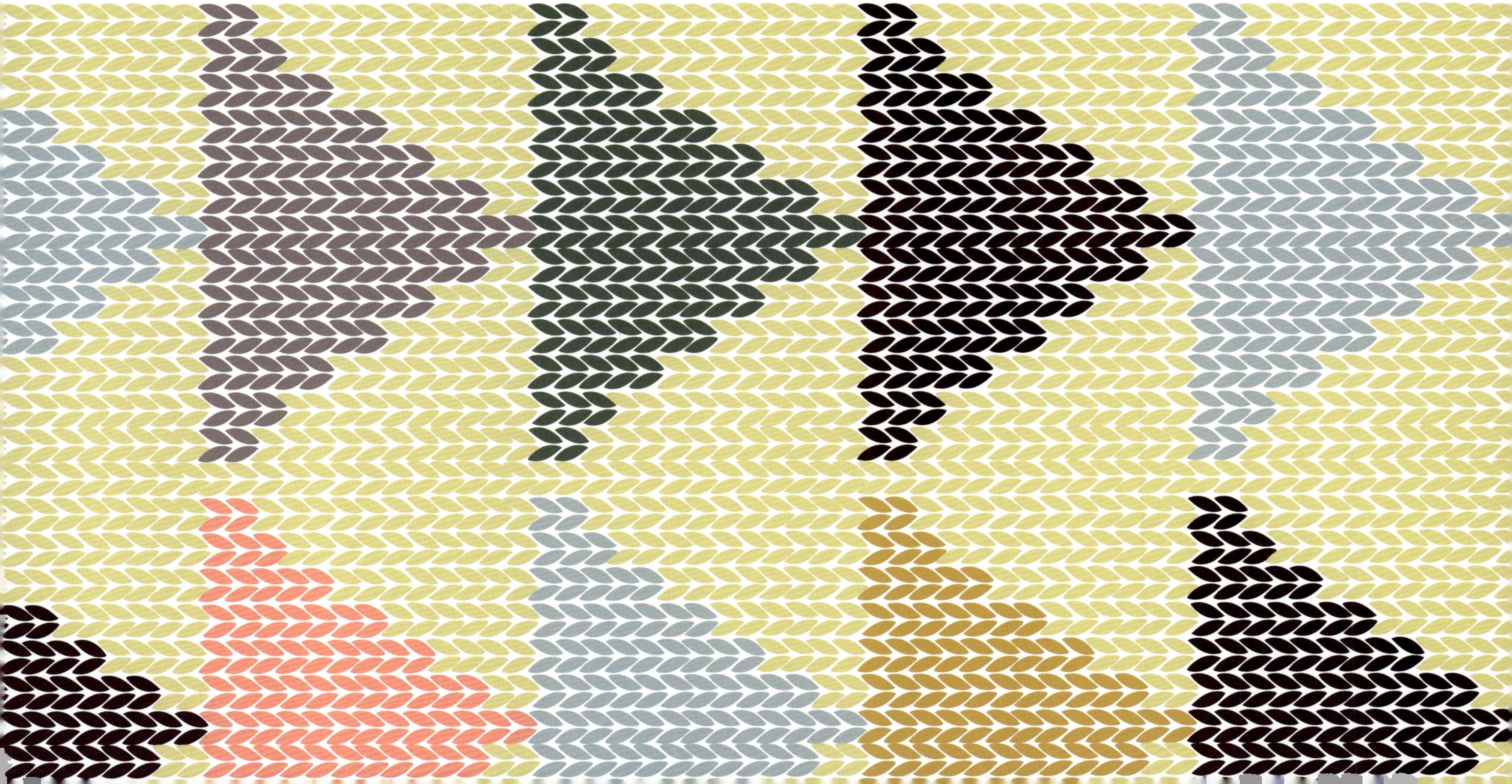

Wimpelkette

Diese Wimpelkette ist ein tolles Projekt, um Garnreste zu verwerten, da die einzelnen Wimpel nur geringen Mengen an Garn benötigen. Die Intarsientechnik wird verwendet, um den Wimpeln eine Einfassung in Kontrastfarbe zu geben. Lange Quasten lassen die Wimpelkette noch fröhlicher wirken. Ich habe unterschiedliche Farben gewählt: leuchtend, gedeckt, hell und dunkel aus dem ganzen Farbkreis, und habe sie zu einer bunten Partygirlande kombiniert. Du kannst die Farbauswahl aber auch einschränken, um der Wimpelkette einen zurückhaltenderen Look zu verleihen.

Was du brauchst

Garn

Coop Knits Socks Yeah! DK (75 % Merinowolle, 25 % Nylon, LL = 211 m/50 g), in folgenden Farben:

- **Garn A:** Demeter (209); 1 Knäuel
- **Garn B:** Fleet (212); 1 Knäuel
- **Garn C:** Morpheus (206); 1 Knäuel
- **Garn D:** Dionysus (205); 1 Knäuel
- **Garn E:** Pigeon (214); 1 Knäuel
- **Garn F:** Sphene (215); 1 Knäuel
- **Garn G:** Astra Planeti (203); 1 Knäuel

Nadeln und Zubehör

- 3,75 mm Nadeln (US 5/UK 9) oder anderer Stärke, um die Maschenprobe zu erreichen
- Band oder Garn, um die Wimpel aufzufädeln

Größe

Einheitsgröße: Jeder Wimpel ist 15 cm breit und 13 cm lang (ohne Quaste)

Techniken

Maschen anschlagen, rechte und linke Maschen, abnehmen, abketten

Maschenprobe

23 M und 32 R = 10 cm x 10 cm glatt rechts mit 3,75 mm Nadeln, nach dem Waschen und Spannen

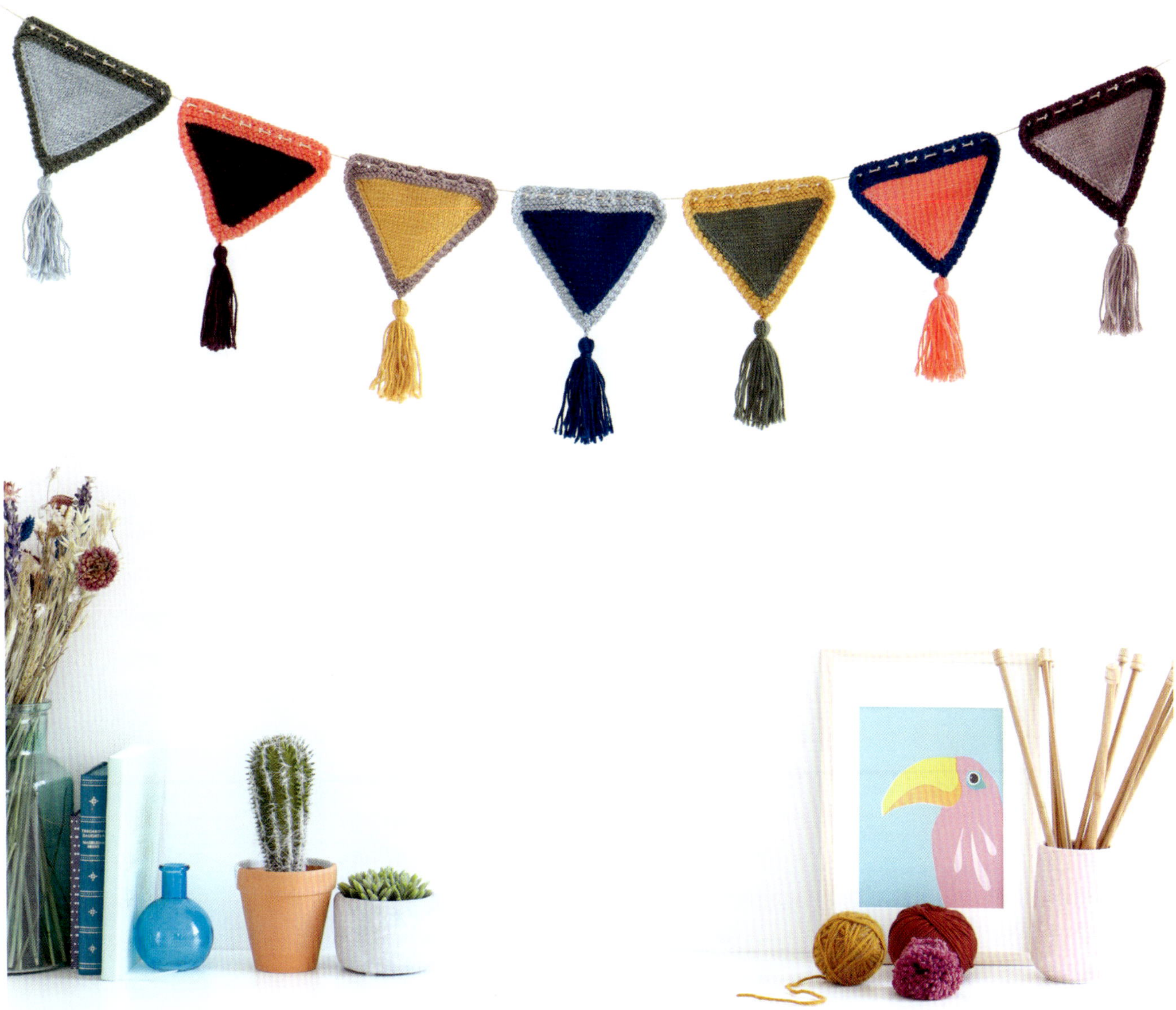

Anleitung

Wähle 2 Farben für **Garn A** und ein **Garn B** für einen Wimpel und wechsele die Farben für **Garn A** und **Garn B**, um weitere Wimpel anzufertigen. Lies zunächst Intarsien-Technik auf Seite 87, bevor du mit der Wimpelkette anfängst.

Mit **Garn A** 35 M anschlagen.

Reihe 1 (Hinr): Re M stricken.

Reihe 2 (Rückr): Re M stricken.

Reihe 3: 1 M re, * 2 M re zus, 1 U; ab * wdh, 2 M re.

Reihen 4–7: Re M stricken.

Garn B hinzunehmen.

Reihe 8: In **Garn A** 3 M re, in **Garn B** bis zu den letzten 3 M re stricken, in **Garn A** 3 M re.

Reihe 9: In **Garn A** 3 M re, in **Garn B** bis zu den letzten 3 M li stricken, in **Garn A** 3 M re.

Reihe 10: In **Garn A** 3 M re, in **Garn B** 1 li gen Abn, bis zu den letzten 5 M re M stricken, 2 M re zus, in **Garn A** 3 M re stricken – 33 M.

Reihen 11–34: Die **Reihen 9–10** noch 12x wdh – 9 M.

Reihe 35: Die **Reihe 9** wdh.

Nur noch mit **Garn A** weiterarbeiten.

Reihe 36: 3 M re, 1 dopp überz Abn, 3 M re – 7 M.

Reihe 37: Re M stricken.

Reihe 38: 2 M re, 1 dopp überz Abn, 2 M re – 5 M.

Reihe 39: 1 M re, 1 dopp überz Abn mit aufliegender Mittel-M, 1 M re – 3 M.

Reihe 40: 1 dopp überz Abn.

Den Faden abschneiden und durch die übrige M ziehen.

Fertigstellen

- Die Wimpel spannen (siehe Spannen auf Seite 123) und flach trocknen, um sie auf die angegebenen Maße zu bringen.
- Alle Fäden vernähen.
- Aus **Garn B** eine Quaste anfertigen und unten am Wimpel befestigen (siehe Eine Quaste anfertigen auf Seite 124).

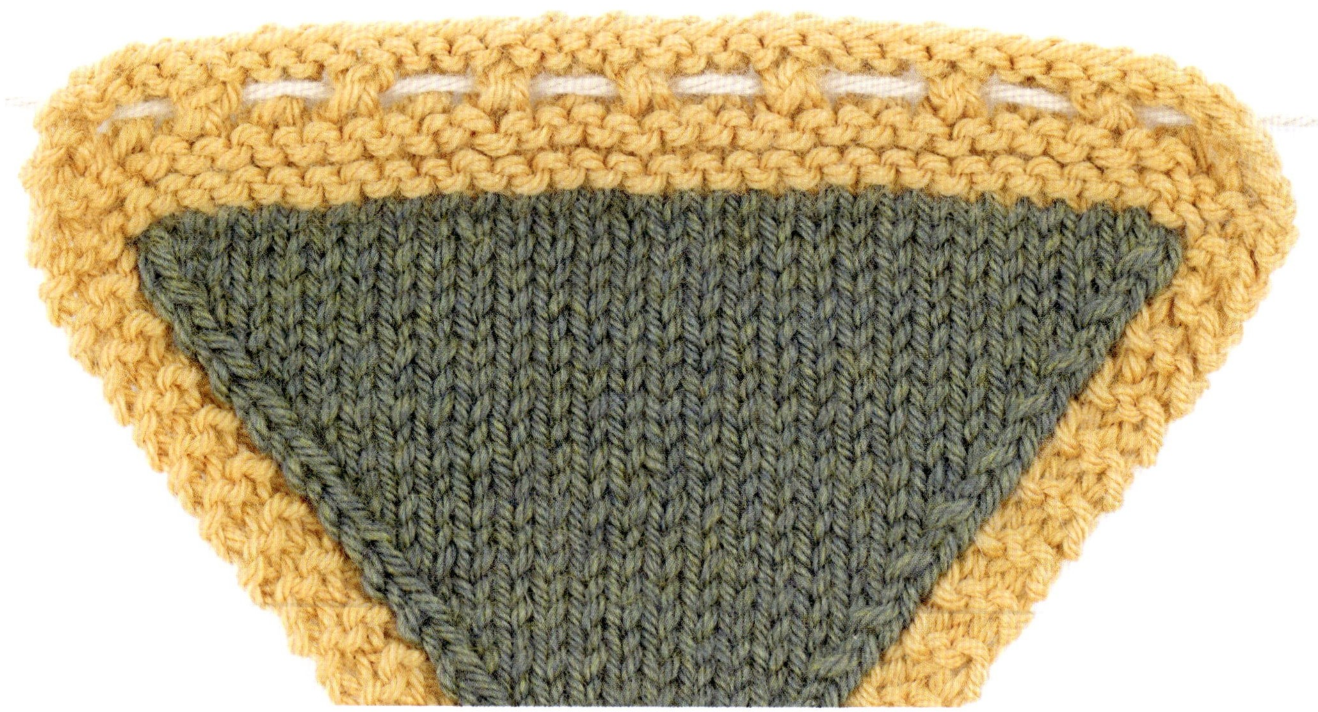

Intarsien-Technik

In Intarsien-Technik werden verschiedenfarbige Garne in einer Strickarbeit durch Verschränken oder Verdrehen der Fäden an den Farbübergängen eingesetzt.

Einige Intarsienprojekte erfordern viele kleine Garnmengen. Dann kann das Garn für jede Farbfläche auf eine Spule oder zu einem kleinen Knäuel gewickelt werden. Für die Wimpelkette wird **Garn A** aber nur in zwei getrennten Farbflächen verwendet, sodass du dafür einfach die beiden Fadenenden desselben Knäuels verwenden kannst.

1. Wenn du zu dem Teil kommst, der in einer anderen Farbe gearbeitet wird, nimm die neue Farbe hinzu, indem du die erste Masche mit dem neuen Garn arbeitest (Abb. 1). Stricke weiter in diesem Garn, bis du die Farbe wieder wechseln musst (Abb. 2). Nimm den neuen Faden auf die gleiche Weise hinzu (Abb. 3).

2. Stricke bis zum Ende der Reihe.

3. Wende die Arbeit und stricke bis zu der Stelle, an der zwei Farben aneinanderstoßen. Wenn du die neue Farbe aufnimmst, winde sie auf der linken Seite der Arbeit einmal um die alte Farbe und sichere sie so, bevor du die erste Masche strickst (Abb. 4).

4. Stricke bis zum Ende der Reihe und verdrehe beim Wechseln der Farben die Fäden jeweils auf der linken Seite der Arbeit.

5. Arbeite weiter im Muster und verdrehe die Fäden bei jedem Farbwechsel auf der linken Seite der Arbeit. Ordne die Knäuel nach Bedarf, damit sie sich nicht verheddern (Abb. 5).

6. Schließe beim Vernähen der Fäden alle Löcher, die von den ersten Farbwechseln noch zu sehen sind.

1.

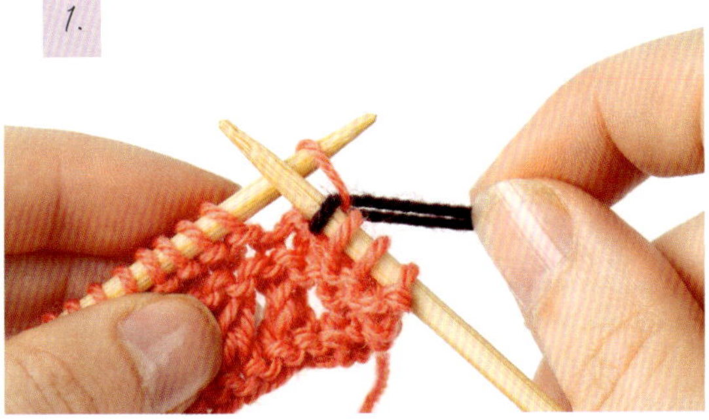

2.

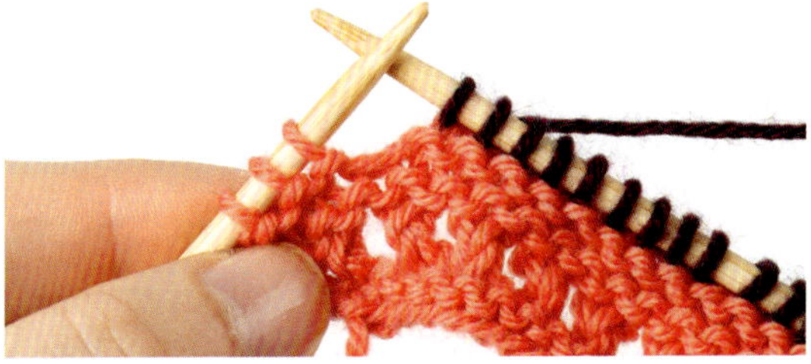

3.

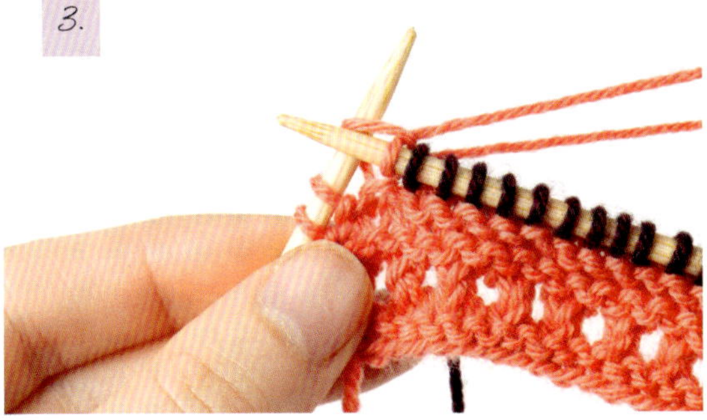

4.

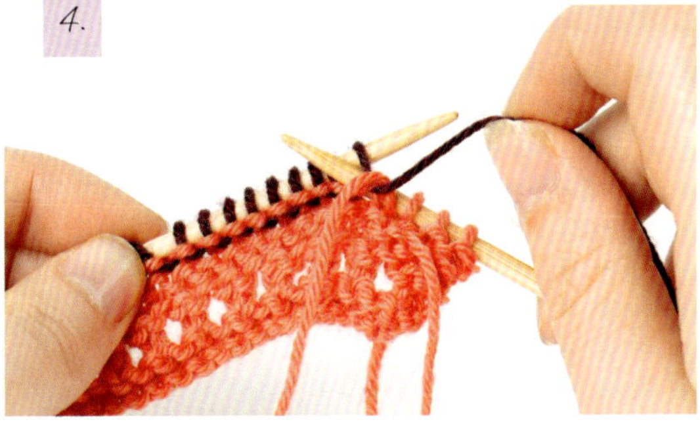

5.

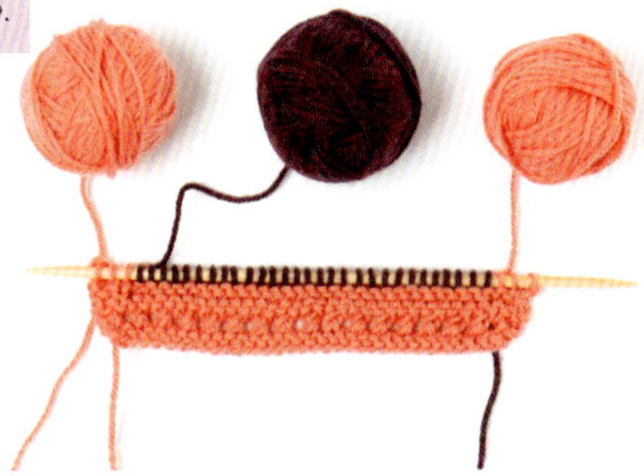

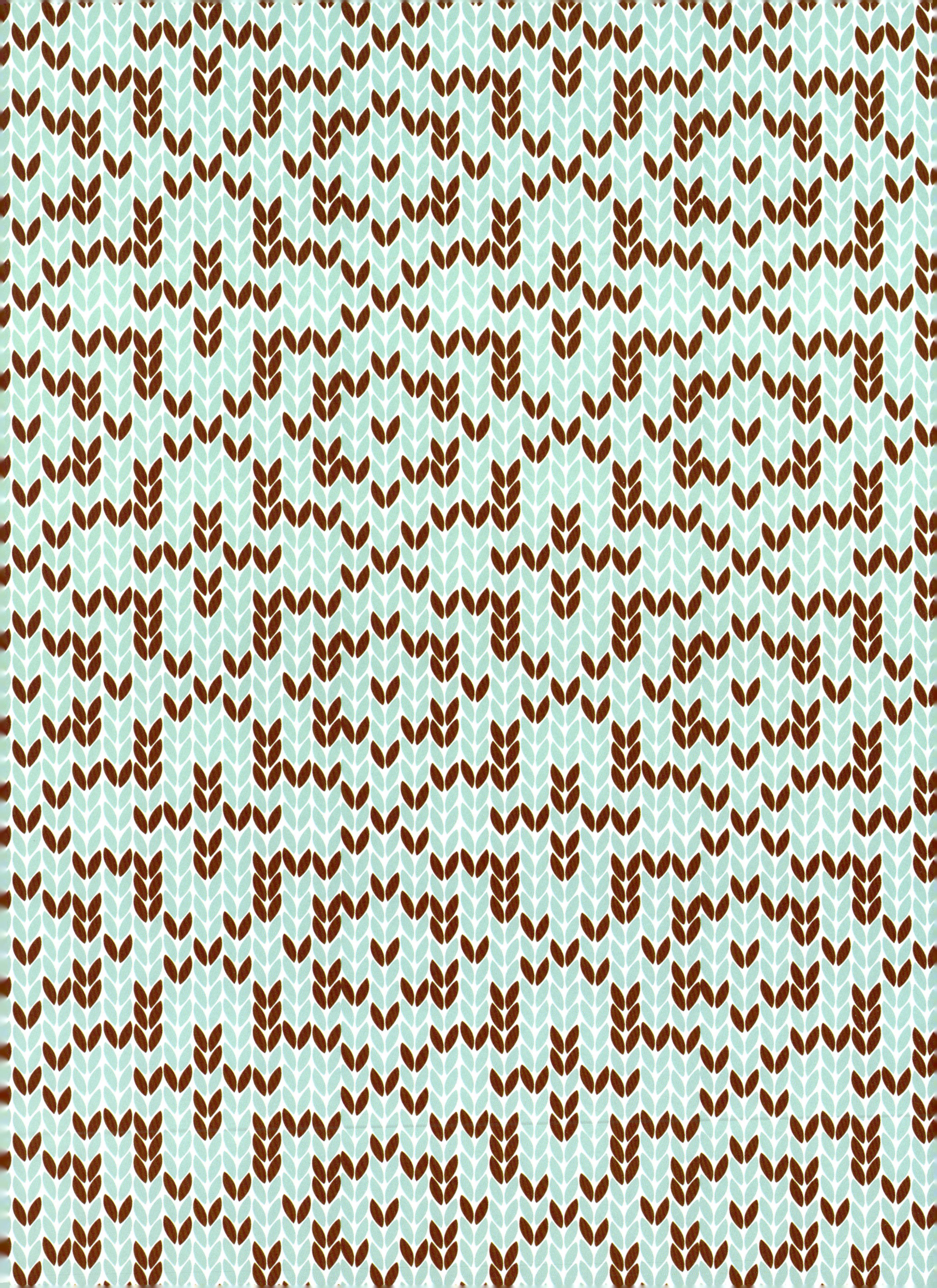

Doubleface

Wende-Loop

In Doubleface-Technik gestrickte Arbeiten sind warm und wendbar. Dies ist also die ideale Stricktechnik für einen Loop-Schal. Beide Seiten des Schals werden gleichzeitig gestrickt und das Garn wird beim Stricken zwischen den beiden Lagen entlanggeführt. Dieser Loop hat ein zartes, detailreiches Muster. Wie bei allen Mustern mit Farbwechseln hebt ein starker Kontrast zwischen den Farben das Muster hervor und ein geringer Kontrast lässt das Muster verschwimmen. Ich habe zwei Farben verwendet, die ausreichend kontrastieren, sodass das Muster sichtbar, aber zurückhaltend ist.

Was du brauchst

Garn

Vivacious DK (100 % Merinowolle, LL = 230 m/100 g), in folgenden Farben:

- **Garn A:** Copper Tones (802); 1 Knäuel
- **Garn B:** Sea Glass (826); 1 Knäuel

Nadeln und Zubehör

- 4 mm Nadeln (US 6/UK 8) oder anderer Stärke, um die Maschenprobe zu erreichen
- 10 (16) Maschenmarkierer (wahlweise)

Größen

Größe 1: kurzer, hoher Loop

Größe 2: langer, weniger hoher Loop, der locker getragen oder zweifach gewickelt wird

- **Umfang:** 60 (96) cm
- **Breite:** 20 (16) cm

Techniken

Maschen anschlagen, rechte und linke Maschen, zu- und abnehmen, Strickschriften lesen, abketten

Maschenprobe

20 M und 25 R = 10 cm x 10 cm im Doubleface-Muster mit 4 mm Nadeln, nach dem Waschen und Spannen

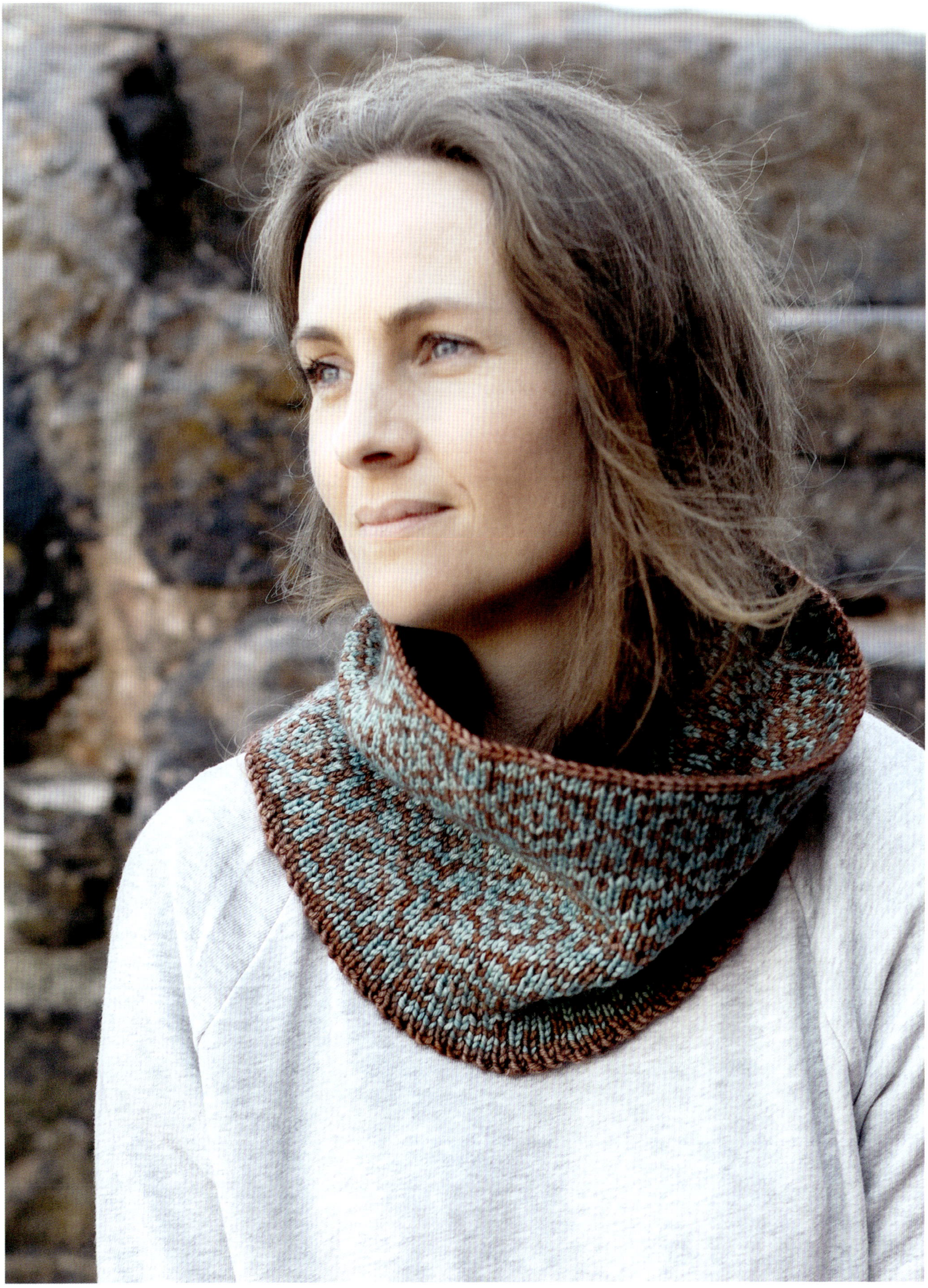

Anleitung

120 (192) M mit **Garn A** anschlagen und zur Runde schließen. Dabei die Maschen nicht verdrehen (siehe Stricken in Runden auf Seite 120). Lies zuvor Doubleface-Technik auf Seite 93.

Anschlagkante

Runde 1: Re M stricken.

Runde 2: Jede M verdoppeln (= 2 M aus 1 M herausstricken) – 240 (384) M.

Hauptteil

Garn B hinzunehmen.

Runde 1: Die Strickschrift von rechts nach links lesen, die 12 M von Reihe 1 der Strickschrift 10x (16x) arbeiten. Beachte dabei, dass jedes Quadrat 2 M darstellt. Bei Bedarf nach jeweils 24 M einen Markierer zur besseren Übersicht über die Rapporte der Strickschrift einhängen.

Runden 2–12: Weiter nach Strickschrift arbeiten, bis alle 12 Runden fertig sind.

Die **Runden 1–12** noch 2x wdh.

Nur für Größe 1:

Die **Runden 1–12** noch 1x wdh.

Beide Größen:

Die **Reihe 1** der Strickschrift noch 1x wdh.

Abkettkante

Nur noch mit **Garn A** weiterarbeiten.

Runde 1: * 1 M re, 1 M li; ab * wdh.

Dann wie folgt locker abketten:

1 li gen Abn, * 1 li gen Abn, die 1. M über 2. gestrickte M ziehen; ab * wdh.

Fertigstellen

- Den Wende-Loop spannen (siehe Spannen auf Seite 123) und flach trocknen, um ihn auf die angegebenen Maße zu bringen.
- Alle Fäden vernähen.

Strickschrift

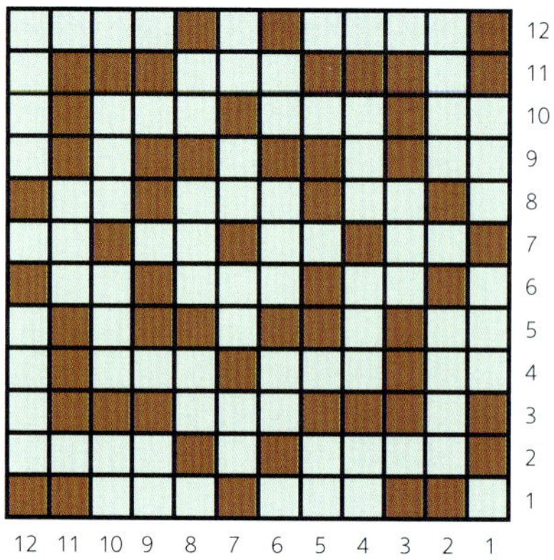

Beachte, dass jedes Quadrat zwei Maschen beschreibt.

☐ Mit beiden Fäden hinten und **Garn B** 1 M re, beide Fäden nach vorne bringen und mit **Garn A** 1 M li.

■ Mit beiden Fäden hinten und **Garn A** 1 M re, beide Fäden nach vorne bringen und mit **Garn B** 1 M li.

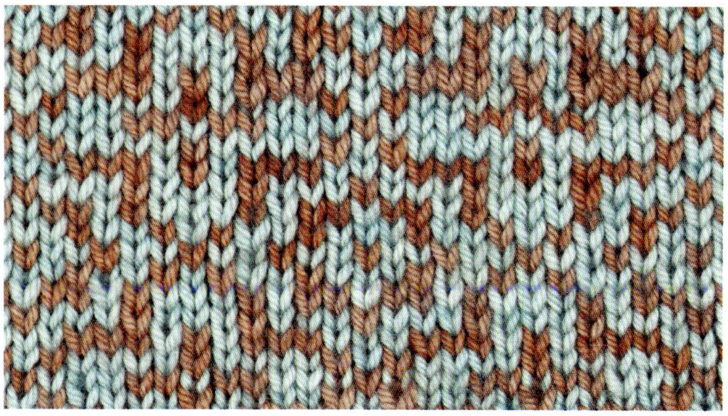

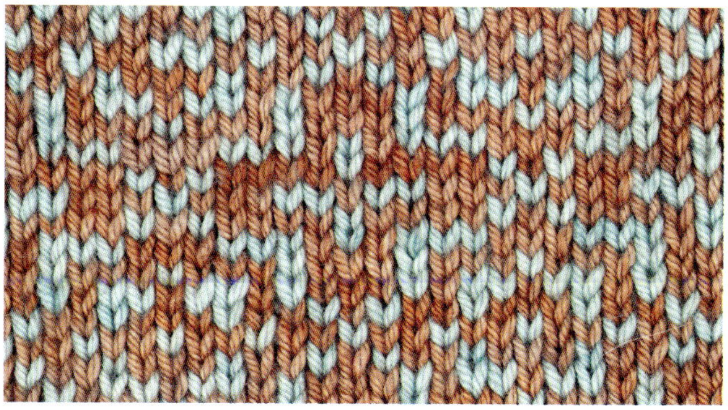

Doubleface-Technik

Bei Stricken in Doubleface-Technik werden zwei Lagen gleichzeitig gearbeitet und es entsteht eine wendbare Strickarbeit.

Zum doppelseitigen Stricken benötigst du doppelt so viele Maschen wie für eine Strickarbeit gleicher Größe. Die eine Hälfte der Maschen bildet die eine Seite und die andere Hälfte die andere Seite.

Bei diesem Loop wird, wenn eine Masche in **Garn A** gestrickt wird, die nächste Masche in **Garn B** gestrickt und umgekehrt. Jede zweite Masche wird dabei links gestrickt, und du solltest gut darauf achten, dass du die beiden Fäden bei jeder Masche auf der richtigen Seite der Arbeit führst. Die Anleitung unten bezieht sich auf die ersten Maschen der Strickschrift für den Loop.

1. Kästchen der Strickschrift

1. Mit beiden Fäden hinten stricke eine Masche rechts mit **Garn B** (Abb. 1).
2. Hole beide Fäden nach vorne (Abb. 2).
3. Stricke eine Masche links mit **Garn A** (Abb. 3).

2. Kästchen der Strickschrift

1. Führe beide Fäden nach hinten (Abb. 4).
2. Stricke eine Masche rechts mit **Garn A** (Abb. 5).
3. Hole beide Fäden nach vorne.
4. Stricke eine Masche links mit **Garn B** (Abb. 6).
5. Stricke entsprechend weiter nach Strickschrift und arbeite dabei zwei Maschen für jedes Kästchen der Strickschrift.

1.

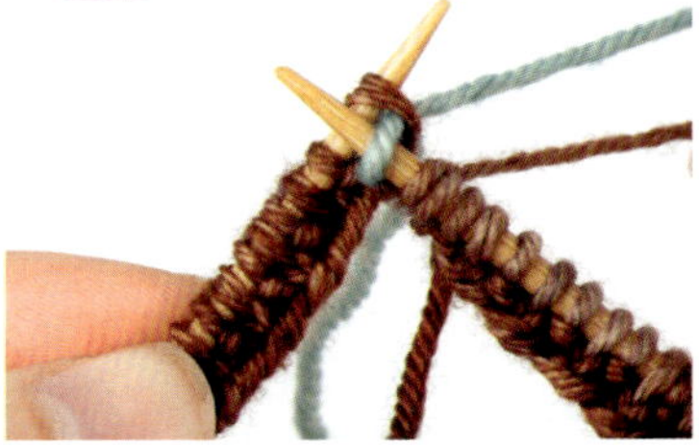

2.

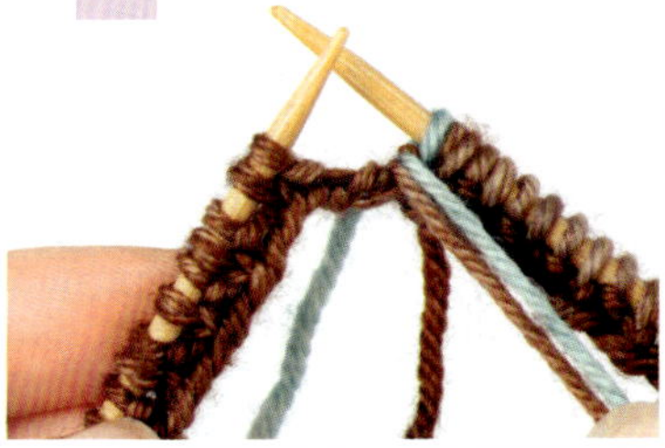

3.

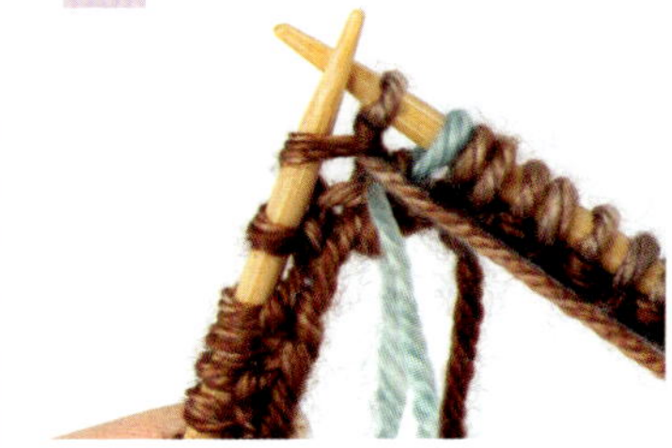

4.

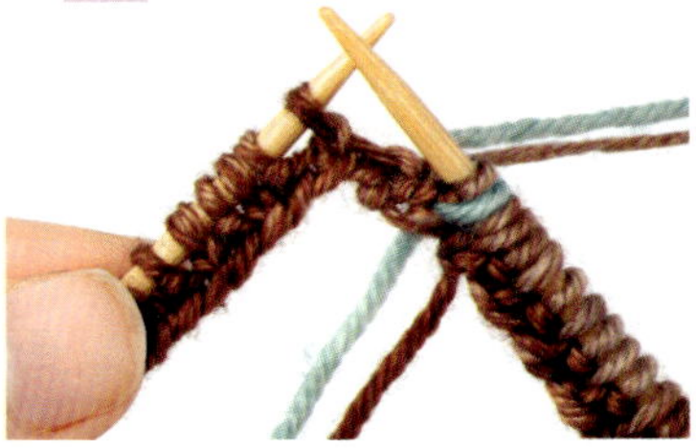

5.

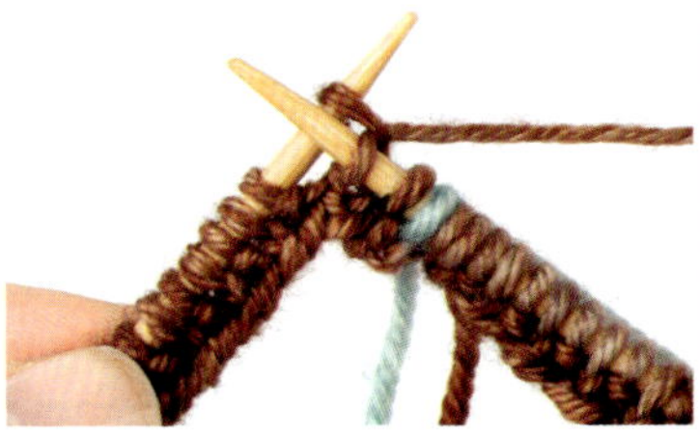

6.

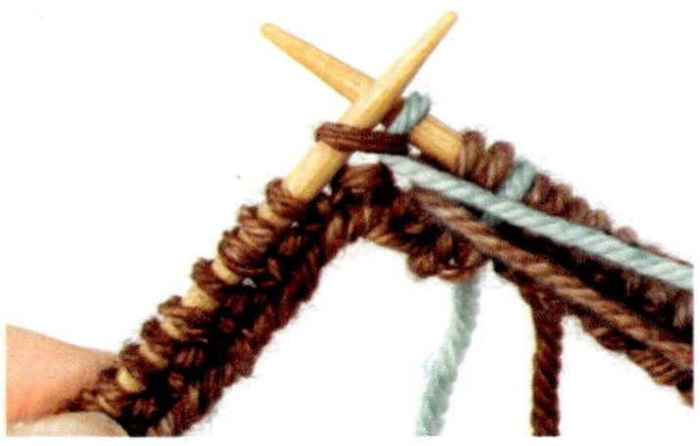

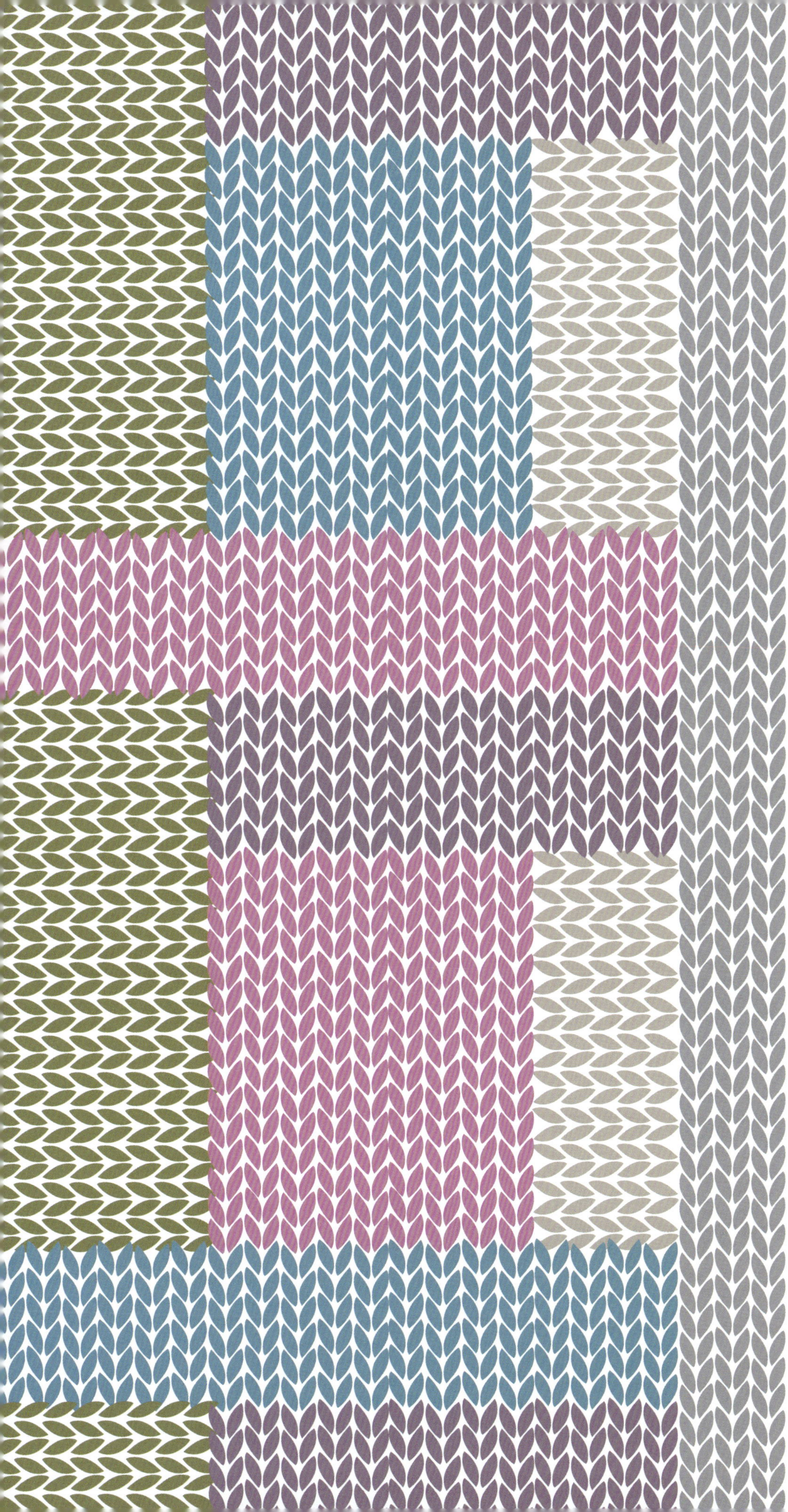

Modular

Log-Cabin-Decke

Diese Decke entsteht aus neun aneinandergenähten Log-Cabin-Quadraten und wird mit einer Borte aus aufgefassten Maschen fertiggestellt. Jedes Log-Cabin-Quadrat setzt sich aus einem gestrickten Quadrat und daran angestrickten Rechtecken zusammen. Die Konstruktion wird durch verschiedene Farben für jedes Modul hervorgehoben. Log-Cabin-Decken sind echte Hingucker, die in vielen verschiedenen Farbkombinationen sehr schön wirken. Jeder gestrickte Abschnitt ist groß und klar genug, sodass du deine Farbwahl nicht wirklich nach Kontrast oder anderen Kriterien einschränken musst. Auch handgefärbte Garne könnten sehr schön in einer Log-Cabin-Decke wirken. Ich habe mich für Pastellfarben entschieden, die unaufdringlich, aber dennoch lebhaft sind.

Was du brauchst

Garn

Cascade 220 Heathers Worsted (100 % Wolle, LL = 201 m/100 g), in folgenden Farben:

- **Garn A:** Summer Sky Heather (9452); 1 Knäuel
- **Garn B:** Dune Heather (9460); 1 Knäuel
- **Garn C:** Peony Pink (2449); 1 Knäuel
- **Garn D:** Purple Tourmaline (9641); 1 Knäuel
- **Garn E:** Aspen Heather (8011); 1 Knäuel
- **Garn F:** Greystone Heather (9491); 1 Knäuel

Nadeln und Zubehör

- 5 mm Nadeln (US 8/UK 6) oder anderer Stärke, um die Maschenprobe zu erreichen
- 5 mm Rundstricknadel (US 8/UK 6) oder anderer Stärke, um die Maschenprobe zu erreichen

Größe

Einheitsgröße: 84 cm x 84 cm

Techniken

Maschen anschlagen, rechte Maschen, Maschen auffassen, abketten

Maschenprobe

15 M und 30 R = 10 cm x 10 cm kraus rechts mit 5 mm Nadeln, nach dem Waschen und Spannen

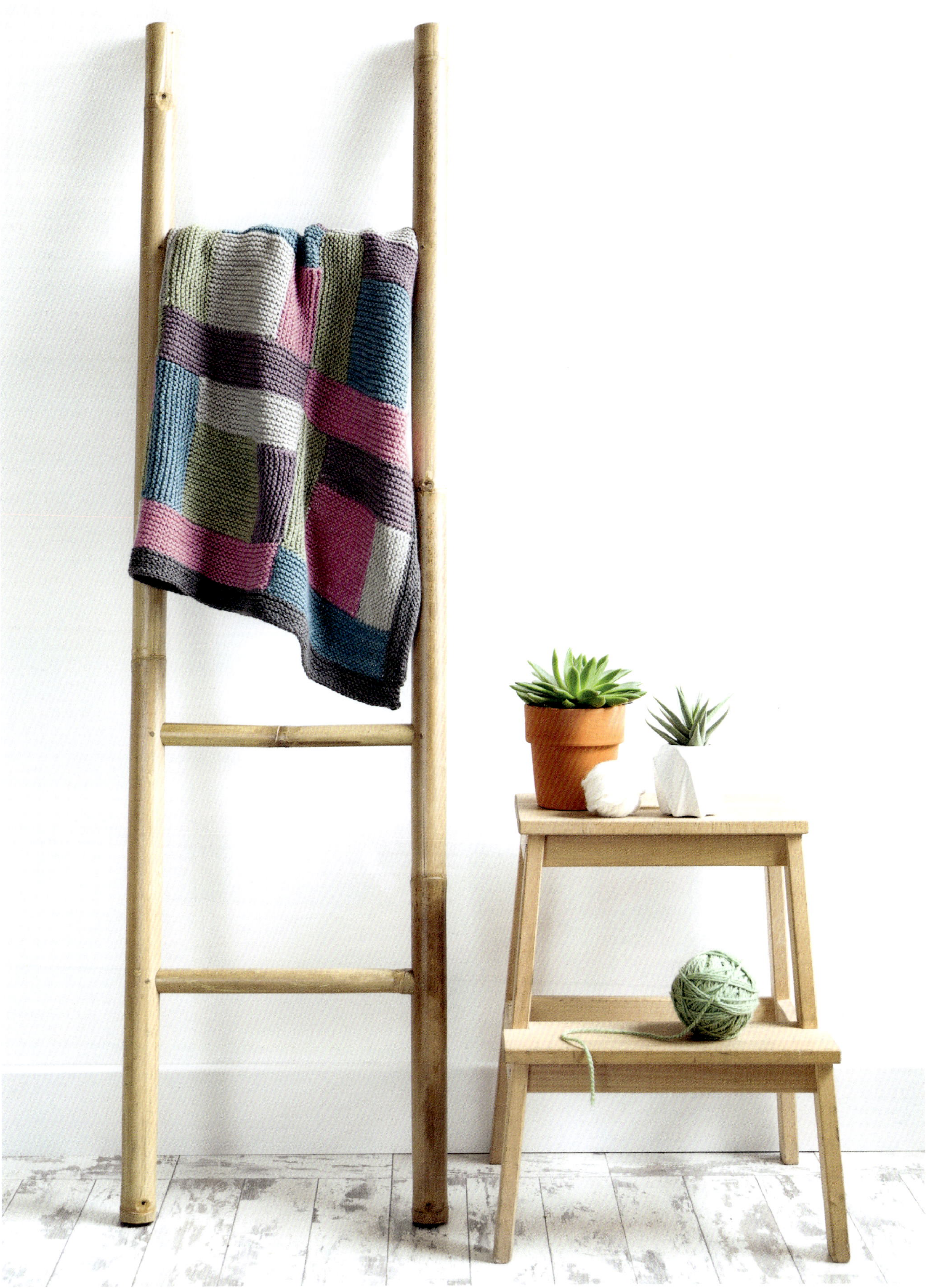

Anleitung

Insgesamt 9 Log-Cabin-Quadrate arbeiten. Lies dazu Log-Cabin-Quadrat auf Seite 101, bevor du beginnst. Verwende das untenstehende Diagramm als Orientierung für die Farbabfolge, wenn du magst.

Mittleres Quadrat

Mit **Garn A** 20 M anschlagen.

Reihen 1–40: Re M stricken.

Alle M abketten, die letzte M auf der Nadel lassen – 1 M.

Die Arbeit im Uhrzeigersinn drehen.

Streifen 1

Zu **Garn B** wechseln.

Die auf der Nadel verbliebene M re stricken. Dazu 19 M aus der Seite des mittleren Quadrats auffassen – 20 M.

Reihen 1–19: Re M stricken.

Alle M abketten, die letzte M auf der Nadel lassen – 1 M.

Die Arbeit im Uhrzeigersinn drehen.

Streifen 2

Zu **Garn C** wechseln.

Die auf der Nadel verbliebene M re stricken. Dazu 9 M aus der Seite von Streifen 1 und 20 M aus dem mittleren Quadrat auffassen – 30 M.

Reihen 1–19: Re M stricken.

Alle M abketten, die letzte M auf der Nadel lassen – 1 M.

Die Arbeit im Uhrzeigersinn drehen.

Streifen 3

Zu **Garn D** wechseln und wie **Streifen 2** arbeiten.

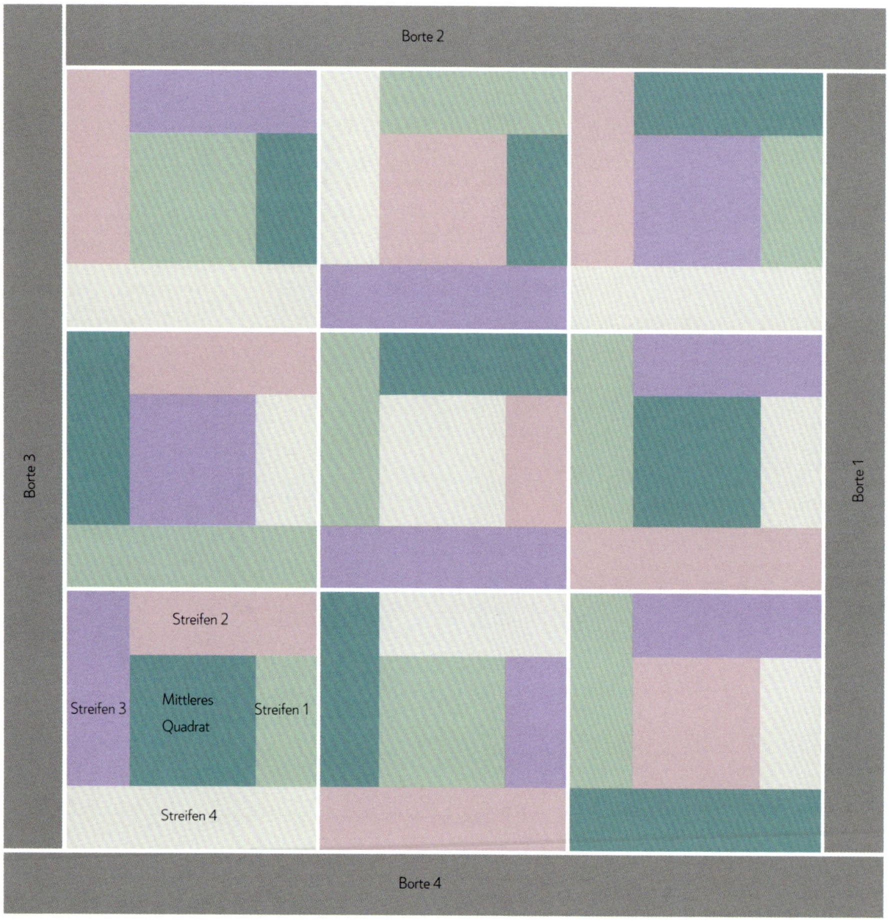

Streifen 4

Zu **Garn E** wechseln.

Die auf der Nadel verbliebene M re stricken. Dazu 9 M aus der Seite von Streifen 3, 20 M aus dem mittleren Quadrat und 10 M aus dem Rand von Streifen 1 auffassen – 40 M.

Reihen 1–19: Re M stricken.

Alle M abketten.

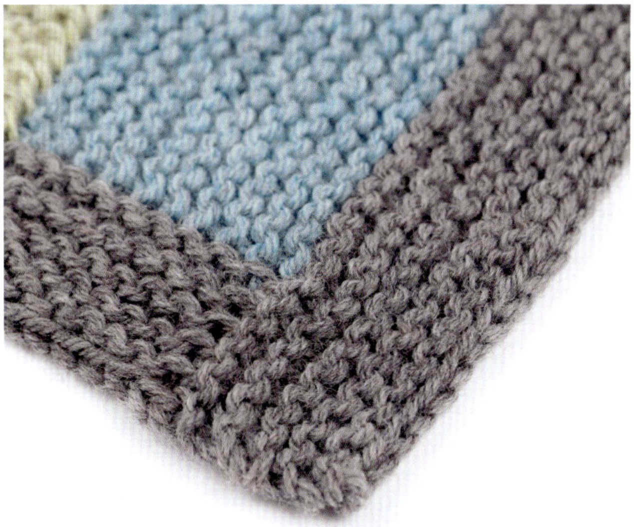

Log-Cabin-Quadrate

Weitere 8 Log-Cabin-Quadrate nach Anleitung stricken. Dabei die Garnfarben für die einzelnen Abschnitte nach Belieben ändern. Falls gewünscht, die Fotos und das Diagramm verwenden.

Arrangiere die 9 Quadrate wie auf den Fotos und dem Diagramm gezeigt und verbinde sie im Matratzenstich (siehe Matratzenstich auf Seite 123).

Borte

Bei der Borte verwendest du dieselbe Technik wie bei den Log-Cabin-Quadraten. Nimm Maschen aus den langen Seiten der Decke auf und zusätzlich Maschen aus den Rändern der Borten, die du bereits gestrickt hast.

Beachte, dass die letzte Masche nach dem Abketten eines Streifens als die erste aufgefasste Masche für den nächsten Streifen gilt.

Nimm die richtige Maschenzahl für den jeweiligen Teil der Decke auf, an dem du arbeitest. Verwende bei Bedarf die Fotos und das Diagramm.

Für jeden Borten-Streifen nimm die folgende Maschenzahl für die einzelnen Teile der Log-Cabin-Quadrate auf: je 10 M aus einem kurzen Rand aller Streifen, je 20 M aus den Rändern der Streifen 1, je 30 M aus den langen Rändern der Streifen 2 und 3 und je 40 M aus den langen Rändern der Streifen 4. Insgesamt also 40 M aus dem Rand jedes Log-Cabin-Quadrats.

Nimm zusätzlich 5 M aus den Rändern der Borten-Streifen auf, die du bereits gestrickt hast.

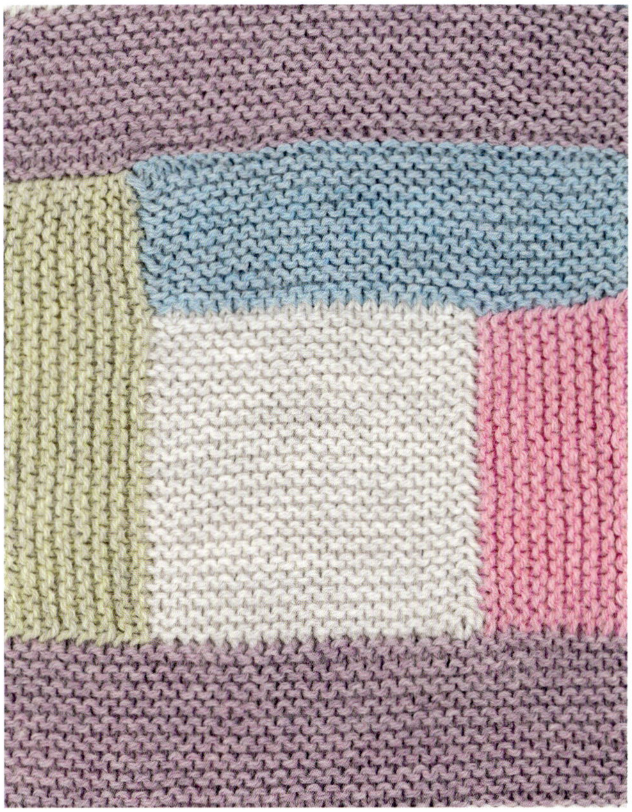

Borte 1

Mit **Garn F** insgesamt 120 M aus dem Rand der Decke auffassen und re stricken.

Reihen 1–9: Re M stricken.

Alle M abketten und die letzte M auf der Nadel lassen – 1 M.

Die Arbeit im Uhrzeigersinn drehen.

Borte 2

Die auf der Nadel verbliebene M re stricken. Dazu 4 M aus der Seite von **Borte 1** und 120 M aus dem Rand der Decke auffassen – 125 M.

Reihen 1–9: Re M stricken.

Alle M abketten und die letzte M auf der Nadel lassen – 1 M.

Die Arbeit im Uhrzeigersinn drehen.

Borte 3

Wie die **Borte 2** arbeiten.

Borte 4

Die auf der Nadel verbliebene M re stricken. Dazu 4 M aus der Seite von Borte 1, 120 M aus dem Rand der Decke und 5 M aus der Seite von Borte 1 auffassen – 130 M.

Reihen 1–9: Re M stricken.

Alle M abketten.

Fertigstellen

- Die Decke spannen (siehe Spannen auf Seite 123) und flach trocknen, um sie auf die angegebenen Maße zu bringen.
- Alle Fäden vernähen.

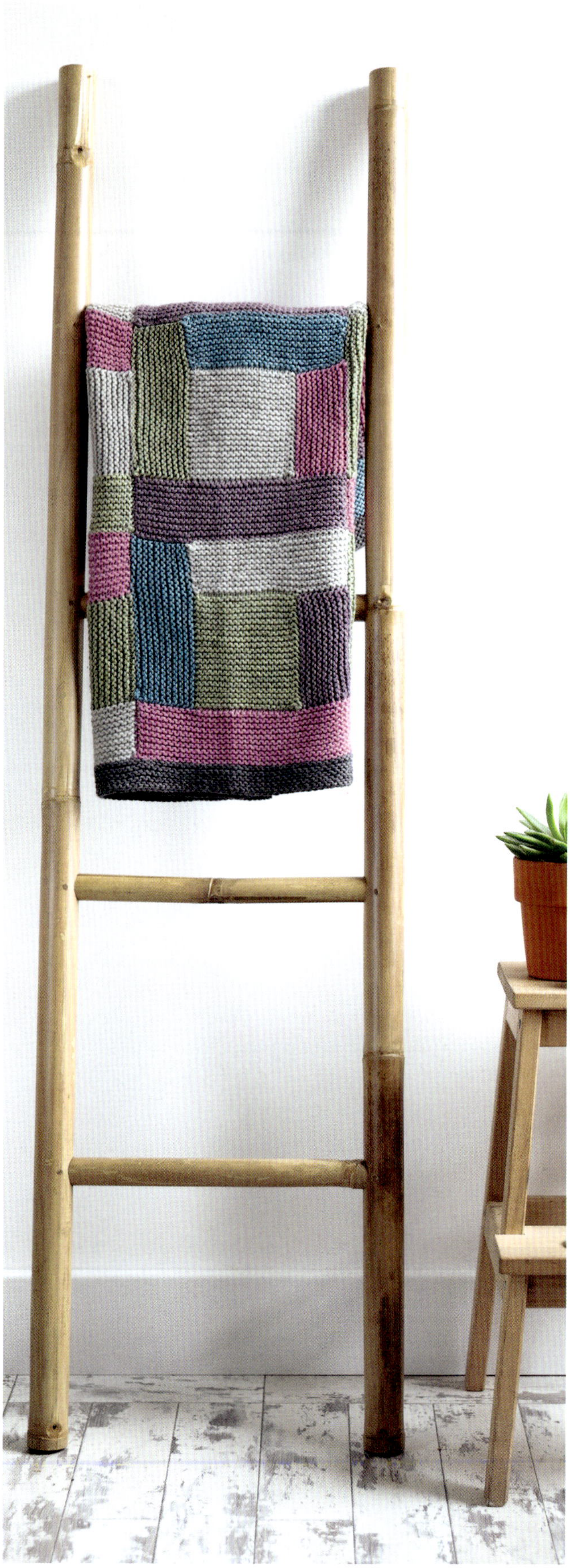

Log-Cabin-Quadrat

Log-Cabin-Quadrate sind ein einfaches modulares Design, das aus gestrickten Streifen besteht. Diese Streifen werden durch Maschenaufnahme direkt beim Stricken miteinander verbunden. Die einzelnen Quadrate können dann zusammengenäht werden, wodurch eine größere Arbeit als diese Decke entsteht.

1. Stricke das mittlere Quadrat und kette alle Maschen bis auf die letzte ab (Abb. 1).

2. Stricke die letzte Masche in der neuen Farbe. Drehe die Arbeit und fasse die erforderliche Maschenzahl aus dem Strickrand auf (Abb. 2). Orientiere dich an den kraus rechten Randknötchen und strick die Maschen zwischen den Randknötchen heraus. Achte darauf, deine Nadel für eine saubere Kante stets unter zwei Fäden hindurchzuführen.

3. Wiederhole **Schritt 2** (Abb. 3).

4. Wiederhole **Schritt 2** noch 2x (Abb. 4).

5. Kette alle Maschen ab, um das Quadrat fertigzustellen (Abb. 5).

1.

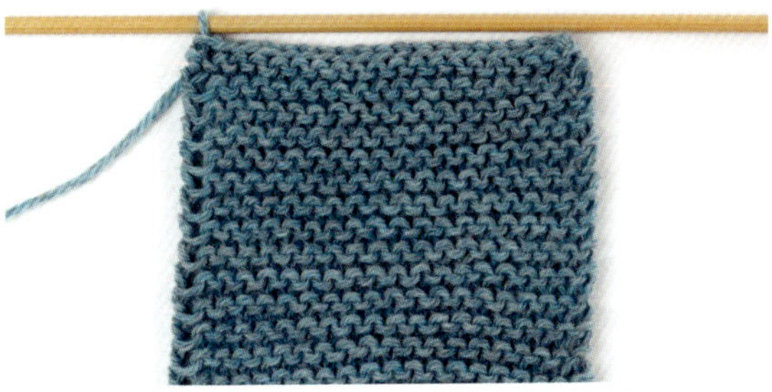

2.

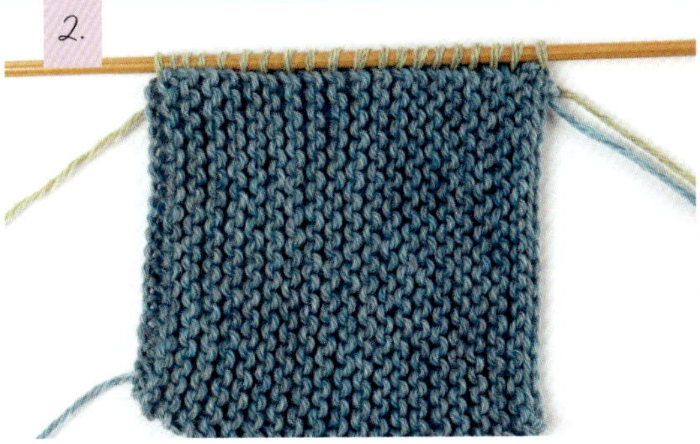

3.

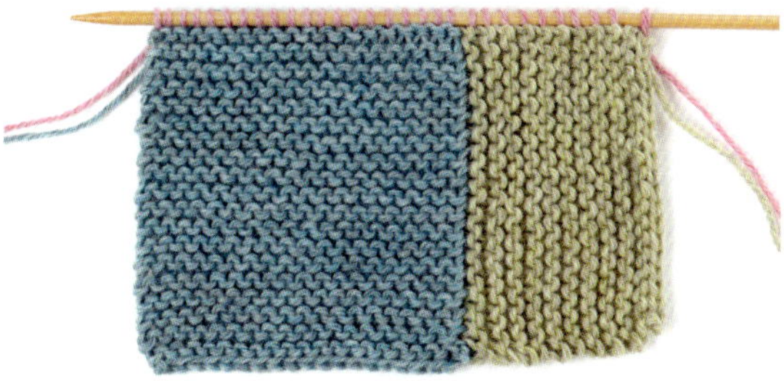

4.

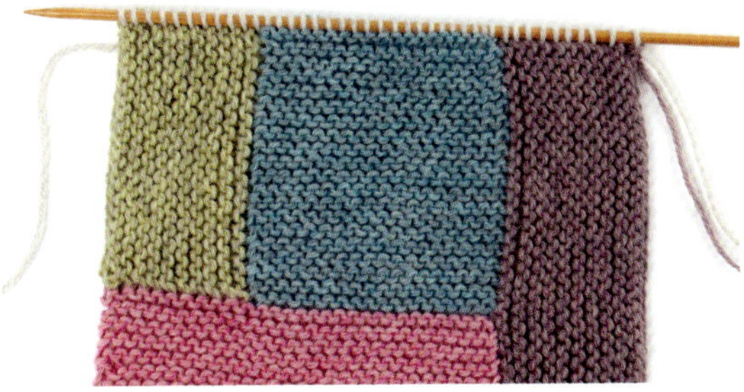

5.

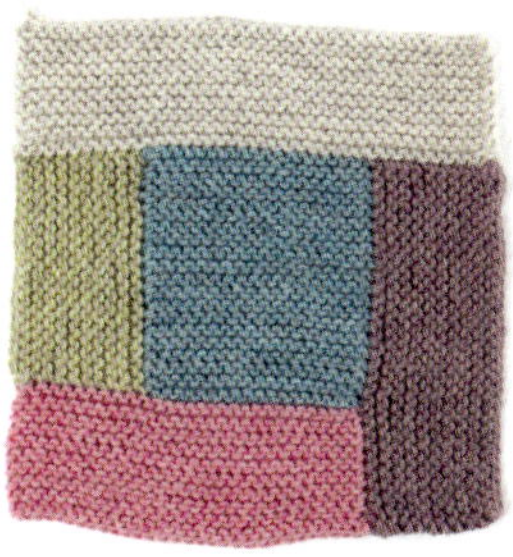

Entrelac

Mehrfarbiges Tuch

Entrelac-Flechtmuster ermöglichen interessante Farbkombinationen. Entrelac ist nicht wirklich eine Technik mit Farbwechseln, eher eine Stricktechnik, die gut mit verschiedenen Farben wirkt. Auch mehrfarbige Garne mit Farbverlauf eignen sich gut für Entrelac. Diese sind ideal, wenn du viele Farben verwenden möchtest, aber lieber gleich eine Farbpalette hast, die gut zusammenwirkt. Ich habe ein wunderbares Luxusgarn mit Seide und Wolle in einer schönen, leuchtenden Farbkombination verwendet. Es gibt zurückhaltendere Farbkombinationen und auch viele andere Garnoptionen, die eine ähnliche Wirkung haben.

Was du brauchst

Garn

- Noro Silk Garden Aran (45 % Seide, 45 % Mohair, 10 % Wolle, LL = 100 m/50 g), in der Farbe Rainbow (87); 6 Knäuel

Nadeln und Zubehör

- 5 mm Nadeln (US 8/UK 6) oder anderer Stärke, um die Maschenprobe zu erreichen

Größe

Einheitsgröße: 130 cm x 45 cm

Techniken

Maschen anschlagen, rechte und linke Maschen, abnehmen, Maschen auffassen, abketten

Maschenprobe

16 M und 22 R = 10 cm x 10 cm glatt rechts mit 5 mm Nadeln, nach dem Waschen und Spannen

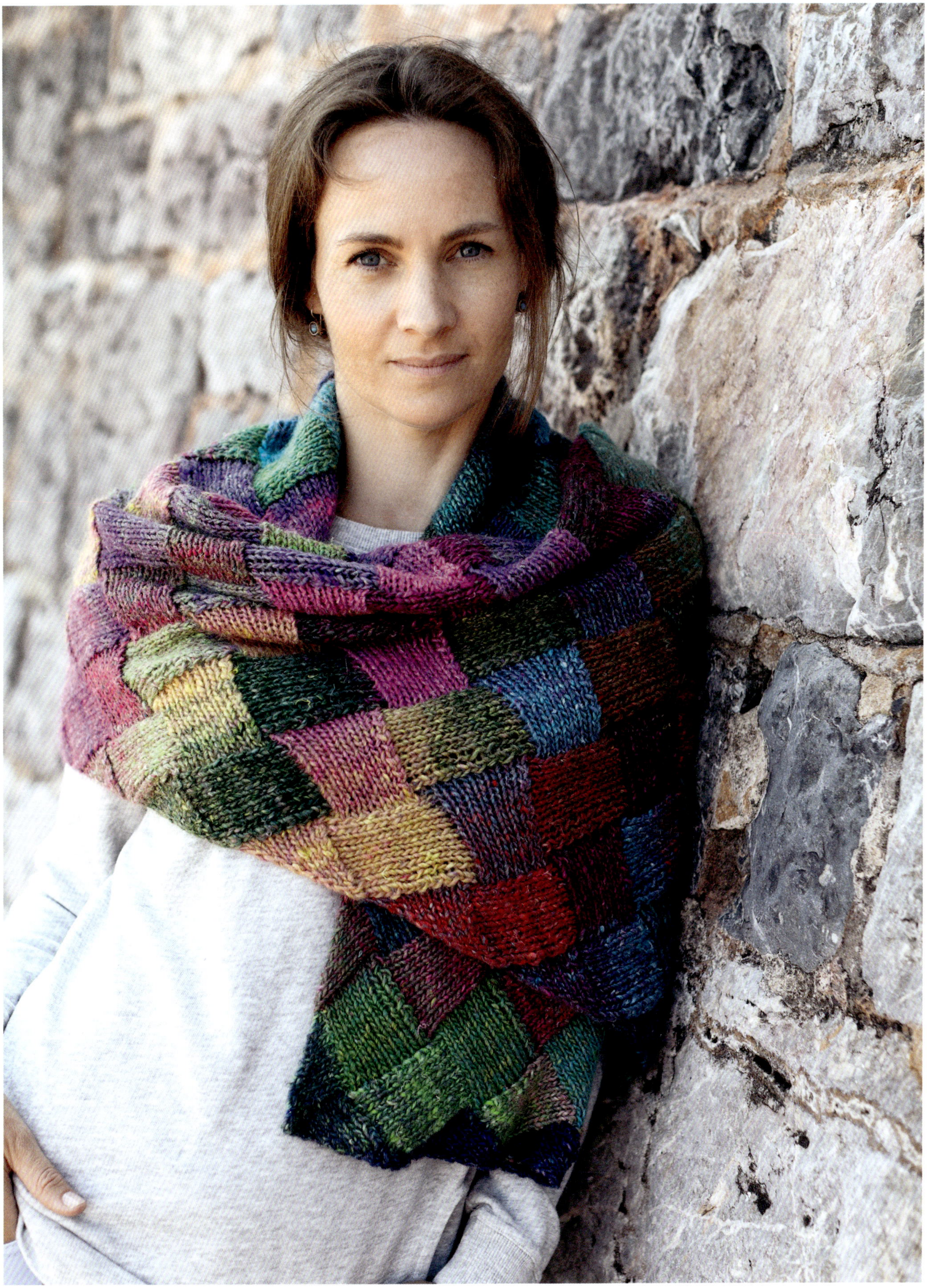

Anleitung

40 M anschlagen. Lies Entrelac-Technik auf Seite 108, bevor du mit dem Tuch beginnst.

Grunddreiecke

Reihe 1 (Hinr): 2 M re, wenden.

Reihe 2 (Rückr): 2 M li, wenden.

Reihe 3: 3 M re, wenden.

Reihe 4: 3 M li, wenden.

Reihe 5: 4 M re, wenden.

Reihe 6: 4 M li, wenden.

Reihe 7: 5 M re, wenden.

Reihe 8: 5 M li, wenden.

Reihe 9: 6 M re, wenden.

Reihe 10: 6 M li, wenden.

Reihe 11: 7 M re, wenden.

Reihe 12: 7 M li, wenden.

Reihe 13: 8 M re.

Damit ist das erste Dreieck fertig.

Die **Reihen 1–13** noch 4x wdh für insgesamt 5 Dreiecke.

Abschnitt 1

Dieser Abschnitt besteht aus einem Dreieck an der rechten Seite, 4 Blöcken und 1 Dreieck an der linken Seite.

Linkes Dreieck

Reihe 1 (Rückr): 2 M li, wenden.

Reihe 2 (Hinr): 1 M re, 1 M zun, 1 M re, wenden.

Reihe 3: 2 M li, 2 M li zus, wenden.

Reihe 4: 2 M re, 1 M zun, 1 M re, wenden.

Reihe 5: 3 M li, 2 M li zus, wenden.

Reihe 6: 3 M re, 1 M zun, 1 M re, wenden.

Reihe 7: 4 M li, 2 M li zus, wenden.

Reihe 8: 4 M re, 1 M zun, 1 M re, wenden.

Reihe 9: 5 M li, 2 M li zus, wenden.

Reihe 10: 5 M re, 1 M zun, 1 M re, wenden.

Reihe 11: 6 M li, 2 M li zus, wenden.

Reihe 12: 6 M re, 1 M zun, 1 M re, wenden.

Reihe 13: 7 M li, 2 M re zus.

Damit ist das linke Randdreieck fertig.

Blöcke

Mit der Rückseite oben aus dem Rand des nächsten Dreiecks oder Blocks 8 M auffassen und li stricken, wenden.

Reihe 1 (Hinr): 8 M re, wenden.

Reihe 2 (Rückr): 7 M li, 2 M li zus, wenden.

Reihen 3–14: Die **Reihen 1–2** noch 6x wdh.

Reihe 15: Die **Reihe 1** wdh.

Reihe 16: 7 M li, 2 M li zus.

Die **Reihen 1–16** noch 3x wdh für insgesamt 4 Blöcke.

Rechtes Dreieck

Mit der Rückseite oben aus dem Rand des nächsten Dreiecks oder Blocks 8 M auffassen und li stricken, wenden.

Reihe 1 (Hinr): 8 M re, wenden.

Reihe 2 (Rückr): 6 M li, 2 M li zus, wenden.

Reihe 3: 7 M re, wenden.

Reihe 4: 5 M li, 2 M li zus, wenden.

Reihe 5: 6 M re, wenden.

Reihe 6: 4 M li, 2 M li zus, wenden.

Reihe 7: 5 M re, wenden.

Reihe 8: 3 M li, 2 M li zus, wenden.

Reihe 9: 4 M re, wenden.

Reihe 10: 2 M li, 2 M li zus, wenden.

Reihe 11: 3 M re, wenden.

Reihe 12: 1 M li, 2 M li zus, wenden.

Reihe 13: 2 M re, wenden.

Reihe 14: 2 M li zus, wenden und letzte M auf die rechte Nadel heben.

Damit ist das zweite Randdreieck fertig.

Abschnitt 2

Dieser Abschnitt besteht aus 5 Blöcken.

Mit der Vorderseite oben und 1 M auf der rechten Nadel aus dem Rand des nächsten Dreiecks oder Blocks 7 M auffassen und re stricken, wenden.

Hinweis: Die auf der Nadel verbleibende Masche zählt als erste Masche. Daher musst du nur 7 M auffassen, um 8 M für den ersten Block zu haben. Für alle übrigen Blöcke 8 M auffassen.

Reihe 1 (Rückr): 8 M li, wenden.

Reihe 2 (Hinr): 7 M re, 1 li gen Abn, wenden.

Reihen 3–14: Die **Reihen 1–2** noch 6x wdh.

Reihe 15: Die **Reihe 1** wdh.

Reihe 16: 7 M re, 1 li gen Abn.

Die **Reihen 1–16** noch 3x wdh für insgesamt 4 Blöcke.

Alle Anweisungen für die **Abschnitte 1 und 2** noch 13x wdh.

Den **Abschnitt 1** noch 1x wdh.

Obere Dreiecke

Mit der Vorderseite oben aus dem Rand des nächsten Dreiecks oder Blocks 7 M auffassen und re stricken, wenden.

Hinweis: Die auf der Nadel verbleibende Masche zählt als erste Masche. Daher musst du nur 7 M auffassen und re stricken, um 8 M für das obere Dreieck zu haben.

Reihe 1 (Rückr): 8 M li, wenden.

Reihe 2 (Hinr): 1 li gen Abn, 5 M re, 1 li gen Abn, wenden.

Reihe 3: 7 M li, wenden.

Reihe 4: 1 li gen Abn, 4 M re, 1 li gen Abn, wenden.

Reihe 5: 6 M li, wenden.

Reihe 6: 1 li gen Abn, 3 M re, 1 li gen Abn, wenden.

Reihe 7: 5 M li, wenden.

Reihe 8: 1 li gen Abn, 2 M re, 1 li gen Abn, wenden.

Reihe 9: 4 M li, wenden.

Reihe 10: 1 li gen Abn, 1 M re, 1 li gen Abn, wenden.

Reihe 11: 3 M li, wenden.

Reihe 12: 1 li gen Abn, 1 li gen Abn, wenden.

Reihe 13: 2 M li, wenden.

Reihe 14: 1 M re, 1 li gen Abn, wenden.

Reihe 15: 2 M li, wenden.

Reihe 16: 1 M mit Faden hinten wie zum Re-Stricken abh, 1 li gen Abn, die abgehobene M überziehen, nicht wenden.

Damit ist das erste obere Dreieck fertig.

Die **Reihen 1–16** noch 4x wdh für insgesamt 5 obere Dreiecke.

Den Faden abschneiden und durch die letzte M ziehen.

Fertigstellen

- Das Tuch spannen (siehe Spannen auf Seite 123) und flach trocknen, um es auf die angegebenen Maße zu bringen.
- Alle Fäden vernähen.

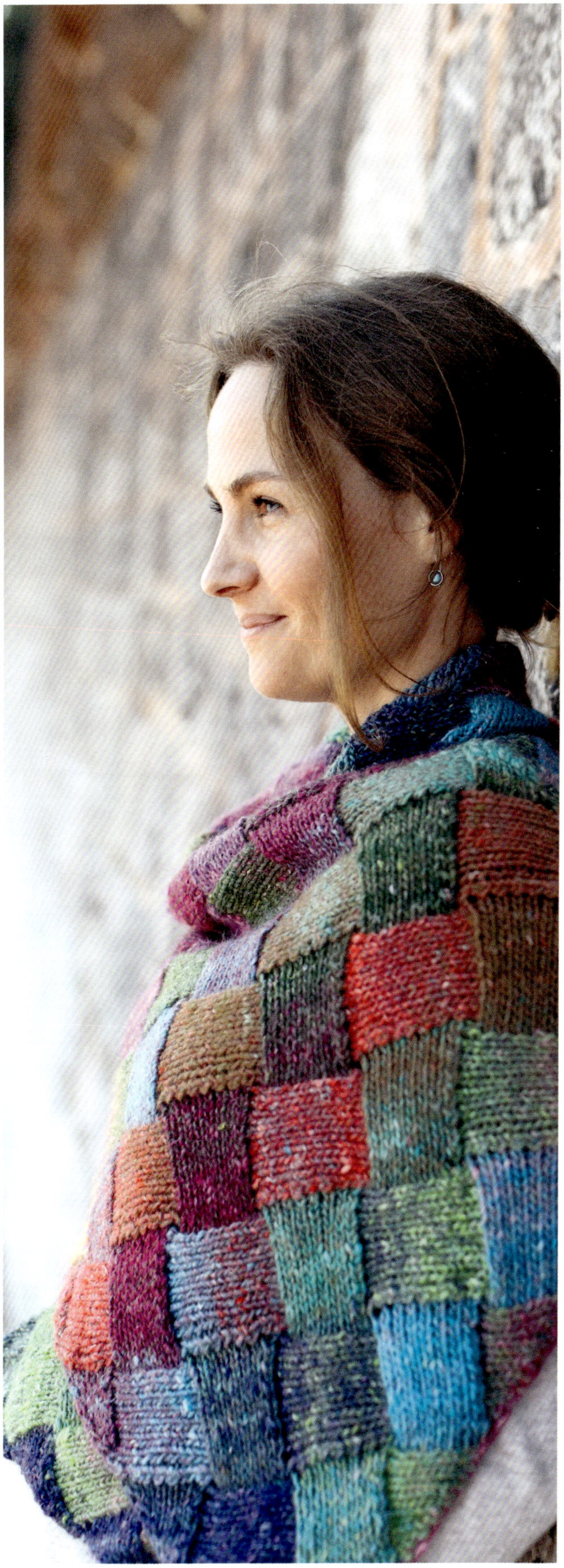

Entrelac-Technik

Entrelac ist eine modulare Stricktechnik, bei der aus aufgenommenen Maschen, kurzen Reihen und einfacher Formgebung kleine Elemente aus Rechtecken in einem Flechtmuster entstehen.

Grunddreiecke

Für einen geraden, sauberen Rand beginnt das Entrelac mit einer Reihe aus Grunddreiecken.

1. Beginne das Dreieck, indem du zwei Maschen rechts strickst.

1.

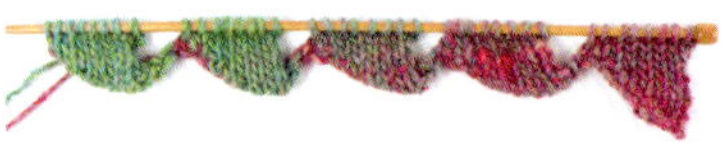

2. Wende die Arbeit und stricke die eben gestrickten zwei Maschen links.

3. Wende die Arbeit und stricke die eben gestrickten zwei Maschen und eine weitere Masche rechts.

4. Arbeite das Dreieck so weiter, bis du acht glatt rechte Maschen gestrickt hast.

5. Wiederhole die **Schritte 1–4**, bis du die gesamte Reihe aus Grunddreiecken fertiggestellt hast (Abb. 1).

Abschnitt 1

Dieser Abschnitt besteht aus je einem Dreieck an beiden Rändern und rechteckigen Blöcken in der Mitte.

1. Beginne mit dem Randdreieck, indem du zwei Maschen links strickst, dann wende die Arbeit.

2. Arbeite das Dreieck glatt rechts. Nimm dabei in den Hinreihen je eine Masche am Strickrand zu und stricke das Dreieck in den Rückreihen durch zwei Maschen links zusammen an das untere Element an (Abb. 2).

2.

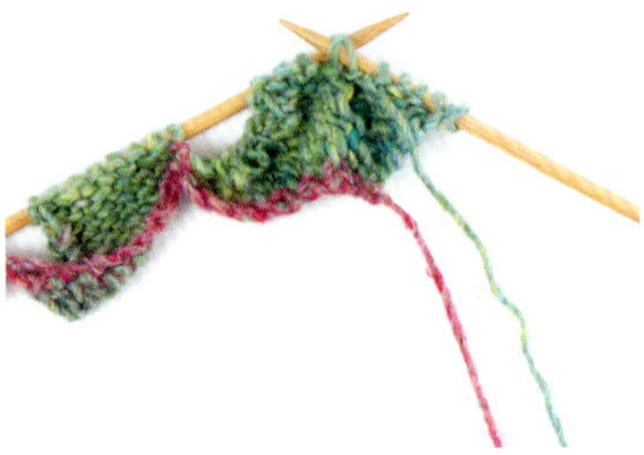

3.

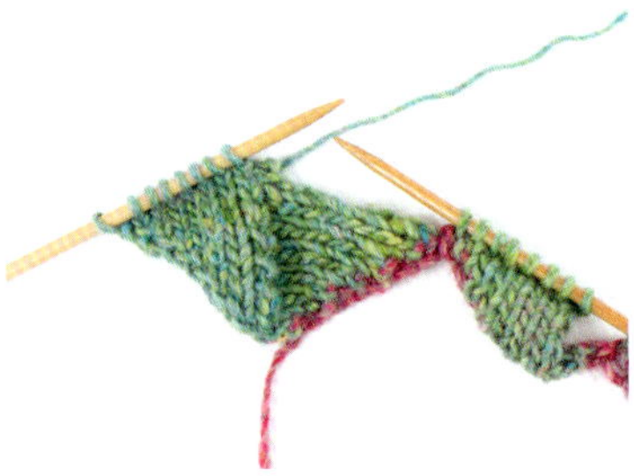

4.

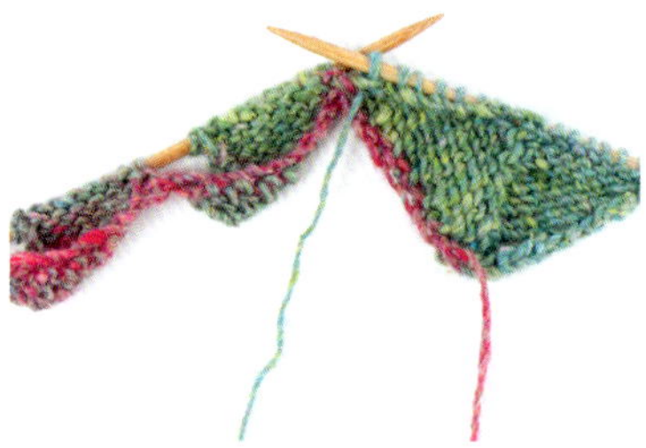

5.

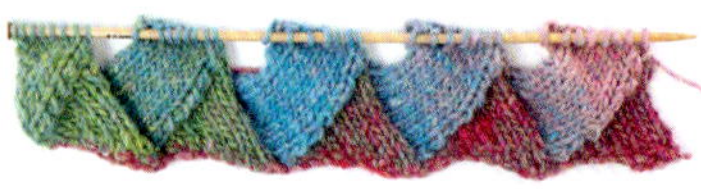

6.

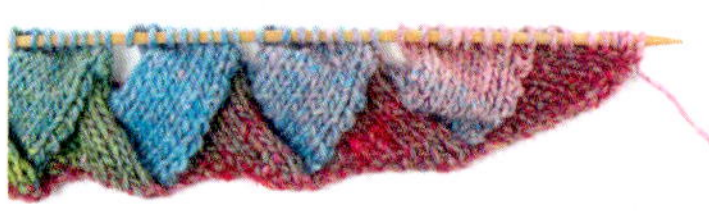

7.

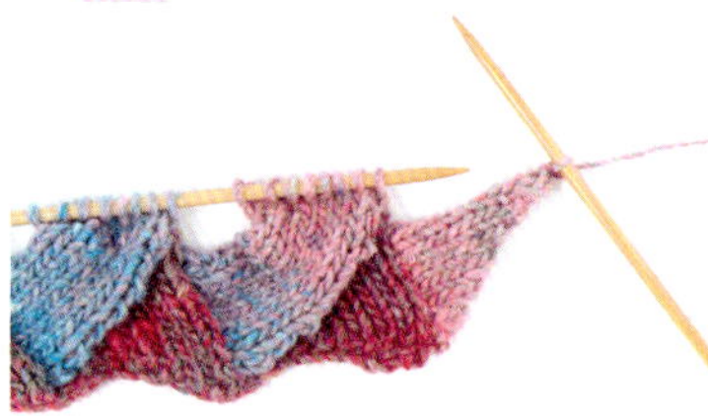

3. Wenn das Dreieck fertigstellt ist, wurden alle Maschen des unteren Elements durch Zusammenstricken mit dem Dreieck verbunden und es liegen nun acht Maschen auf der Nadel (Abb. 3).

4. Beginne einen Block, indem du acht Maschen aus dem Rand des unteren Elements auffasst (Abb. 4).

5. Arbeite die Blöcke, indem du die acht Maschen rechts strickst, die Arbeit wendest, sieben Maschen links strickst und den Block mit zwei Maschen links zusammen an das untere Element anstrickst.

6. Wiederhole die **Schritte 4–5**, bis du die gesamte Reihe aus Blöcken abgeschlossen hast (Abb. 5).

7. Beginne das Randdreieck, indem du acht Maschen aus dem Rand des unteren Elements auffasst (Abb. 6).

8. Arbeite das Dreieck glatt rechts, indem du in den Rückreihen jeweils die letzten zwei Maschen links zusammenstrickst, bis nur noch eine Masche übrig ist (Abb. 7).

Abschnitt 2

Dieser Abschnitt besteht aus Blöcken, die sich in die andere Richtung neigen als Abschnitt 1.

1. Behalte die letzte Masche des letzten Elements auf der Nadel und fasse weitere sieben Maschen aus dem Rand des unteren Elements auf (Abb. 8).

2. Arbeite den glatt rechten Block, indem du ihn in den Hinreihen durch eine links geneigte Abnahme mit dem unteren Element verbindest (Abb. 9).

3. Stelle alle Blöcke bis zum Ende der Arbeit fertig (Abb. 10).

Wiederhole die **Abschnitte 1** und **2**, bis die Arbeit die gewünschte Länge hat, und ende mit einem Abschnitt 1.

Obere Dreiecke

Arbeite eine Reihe aus oberen Dreiecken, um die Arbeit mit einem geraden Rand abzuschließen.

1. Behalte die letzte Masche auf der Nadel und fasse weitere Maschen aus dem Rand des unteren Elements auf (Abb. 11).

2. Arbeite ein oberes, glatt rechtes Dreieck, indem du in den Hinreihen die erste Masche abkettest und die letzte Masche durch eine linksgeneigte Abnahme an das untere Element anstrickst (Abb. 12).

3. Stelle alle oberen Dreiecke bis zum Ende der Arbeit fertig (Abb. 13).

8.

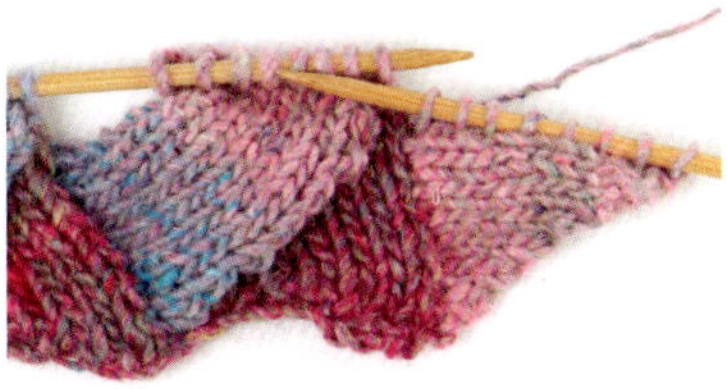

9.

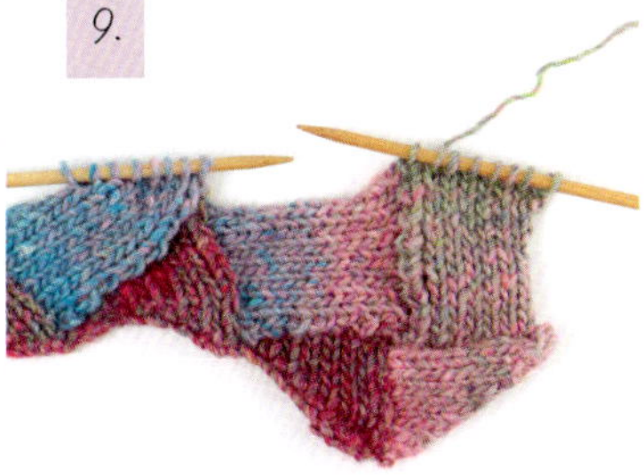

10.

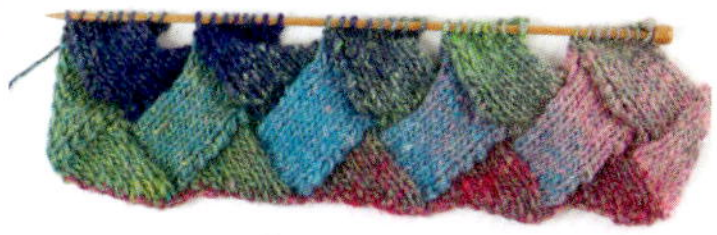

11.

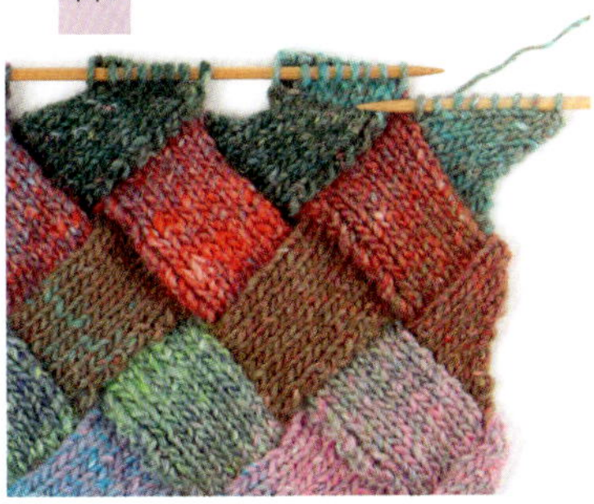

12.

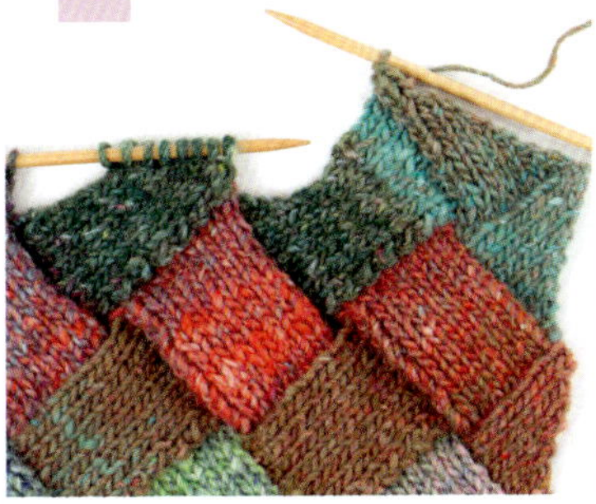

13.

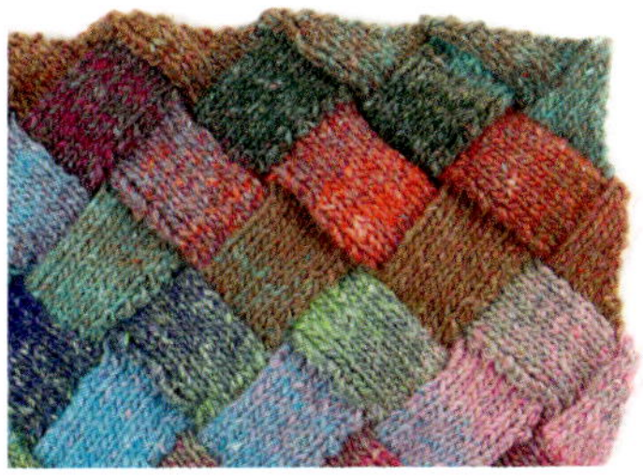

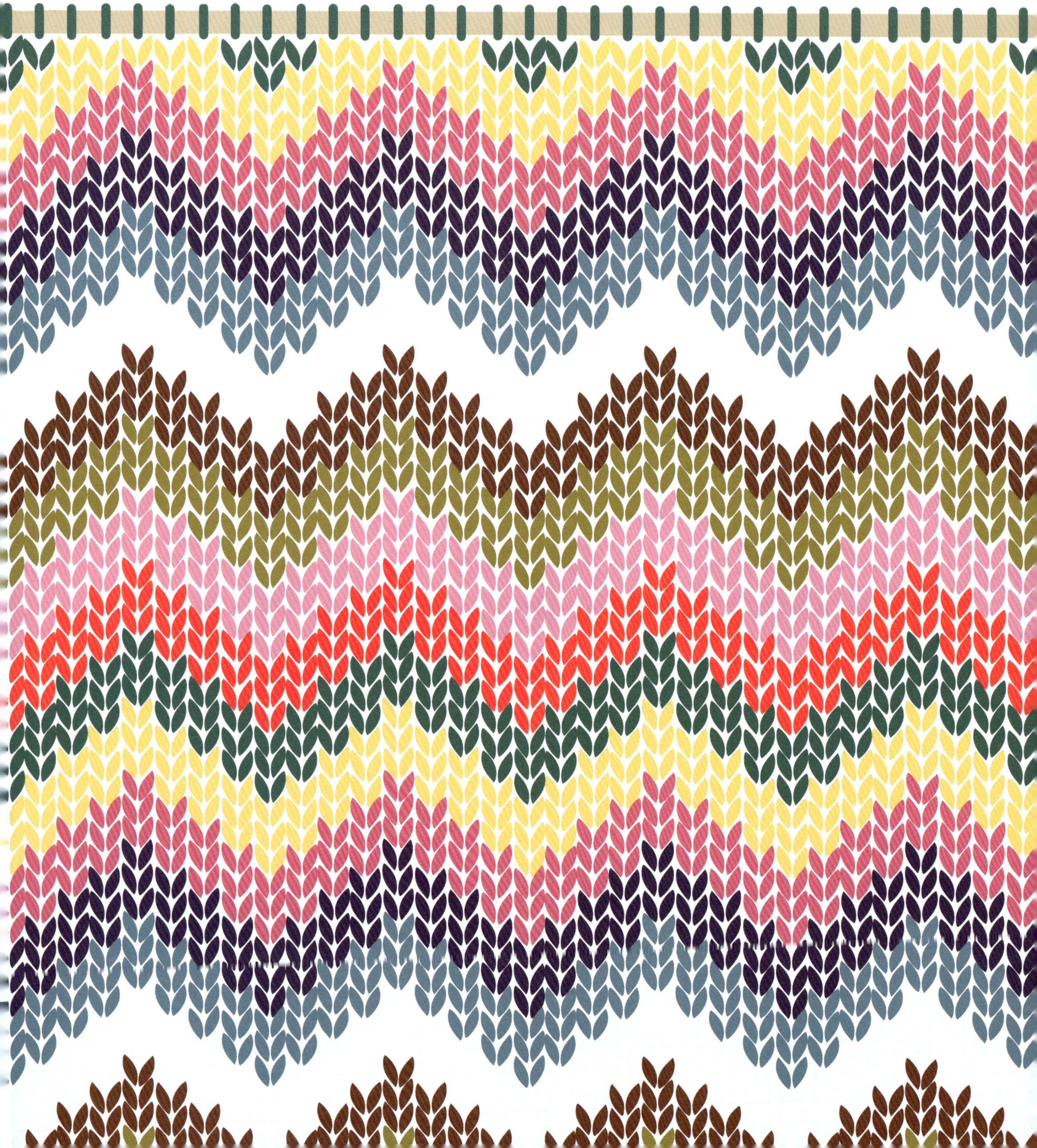

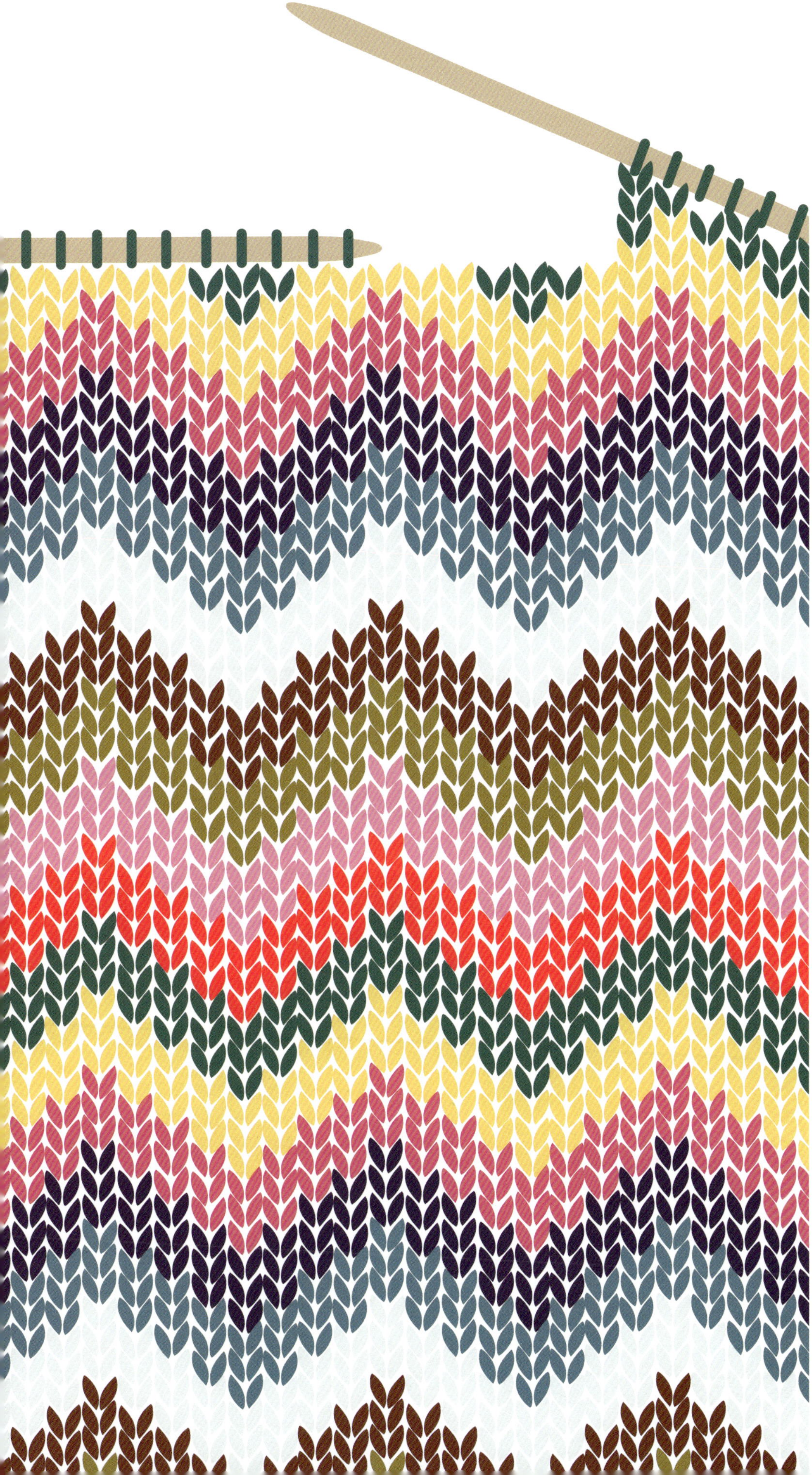

Techniken

Abkürzungen

- **2 M aus einer M** 1 Masche rechts und noch 1x rechts verschränkt abstricken
- **2 M li zus** 2 Maschen links zusammenstricken
- **2 M re zus** 2 Maschen rechts zusammenstricken
- **abh** 1 Masche abheben
- **dopp überz Abn** 2 Maschen zusammen wie zum Rechtsstricken abheben, 1 Masche rechts stricken, dann die 2 abgehobenen Maschen überziehen (aufliegende Mittelmasche)
- **Fd hinten** mit dem Faden hinter der Arbeit
- **Fd vorne** mit dem Faden vor der Arbeit
- **Hinr** Hinreihe(n)
- **li** links, linke
- **li gen Abn** 2 Maschen nacheinander wie zum Rechtsstricken abheben und rechts zusammenstricken
- **M** Masche(n)
- **MM** Maschenmarkierer
- **R** Reihe(n)
- **re** rechts, rechte
- **Rückr** Rückreihe(n)
- **U** Umschlag
- **wdh** wiederholen
- **Zun nach li** 1 Masche linksgeneigt zunehmen
- **Zun nach re** 1 Masche rechtsgeneigt zunehmen
- **Zun** Zunahme

Maschenanschlag

Knotenschlinge

Die folgenden Anschlagmethoden beginnen mit einer Knotenschlinge.

1. Bilde mit deinem Faden eine Schlaufe (Abb. 1).

2. Ziehe mit deiner Nadel oder einem Finger eine weitere Fadenschlaufe durch die erste Schlaufe (Abb. 2).

3. Ziehe an den Fadenenden, damit die Schlaufe auf der Nadel anliegt (Abb. 3). Dies bildet die erste Masche.

1.

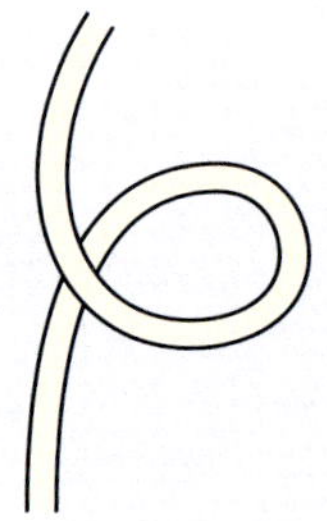

2.

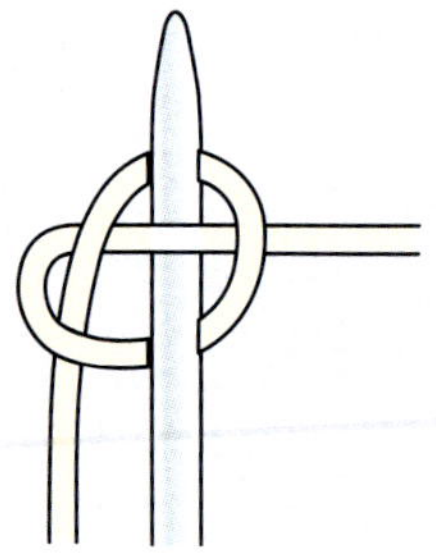

3.

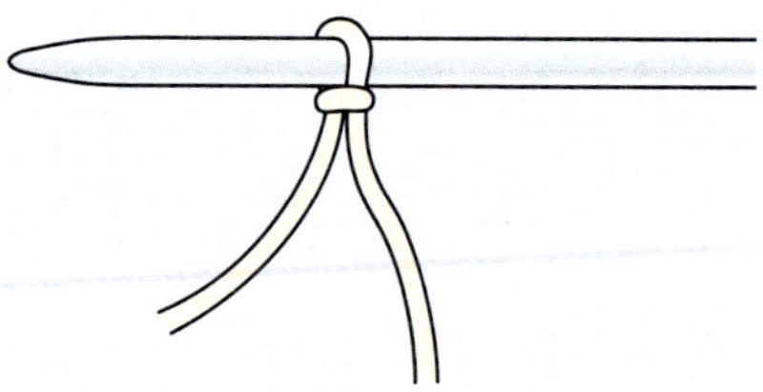

Kreuzanschlag

Mit diesem Anschlag erzielst du einen festen und sauberen Rand.

1. Wickele einen Faden ab, der etwas mehr als das Dreifache der Breite deiner Arbeit ist. Bilde an dieser Stelle eine Knotenschlinge.

2. Lege beide Fadenenden über deinen Daumen und Zeigefinger und halte sie in der Handfläche fest (Abb. 4).

3. Führe die Nadel durch die Schlaufe, die um deinen Daumen herum liegt, und unter den vorderen Faden der Schlaufe, die um deinen Zeigefinger liegt. (Abb. 5).

4. Ziehe den Faden vom Zeigefinger durch die Schlaufe um den Daumen (Abb. 6). Lasse die Schlaufe vom Daumen gleiten und bilde die Masche auf der Nadel (Abb. 7).

5. Lege eine neue Schlaufe um deinen Daumen und wiederhole die Schritte, bis du die erforderliche Maschenzahl angeschlagen hast.

Aufstricken

Mit diesem Anschlag erhältst du einen lockeren Rand mit etwas Elastizität.

1. Lasse einen etwa 10 cm langen Faden hängen, mache eine Schlaufe und hebe sie auf die linke Nadel (Abb. 8).

2. Führe die Spitze der rechten Nadel in die Schlaufe ein und lege den Arbeitsfaden (den Faden, der zum Knäuel führt) um die Spitze der rechten Nadel.

3. Ziehe den Faden durch die Masche (Abb. 9) und hebe die Schlinge auf die linke Nadel (Abb. 10).

4. Wiederhole diese Schritte, bis du die erforderliche Maschenzahl angeschlagen hast (Abb. 11).

4.

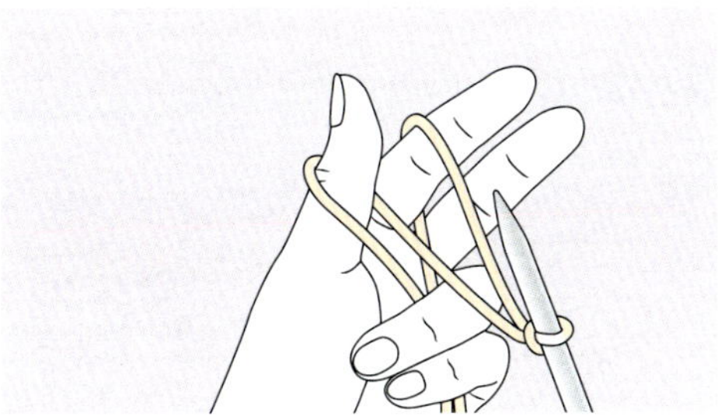

5.

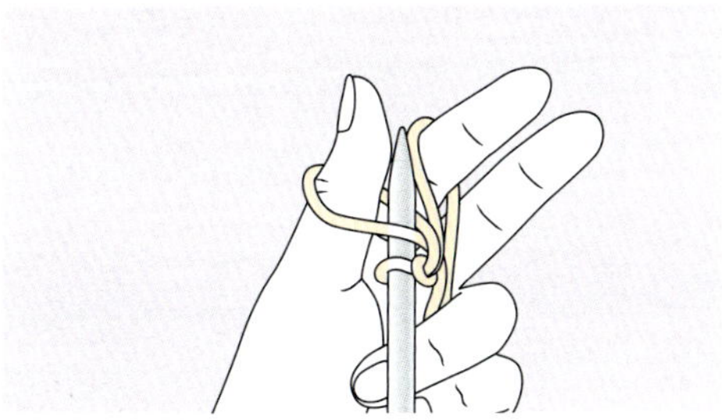

6.

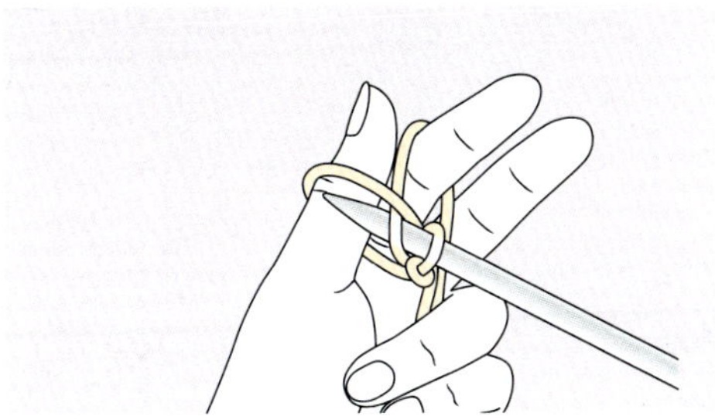

7.

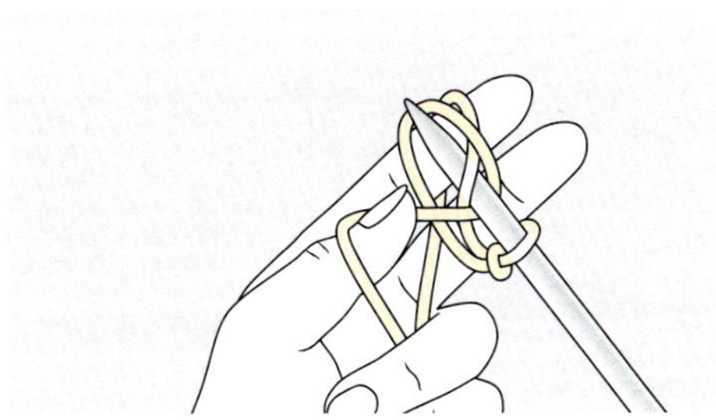

8.

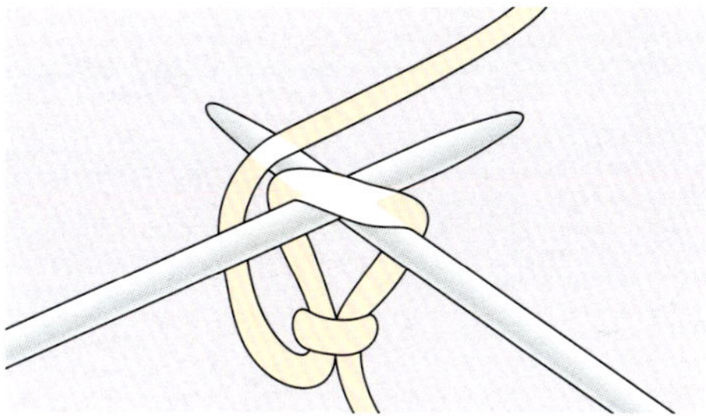

9.

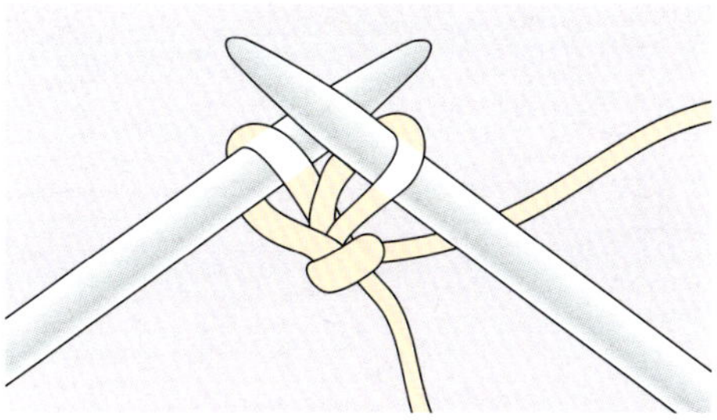

10.

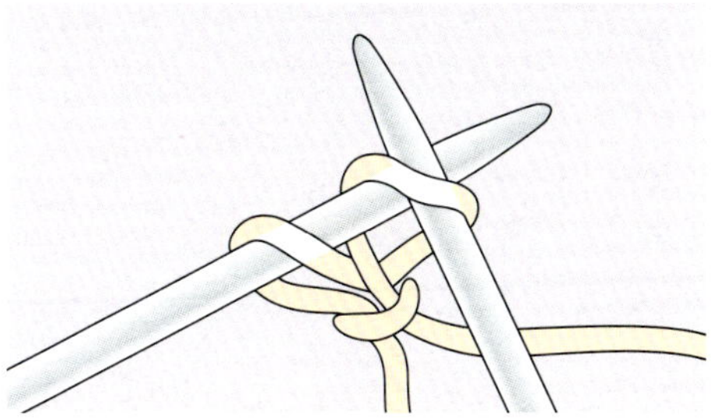

11.

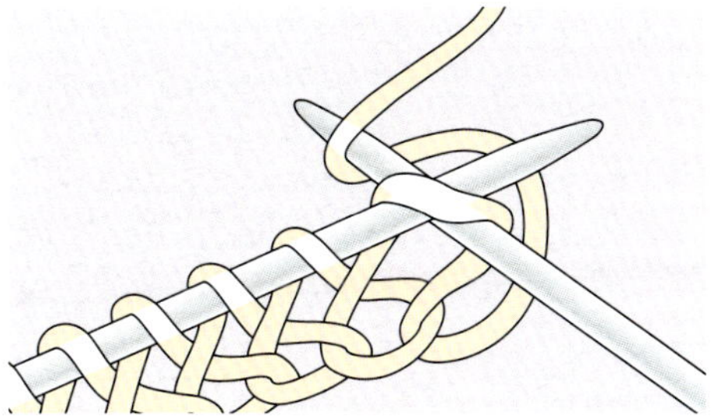

Aufgestrickter Rippenanschlag

Dieser Anschlag bildet einen sauberen Rand für das Rippenmuster.

1. Lasse einen etwa 10 cm langen Faden hängen, mache eine Schlaufe und hebe sie auf die linke Nadel.

2. Bilde eine Masche wie beim aufgestrickten Anschlag (Abb. 12) (siehe Aufstricken auf Seite 113).

3. Die nächste Masche wird wie eine linke Masche angeschlagen. Führe dazu die rechte Nadel von hinten nach vorne zwischen den letzten beiden Maschen hindurch. Lege den Faden um die Spitze der rechten Nadel (Abb. 13), ziehe ihn hindurch und hebe die Schlinge auf die linke Nadel.

4. Die nächste Masche wird wie eine rechte Masche angeschlagen. Führe die rechte Nadel zwischen den letzten beiden Maschen von vorne nach hinten (Abb. 14) hindurch. Lege den Faden um die Spitze der rechten Nadel, ziehe ihn hindurch und hebe die Schlinge auf die linke Nadel.

5. Wiederhole die letzten beiden Schritte, bis du die erforderliche Maschenzahl angeschlagen hast.

12.

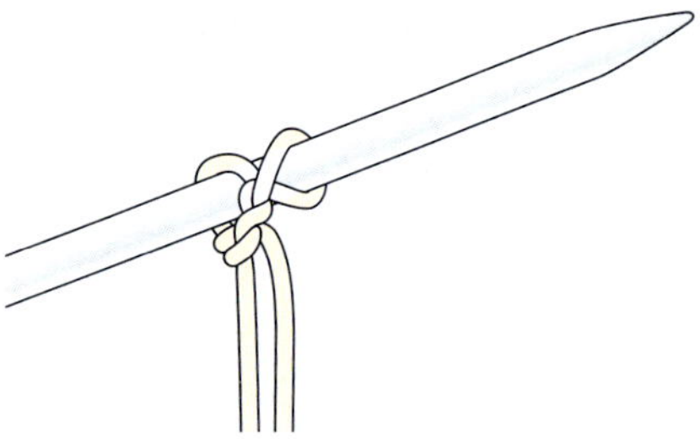

13.

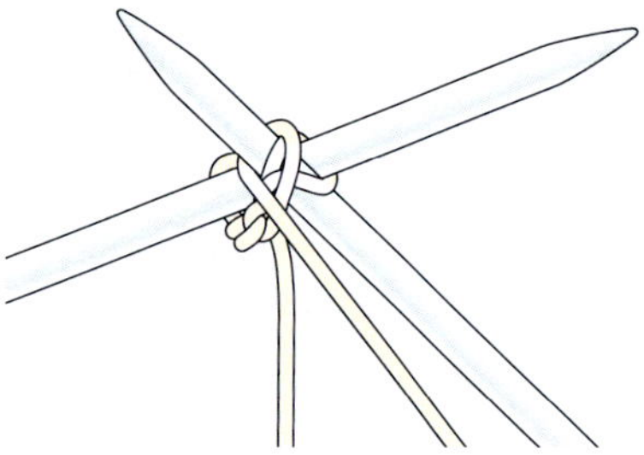

14.

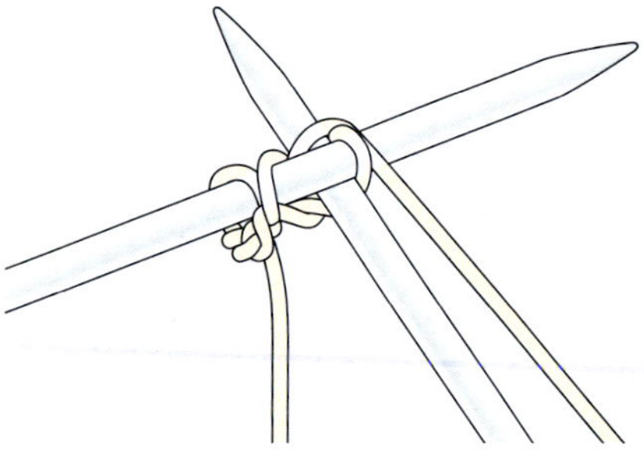

Abketten

Das Abketten erzeugt einen sauberen und sicheren Rand als Abschluss deiner Arbeit.

1. Stricke zwei rechte Maschen (siehe Rechte Maschen auf Seite 115).

2. Stich mit der linken Nadel in die erste Masche auf der rechten Nadel ein (Abb. 15), ziehe sie über die zweite Masche und hebe sie von der rechten Nadel (Abb. 16 und 17).

3. Stricke eine weitere Masche, sodass sich wieder zwei Maschen auf der Nadel befinden.

4. Wiederhole die letzten beiden Schritte, bis eine Masche übrig ist (falls du alle Maschen abkettest).

5. Schneide den Arbeitsfaden ab und ziehe ihn fest durch die letzte Masche.

15.

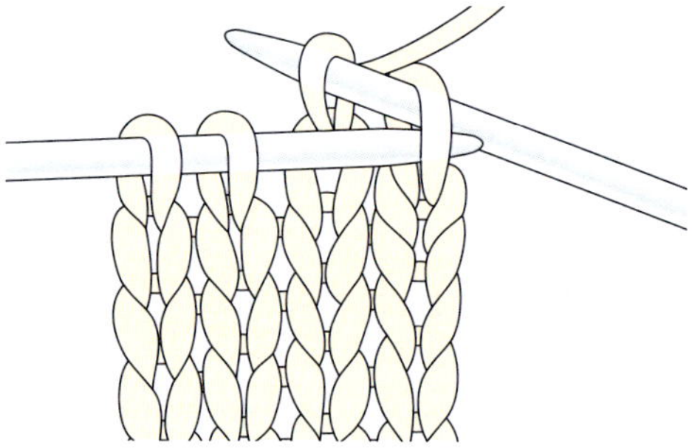

16.

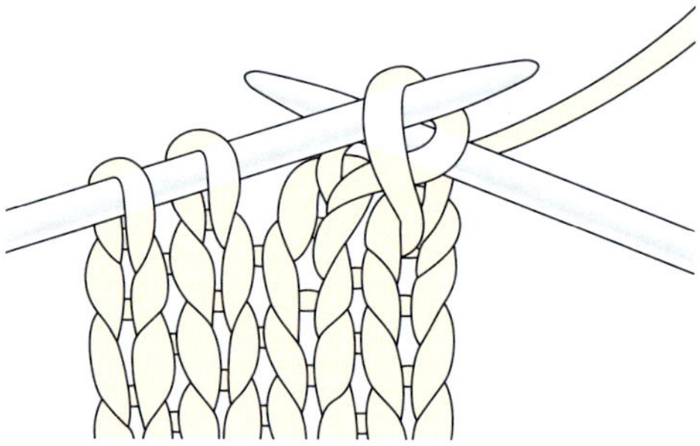

17.

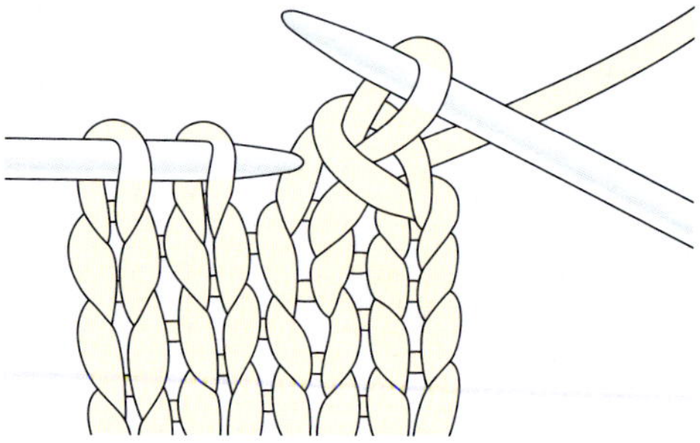

Rechte und linke Maschen

Rechte Maschen

Rechte Maschen sind die einfachsten Maschen. Sie bilden die Grundlage für die meisten anderen Stricktechniken. Eine rechte Masche bildet ein flaches V auf der zu dir zeigenden Seite der Arbeit und einen »Knubbel« auf der anderen Seite.

1. Stich mit der rechten Nadel von vorne nach hinten in die erste Masche der linken Nadel ein (Abb. 1a und 1b).

2. Lege den Faden um die Spitze der rechten Nadel (Abb. 2a und 2b).

3. Ziehe den Faden durch die Masche (Abb. 3a und 3b).

4. Hebe die Masche von der linken Nadel (Abb. 4a und 4b).

Englische Methode

1a.

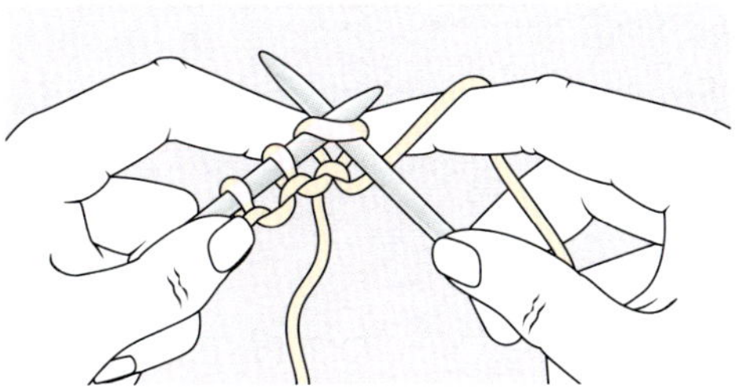

2a.

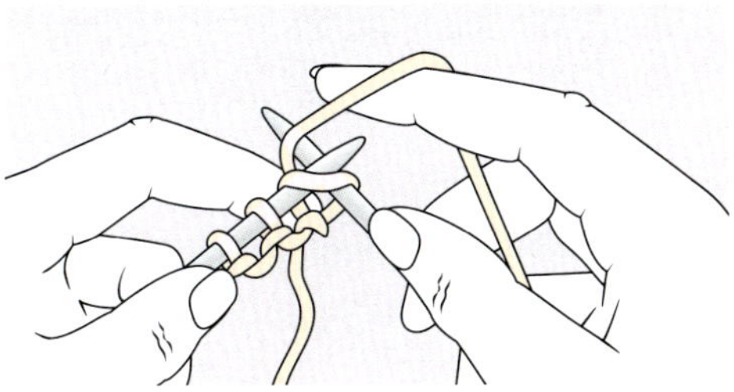

3a.

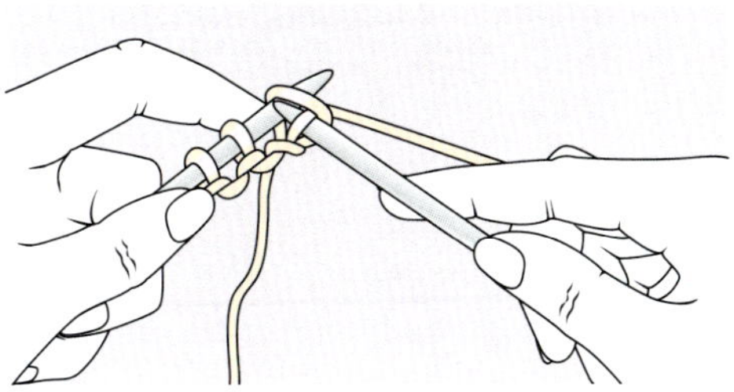

4a.

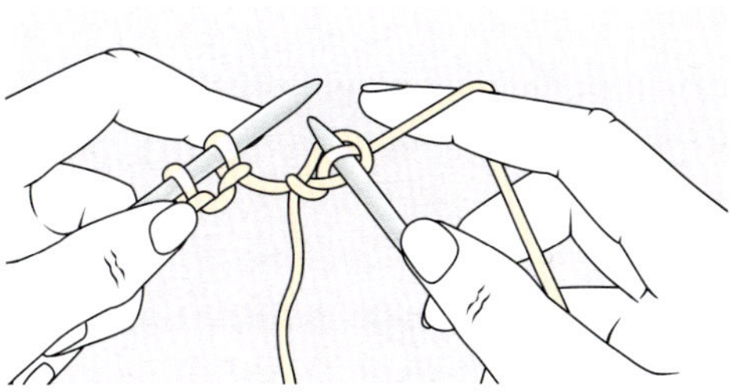

Kontinentaleuropäische Methode

1b.

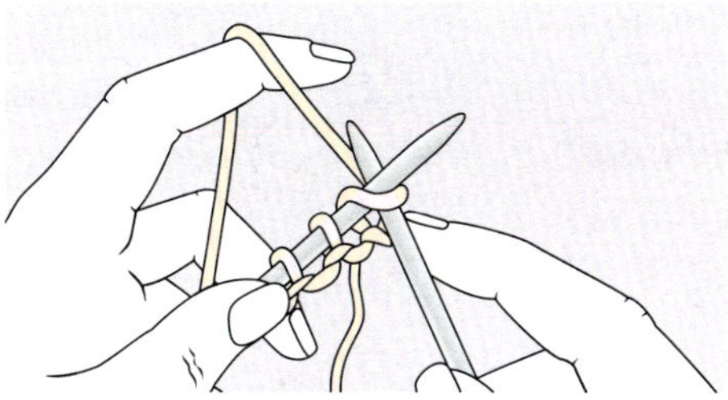

2b.

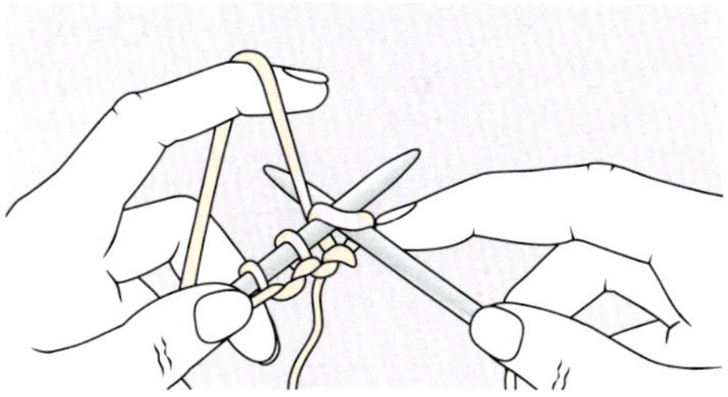

3b.

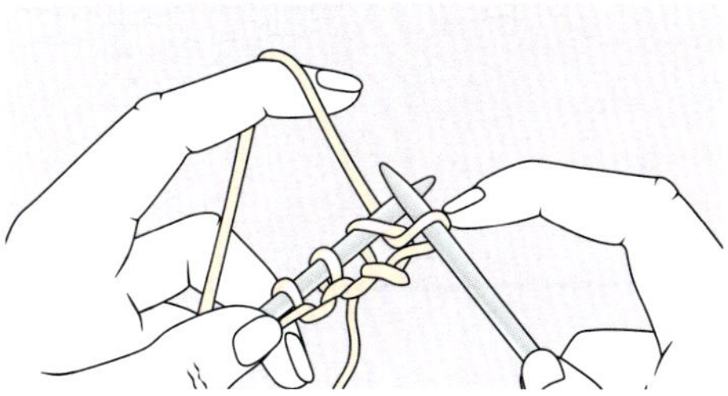

4b.

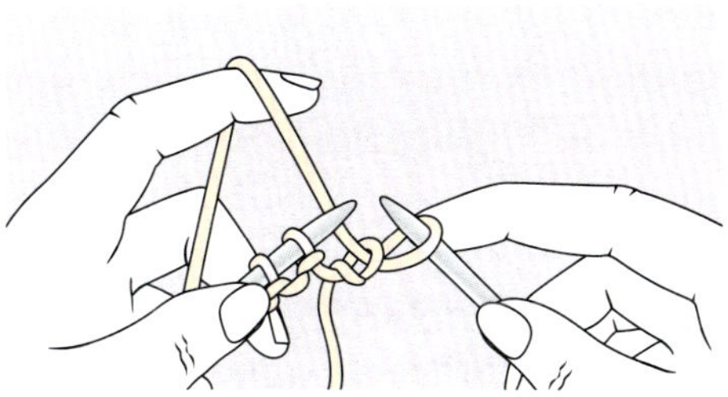

Linke Maschen

Linke Maschen sind rechte Maschen von hinten. Sie werden ähnlich wie rechte Maschen gearbeitet. Indem die rechte Nadel jedoch in umgekehrter Richtung in die Masche eingestochen wird, liegt das flache V auf der Rückseite der Arbeit und der »Knubbel« zeigt zu dir.

1. Stich mit der rechten Nadel von hinten nach vorne in die erste Masche der linken Nadel ein (Abb. 5a und 5b).

2. Lege den Faden um die Spitze der rechten Nadel (Abb. 6a und 6b).

3. Ziehe den Faden durch die Masche (Abb. 7a und 7b).

4. Hebe die Masche von der linken Nadel (Abb. 8a und 8b).

Englische Methode

5a.

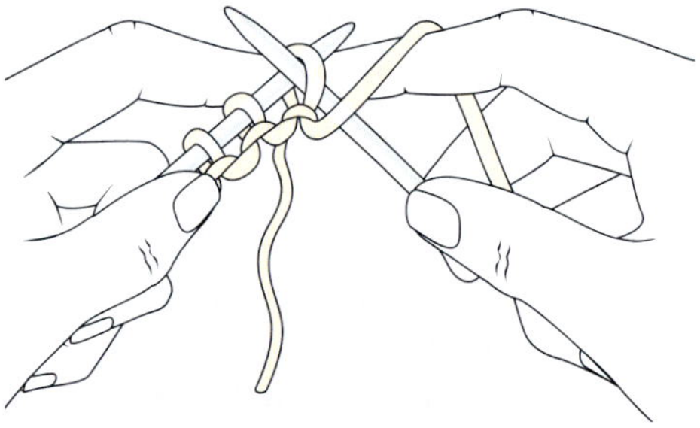

6a.

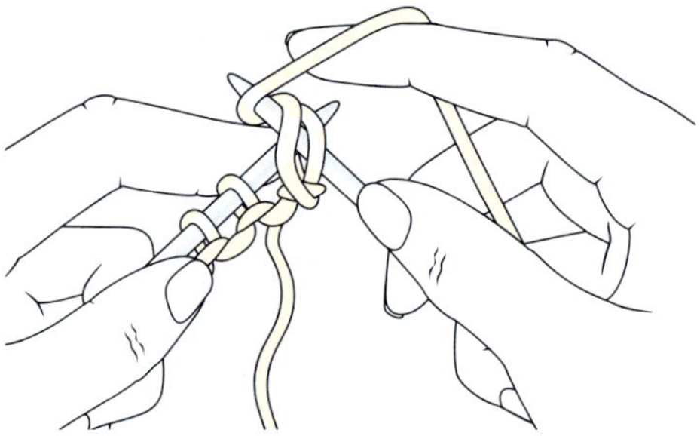

7a.

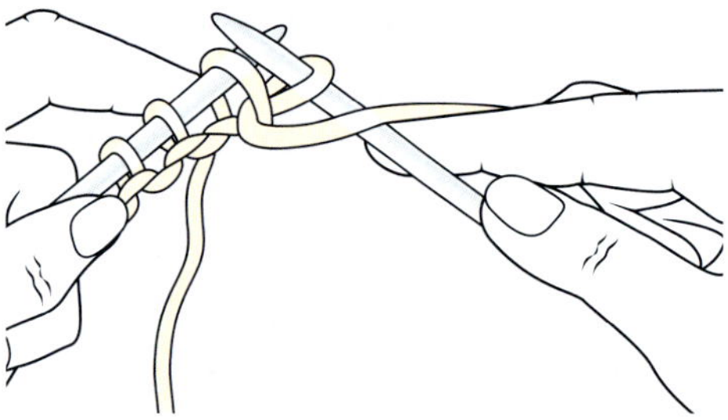

8a.

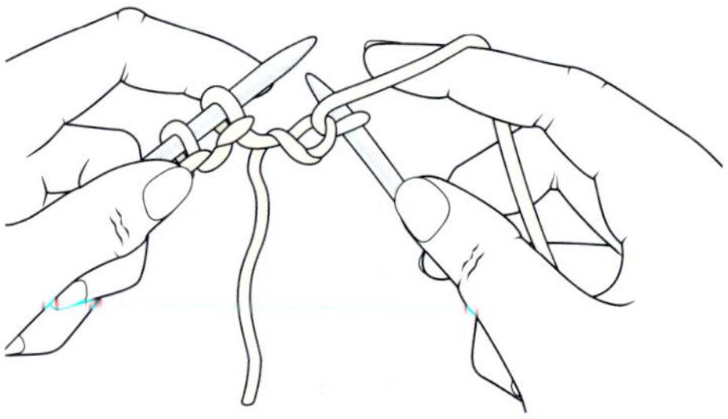

Kontinentaleuropäische Methode

5b.

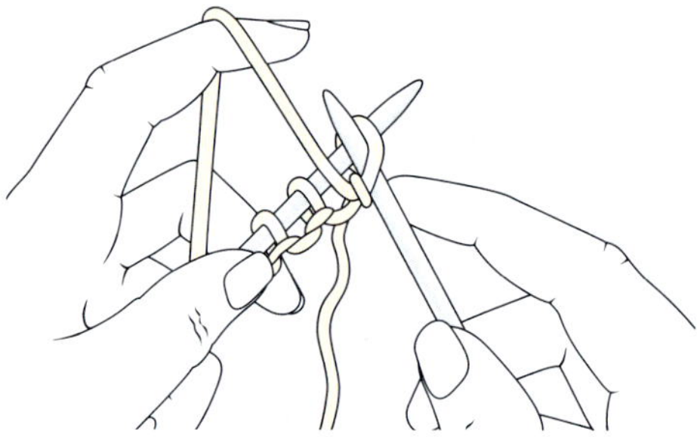

6b.

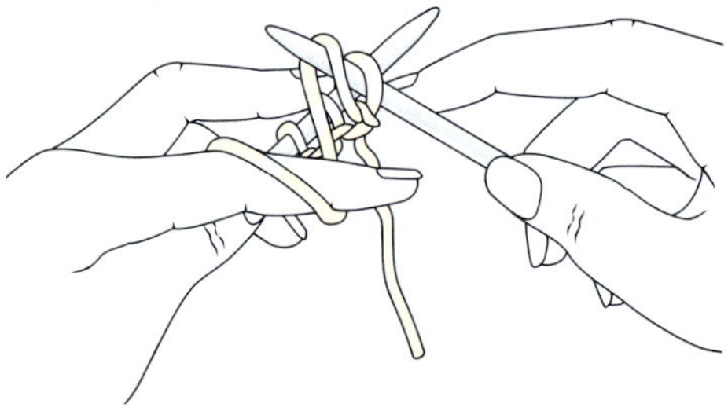

7b.

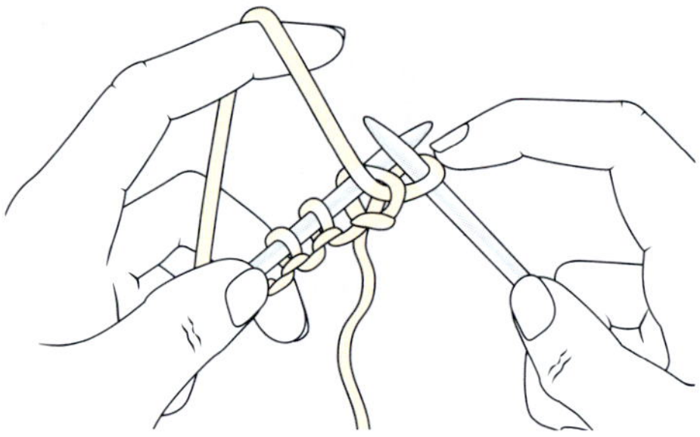

8b.

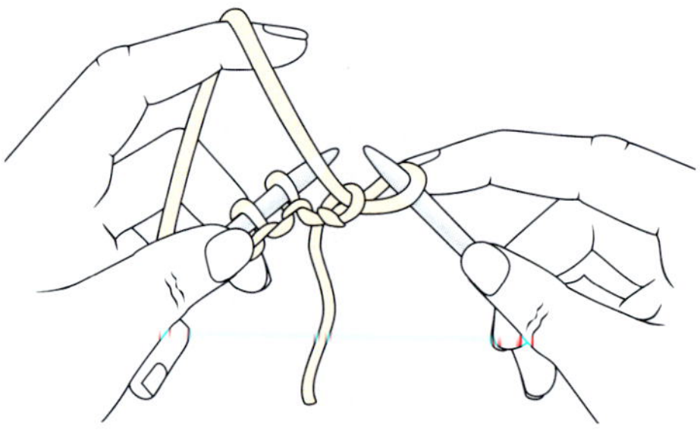

Grundlegende Stricktechniken

Zunahme nach links – 1 Zun nach li

Durch »1 Zun nach li« entsteht eine nach links geneigte, zusätzliche Masche zwischen zwei Maschen.

1. Stich mit der linken Nadel von vorne nach hinten unter den horizontalen Faden zwischen den Maschen auf den beiden Nadeln (Abb. 1).

2. Stricke eine rechte Masche in den hinteren Teil des Fadens (Abb. 2). Indem der horizontale Faden verdreht wird, entsteht kein Loch unter der Zunahme.

1.

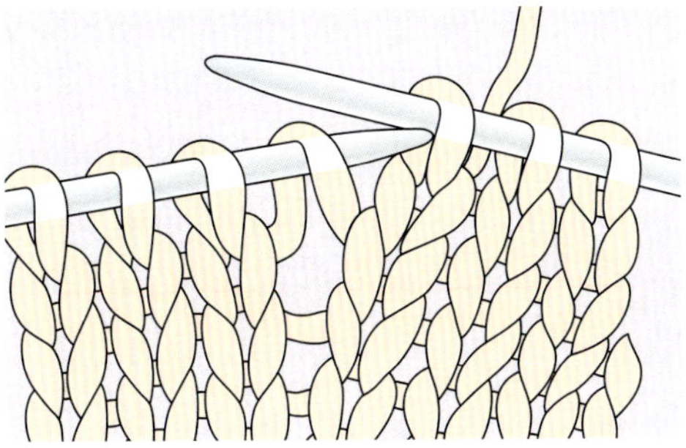

2.

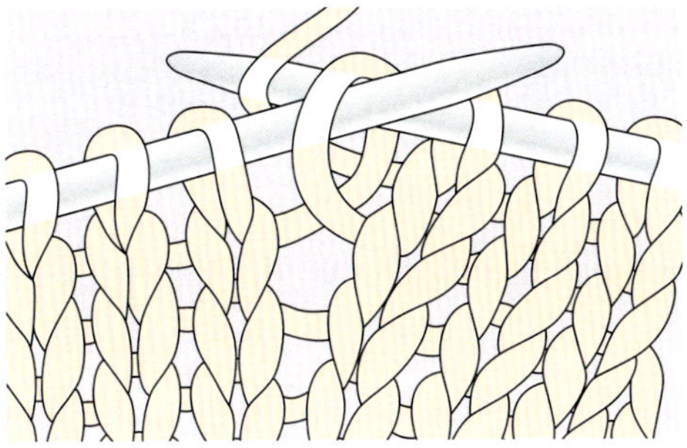

Zunahme nach rechts – 1 Zun nach re

Durch »1 Zun nach re« entsteht eine nach rechts geneigte, zusätzliche Masche zwischen zwei Maschen.

1. Stich mit der linken Nadel von hinten nach vorne unter den horizontalen Faden zwischen den Maschen auf den beiden Nadeln (Abb. 3).

2. Stricke eine rechte Masche in den vorderen Teil des Fadens (Abb. 4). Indem der horizontale Faden verdreht wird, entsteht kein Loch unter der Zunahme.

3.

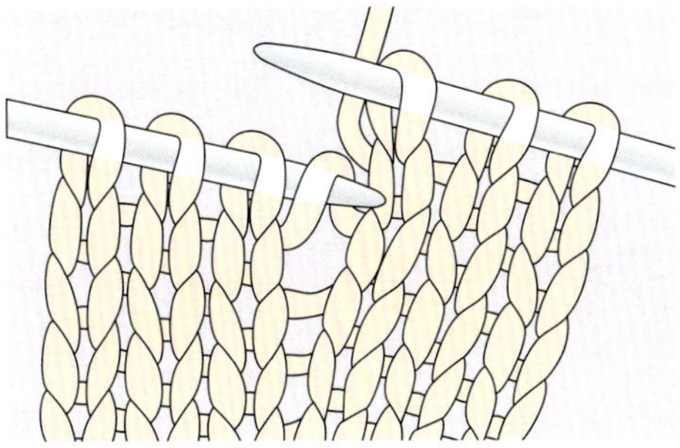

4.

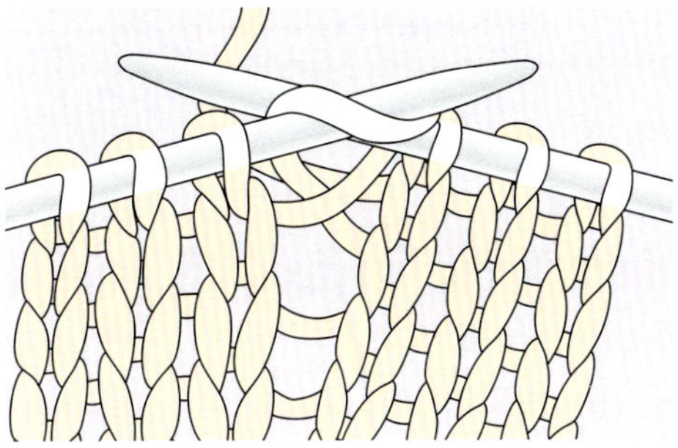

Zunahme durch Umschlag

Bei einer Zunahme durch einen Umschlag entsteht eine zusätzliche Masche, unter der sich ein kleines Loch bildet. Sie kann als dekoratives Element oder Knopfloch verwendet werden.

Lege den Faden über die Nadel. Der Umschlag, der auf der Nadel liegt, sobald du die nächste Masche strickst, wird in der folgenden Reihe (oder Runde) als eine Masche gearbeitet (Abb. 5).

5.

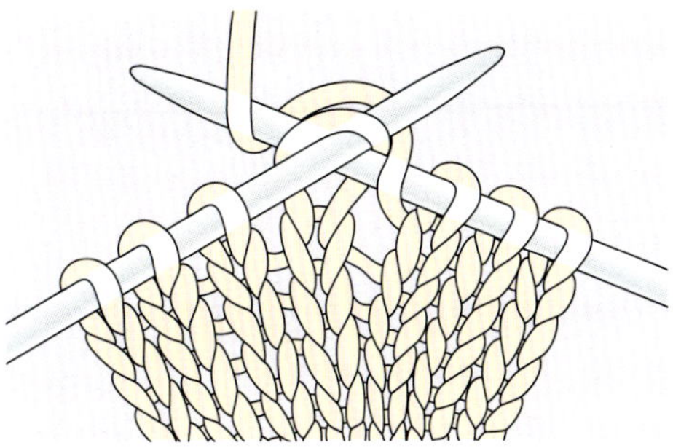

Doppelte Zunahme (1 M re, 1 U, 1 M re) in eine Masche

Mit dieser Zunahme werden aus einer Masche zwei weitere Maschen gebildet.

1. Stricke eine rechte Masche, ohne sie von der linken Nadel zu schieben (Abb. 6).

2. Lege den Faden über die rechte Nadel (Abb. 7) und stricke eine weitere rechte Masche in dieselbe Masche auf der linken Nadel. Hebe sie jetzt von der linken Nadel.

6.

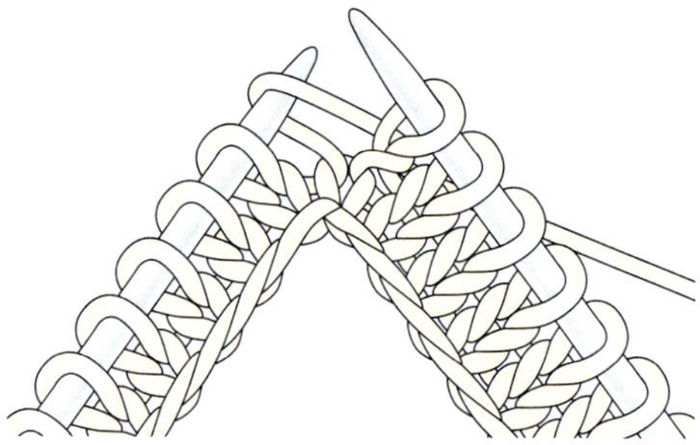

7.

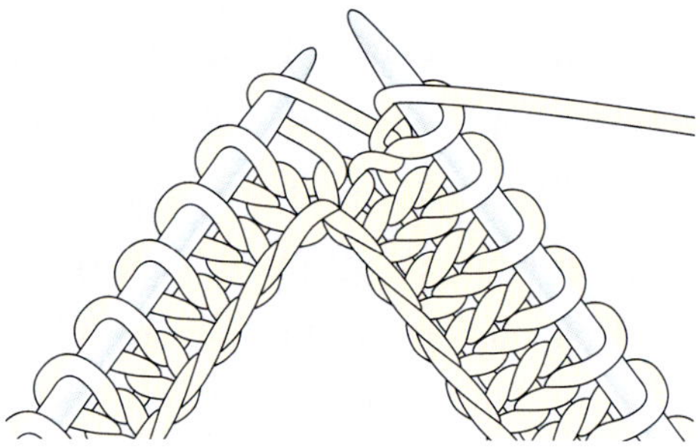

Linksgeneigte rechte Abnahme (li gen Abn)

Mit dieser Abnahmemethode entsteht eine nach links geneigte Abnahme. Sie wird oft verwendet, um die nach rechts geneigte Abnahme zu ergänzen bzw. zu spiegeln. Das Abheben der Maschen, bevor sie rechts zusammengestrickt werden, verdreht die Maschen so, dass sie sich nach links neigen.

1. Hebe die zwei nächsten Maschen einzeln wie rechte Maschen auf die rechte Nadel (stich mit der Nadel wie zum Rechtsstricken ein) (Abb. 8).

2. Stich mit der linken Nadel in den vorderen Teil der beiden Maschen ein (Abb. 9) und stricke sie zusammen.

8.

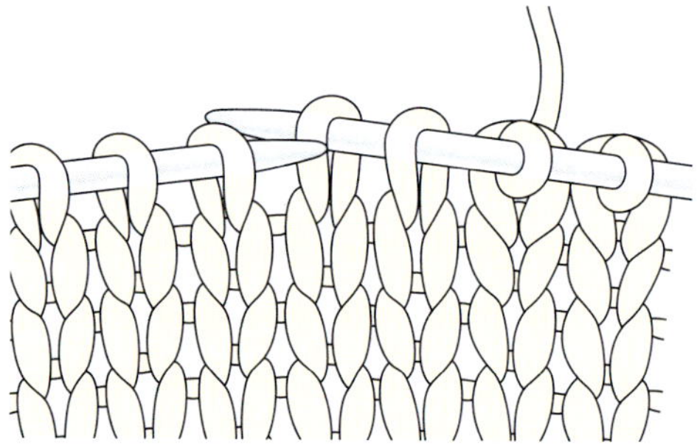

9.

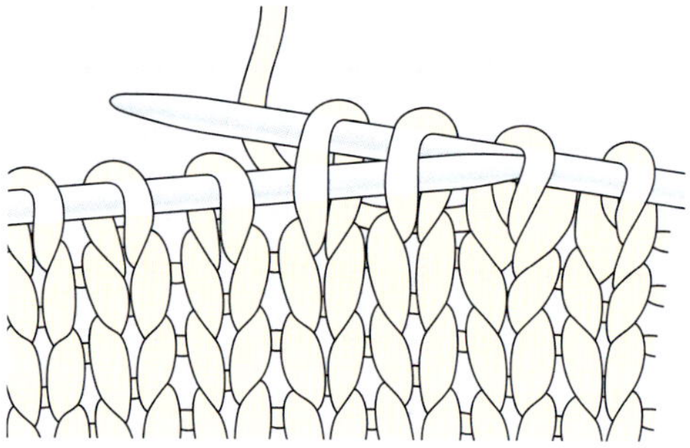

Rechte Abnahme (2 M re zus)

Indem zwei Maschen rechts zusammen abgestrickt werden, entsteht eine nach rechts geneigte Abnahme.

Stich mit der rechten Nadel von vorne nach hinten in die beiden nächsten Maschen der linken Nadel (Abb. 10). Stricke sie rechts zusammen und hebe beide gleichzeitig von der Nadel.

10.

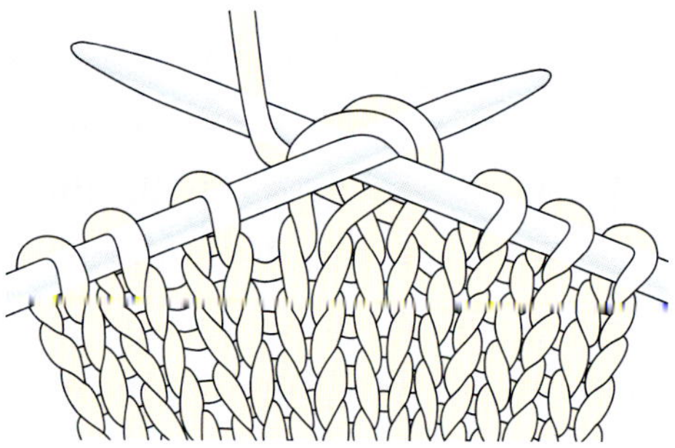

Linke Abnahme (2 M li zus)

Indem Maschen links zusammengestrickt werden, entsteht in einer linken Reihe eine Abnahme.

Führe die rechte Nadel von hinten nach vorne in die beiden nächsten Maschen auf der linken Nadel (Abb. 11). Stricke die Maschen links zusammen und hebe beide gleichzeitig von der Nadel.

11.

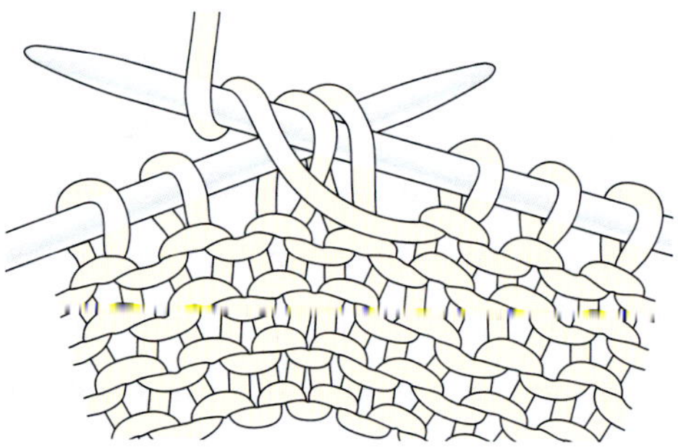

Doppelt überzogene Abnahme (dopp überz Abn)

Die doppelt überzogene Abnahme (mit aufliegender Mittelmasche) verringert die Maschenzahl um zwei Maschen.
Die mittlere der 3 abgestrickten Maschen liegt sichtbar oben auf der Abnahme.

1. Hebe die nächsten zwei Maschen zusammen wie zum Rechtsstricken auf die rechte Nadel. Das verdreht die Maschen so, dass eine über der anderen liegt (Abb. 12).

2. Stricke die nächste Masche rechts und ziehe die beiden abgehobenen Maschen über die gerade gestrickte Masche, sodass sie von beiden Nadeln rutschen können (Abb. 13).

12.

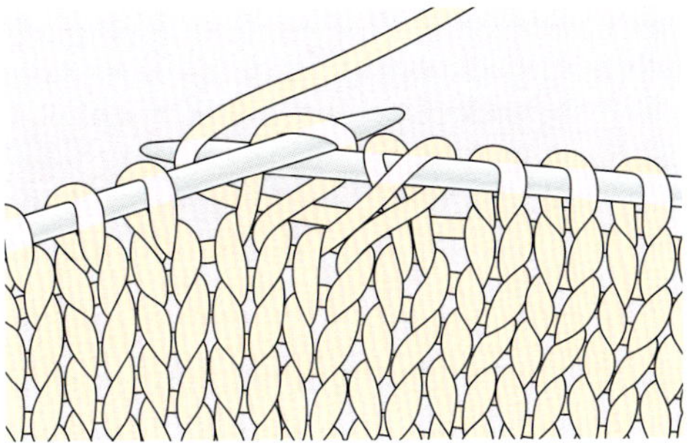

13.

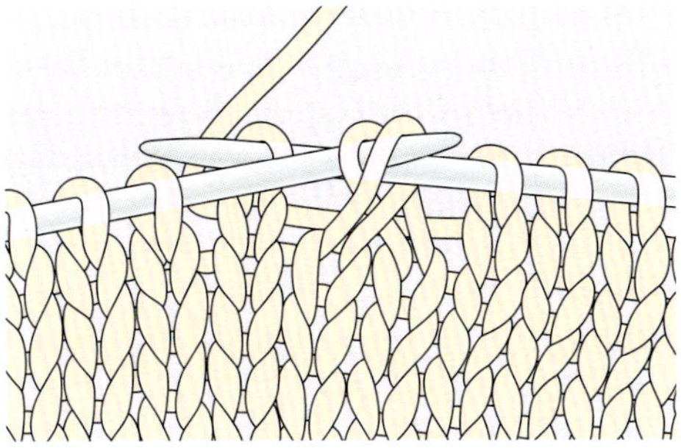

Maschen auffassen

Maschen können aus den Rändern einer Arbeit aufgefasst werden, um eine neue Reihe an eine bereits gestrickte Arbeit anzustricken.

1. Stich mit der Nadel durch den Rand der Strickarbeit an der Stelle, wo eine Masche entstehen soll (Abb. 14).

2. Lege den Faden über die Spitze der Nadel (Abb. 15) und ziehe eine Fadenschlaufe zur Vorderseite der Arbeit (Abb. 16).

3. Wiederhole die letzten beiden Schritte gleichmäßig entlang dem Rand der Arbeit, bis du die gewünschte Maschenzahl aufgenommen hast (Abb. 17).

14.

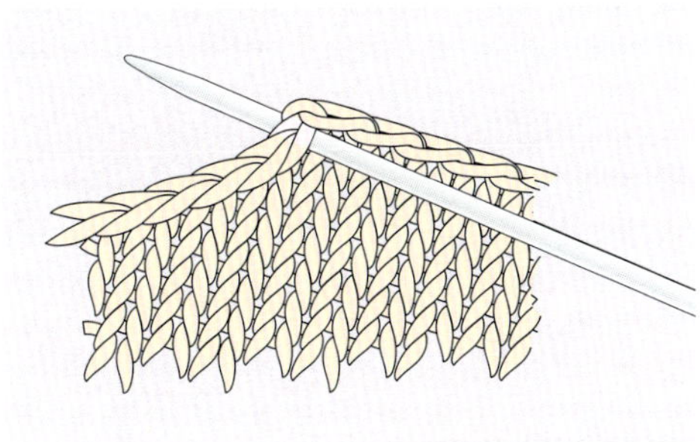

15.

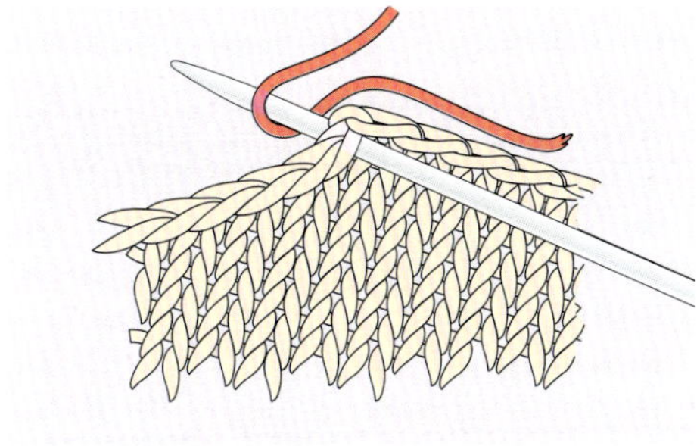

16.

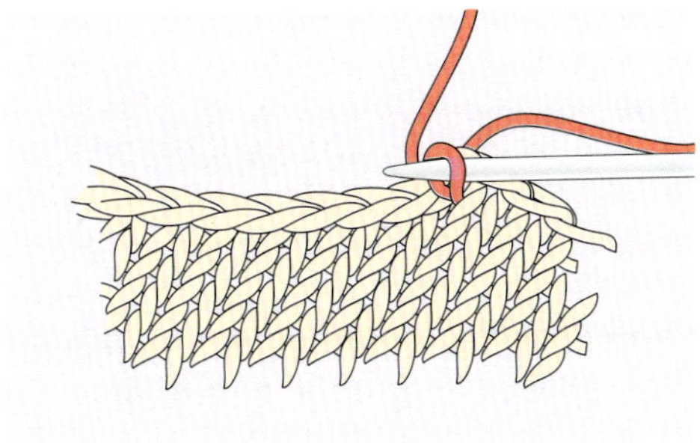

17.

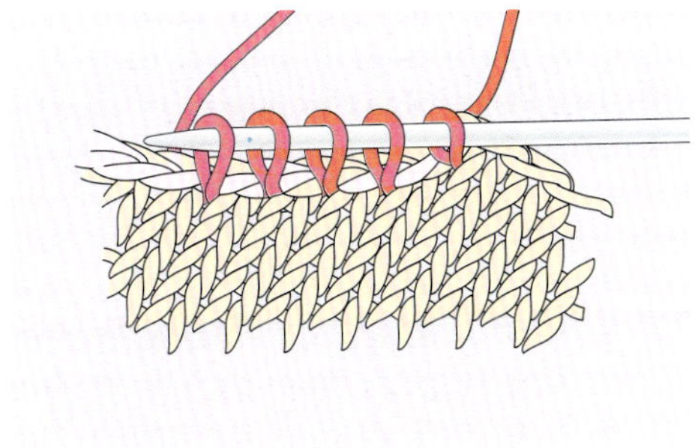

Fortgeschrittene Stricktechniken

Stricken in Runden

Durch das Stricken in Runden entsteht ein nahtloser Schlauch. Dafür kann ein Nadelspiel oder eine Rundstricknadel verwendet werden (siehe Garn und Hilfsmittel auf Seite 12).

Rundstricknadeln

1.

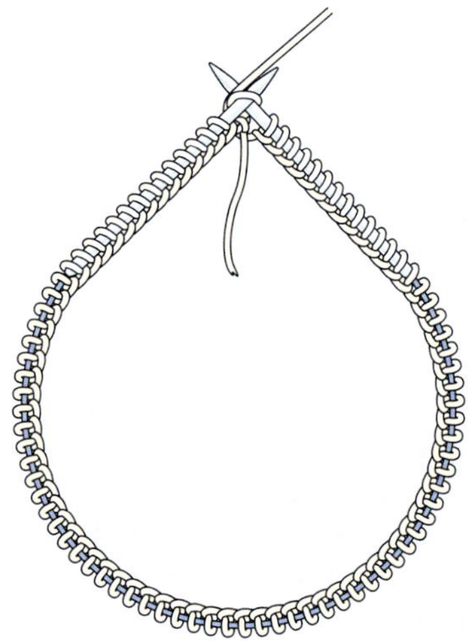

Achte darauf, dass die gewählte Rundstricknadel lang genug ist, um die erforderliche Maschenzahl für dein Projekt zu halten. Denke jedoch auch daran, dass die Maschen über die ganze Schnur reichen müssen, damit du in der Runde stricken kannst (es sei denn, du verwendest die Magic-Loop-Technik).

Schlag die Maschen an und verteile sie auf der Länge der Rundstricknadel. Achte darauf, dass die Maschen nicht verdreht sind. Es ist nützlich, die erste Masche mit einem Maschenmarkierer zu markieren, um den Anfang der Runde erkennen zu können.

Du kannst mit einer Rundstricknadel auch flache Arbeiten in Hin- und Rückreihen stricken. Wende die Arbeit einfach am Ende jeder Reihe und tausche die Nadeln zwischen den Händen. Dies bietet sich besonders bei hoher Maschenzahl an, z. B. bei Decken und Tüchern.

Magic-Loop-Technik

2.

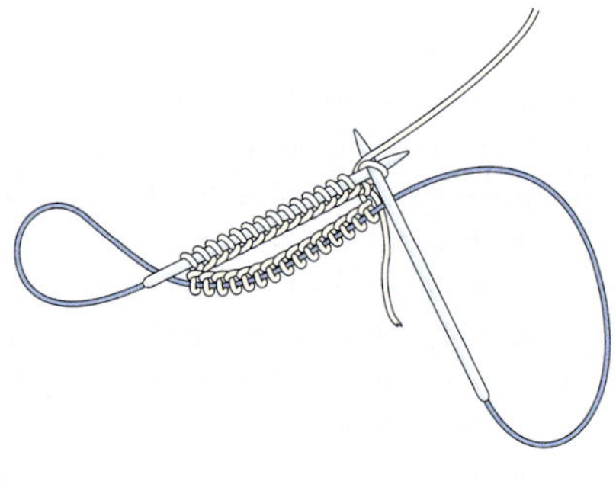

Die Magic-Loop-Technik eignet sich zum Stricken von Runden mit geringem Umfang.

Schlage die erforderliche Maschenzahl an und verteile sie zu einer Hälfte auf eine Nadel und die andere Hälfte auf das Seil der Rundstricknadel. Ziehe ein Stück Seil ungefähr zur Hälfte zwischen den angeschlagenen Maschen heraus und achte darauf, dass die Maschen nicht verdreht sind.

Arrangiere deine Nadel so, dass die erste angeschlagene Masche an der Spitze deiner linken Nadel liegt. Die Hälfte der Maschen liegt dahinter und die andere Hälfte der Maschen liegt in der Mitte des Seils. Die rechte Nadel sollte keine Maschen tragen.

Ohne die Maschen dabei zu verdrehen, ordne deine Arbeit so an, dass der Arbeitsfaden die erste zu strickende Masche erreicht. Hänge einen Maschenmarkierer ein, um den Anfang/das Ende der Runde zu markieren, wenn du willst. Stricke mit der rechten Nadel die Maschen von der linken Nadel und ziehe den Faden bei den ersten Maschen dabei fest an, damit sich die Runde nahtlos schließt und es keine lockeren Maschen gibt.

Ziehe dann die rechte Nadel heraus. Die Maschen liegen jetzt auf der Schnur, sodass Du mit der rechten Nadel nun die Maschen der linken Nadel stricken kannst. Fahre so bis zur gewünschten Länge fort.

Nadelspiele

Sie sind als Set aus 4 oder 5 Nadeln erhältlich. Schlag zunächst die Maschen auf einer Spielnadel an und verteile sie dann gleichmäßig auf 3 oder 4 Nadeln, indem du sie wie zum Linksstricken abhebst. Halte eine Nadel frei, um mit ihr zu stricken.

Achte wie bei den Rundstricknadeln darauf, dass sich die angeschlagenen Maschen nicht verdreht haben, bevor du mit dem Stricken beginnst. Markiere die erste Masche mit einem Maschenmarkierer. Stelle sicher, dass die Vorderseite deiner Arbeit zu dir zeigt.

Beim Stricken solltest du darauf achten, die Fadenspannung der Maschen gleichmäßig zu halten. Ziehe dazu den Faden gut an, wenn du von einer Nadel zur nächsten wechselst und du die erste Masche am Nadelübergang strickst. Dies ist wichtig, denn, wenn du viele lockere Maschen an derselben Stelle übereinander in deinen gestrickten Reihen hast, wird es wie eine Leiter wirken und auffallen.

3.

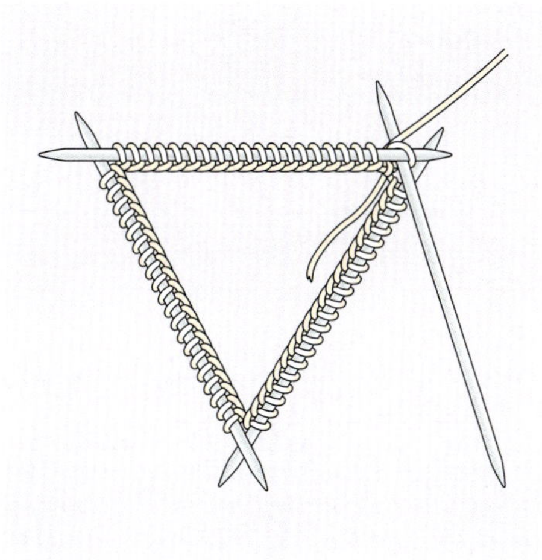

Nachträgliche Fersen und Daumen

Theoretisch kann eine nachträgliche Ferse bzw. ein nachträglicher Daumen an jeder beliebigen Stelle in deiner Arbeit platziert werden. In vielen Anleitungen wird die Platzierung dazu mit einem Garnrest vorbereitet. Wenn der Garnrest später entfernt wird, können die aufgenommenen Maschen direkt weitergestrickt werden und bilden einen nahtlosen Übergang zum Daumen oder zur Ferse.

1. Verwende ein Nadelspiel oder deine bevorzugte Methode zum Stricken kleiner Runden. Stich mit der Nadel in die Mitte jeder Masche auf beiden Seiten des Garnrests ein (Abb. 4 und 5).

2. Entferne den Garnrest (Abb. 6).

3. Verteile die Maschen auf deinen Nadeln, um sie in der Runde stricken zu können (Abb. 7). Nimm dein Garn hinzu und befolge die jeweilige Strickanleitung.

4.

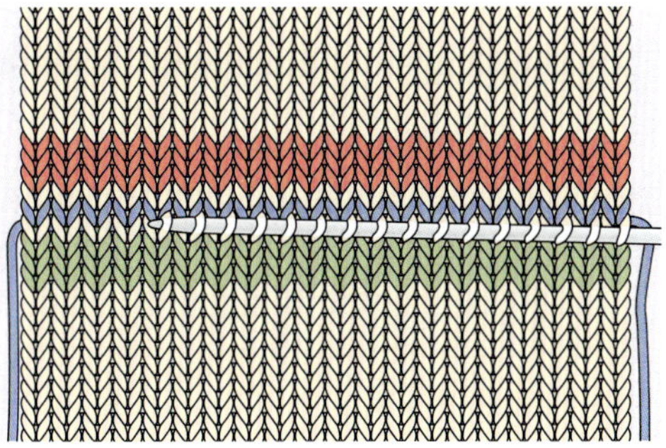

5.

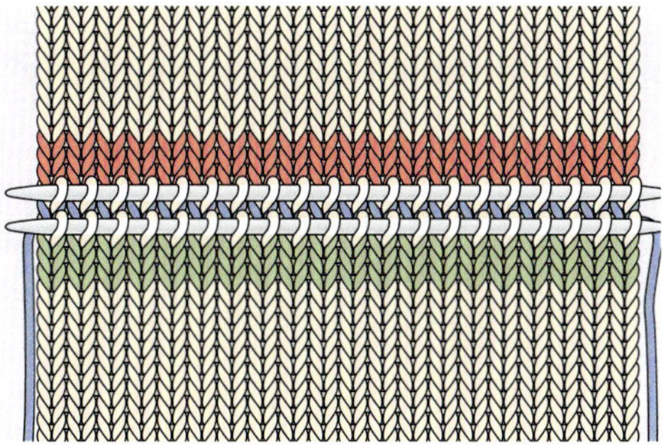

6.

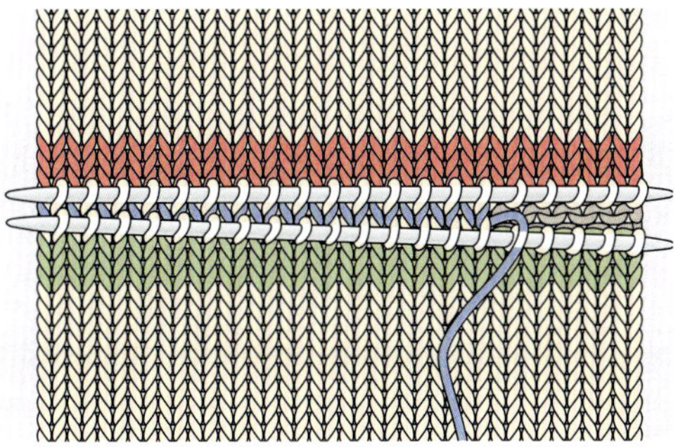

7.

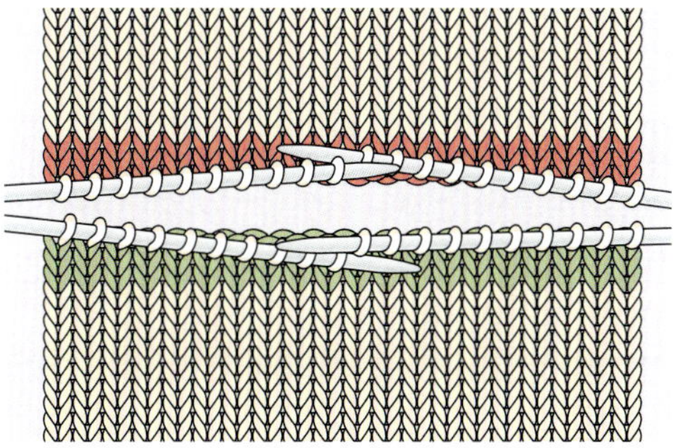

Maschenstich

Der Maschenstich ist praktisch, um gestrickte Maschen sauber zu schließen, ohne eine Naht zu bilden. Diese Methode ist besonders beliebt, um die Zehen und manchmal die Ferse bei Socken zu schließen.

Ordne deine Arbeit so an, dass die beiden zu schließenden Reihen sich auf zwei Nadeln (oder zwei Enden einer Rundstricknadel) befinden, die nebeneinanderliegen.

Fädele den Arbeitsfaden oder einen neuen Faden in eine stumpfe Stopfnadel ein.

Stich mit der Stopfnadel in die erste Masche der vorderen Nadel von hinten nach vorne ein, als wolltest du eine linke Masche arbeiten (Abb. 8). Lasse die Masche auf der Stricknadel und ziehe den Faden hindurch.

Stich mit der Stopfnadel in die erste Masche der hinteren Nadel von vorne nach hinten ein, als wolltest du eine rechte Masche arbeiten (Abb. 9). Lasse die Masche auf der Stricknadel und ziehe den Faden hindurch.

1. Stich mit der Stopfnadel in die erste Masche der vorderen Nadel von vorne nach hinten ein, als wolltest du eine rechte Masche arbeiten (Abb. 10). Hebe die Masche von der Stricknadel und ziehe den Faden hindurch.

2. Stich mit der Stopfnadel in die nächste Masche der vorderen Nadel von hinten nach vorne ein, als wolltest du eine linke Masche arbeiten (Abb. 11). Lasse die Masche auf der Stricknadel und ziehe den Faden hindurch.

3. Stich mit der Stopfnadel in die erste Masche der hinteren Nadel von hinten nach vorne ein, als wolltest du eine linke Masche arbeiten (Abb. 12). Hebe die Masche von der Stricknadel und ziehe den Faden hindurch.

4. Stich mit der Stopfnadel in die nächste Masche der hinteren Nadel von vorne nach hinten ein, als wolltest du eine rechte Masche arbeiten. Lasse die Masche auf der Stricknadel und ziehe den Faden hindurch.

Wiederhole die **Schritte 1–4**, um die beiden Maschenreihen zu verbinden (Abb. 13). Wenn du die letzten zwei Maschen erreichst, wiederhole **Schritt 1** und dann **Schritt 4.**

8.

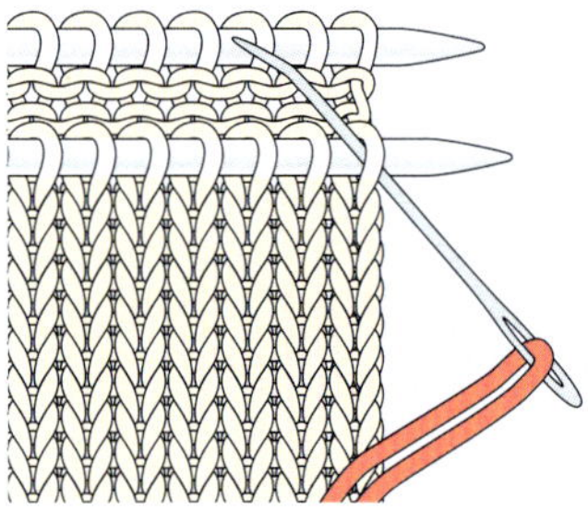

9.

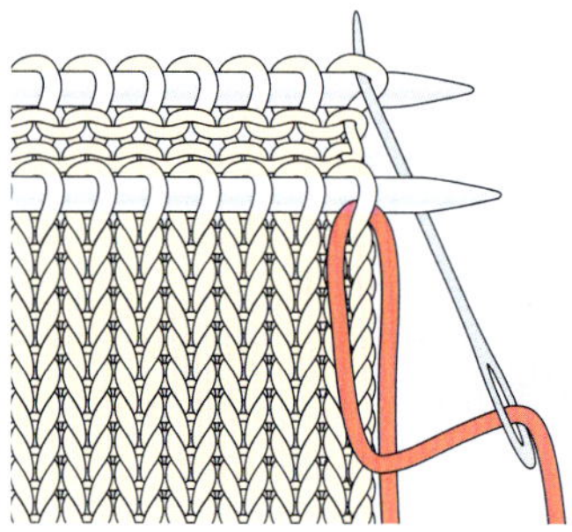

10.

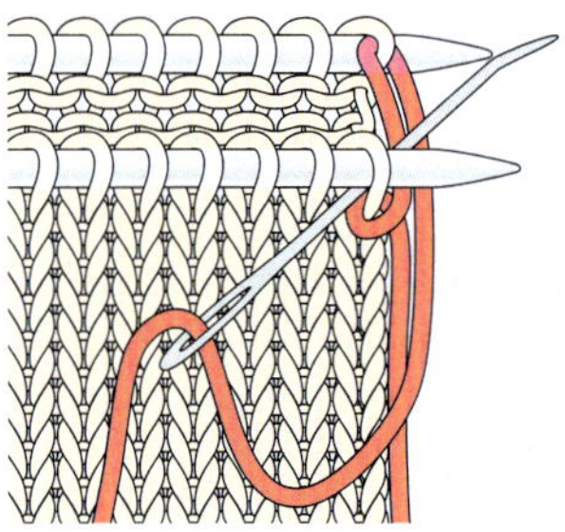

11.

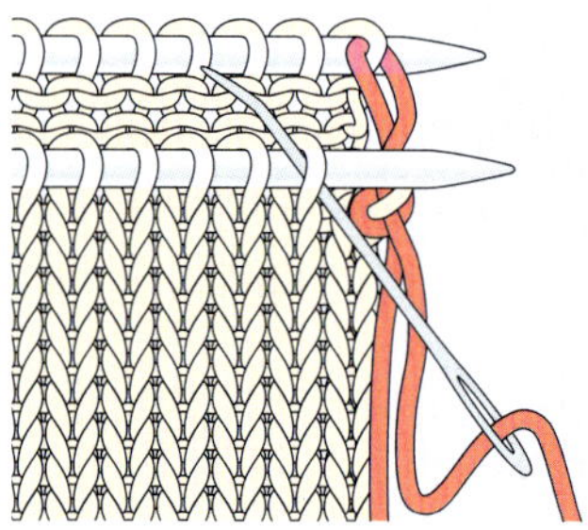

12.

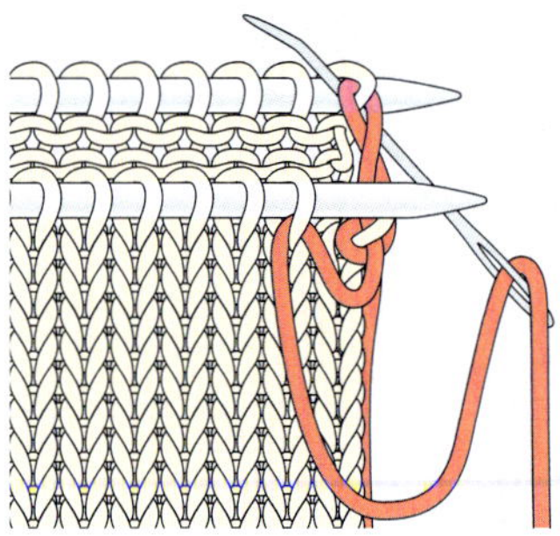

13.

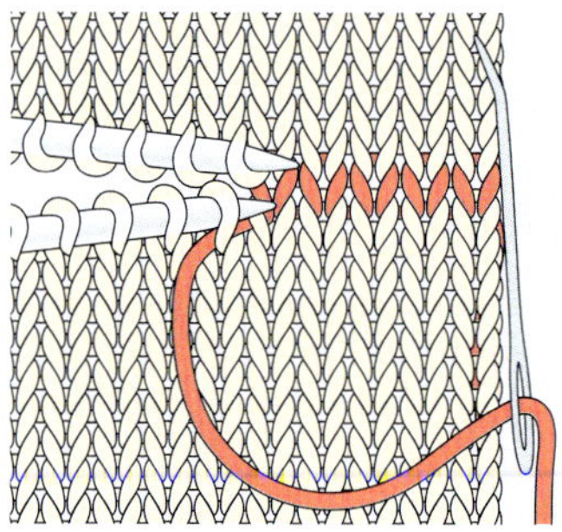

Fertigstellen

Spannen

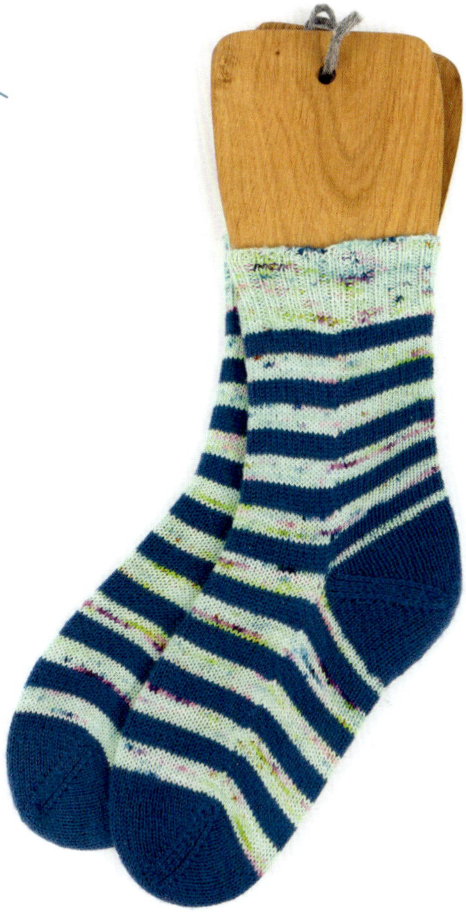

Das Spannen wird für das Ausarbeiten der meisten Strickprojekte empfohlen. Das Anfeuchten und Formen deiner Strickarbeit verbessert ihr Aussehen, da es die Form optimiert, Spannungen ausgleicht, die Maschen definiert und das Garn zu einem weichen Stricktextil werden lässt.

1. Fülle ein Waschbecken oder eine Schüssel mit kaltem oder lauwarmem Wasser (lies die Temperaturanweisungen auf dem Etikett des Garns). Du kannst eine geringe Menge Wollwaschmittel oder mildes Shampoo hinzufügen.

2. Lege die Arbeit für etwa 20 Minuten ins Wasser, um sie komplett anzufeuchten.

3. Hebe die Arbeit aus dem Waschbecken bzw. aus der Schüssel und drücke gleichzeitig sehr vorsichtig überschüssiges Wasser aus. Sei beim Herausheben der nassen Arbeit vorsichtig, da sie sich dehnen kann. Wringe sie nicht aus, da dies die Arbeit beschädigen kann.

4. Lege die Strickarbeit auf ein Handtuch und rolle es dann von einem Ende aus locker auf. Drücke leicht auf die Rolle, um überschüssiges Wasser auszudrücken.

5. Rolle das Handtuch aus und lege deine Arbeit dann auf eine flache Oberfläche. Fixiere sie mit rostfreien Nadeln oder T-Nadeln mit der Vorderseite nach oben entsprechend den Maßen des Projekts. Socken und Accessoires können auf entsprechende Spannformen gespannt werden.

6. Lasse das Strickstück komplett trocknen, bevor du die Nadeln entfernst.

Matratzenstich

Dieser Stich erzeugt eine unsichtbare, flexible Naht, die zwei Strickstücke sauber miteinander verbindet. Der Matratzenstich wird rechts auf rechts gearbeitet, sodass es einfacher ist, das Erscheinungsbild deiner Naht zu kontrollieren.

1. Lege deine beiden Strickteile mit der rechten Seite nach oben. Fädele das Fadenende von einem Teil auf eine Stopfnadel. Stich mit der Nadel von unten nach oben durch die erste angeschlagene oder abgekettete Masche des gegenüberliegenden Teils. Dann stich mit der Nadel ebenfalls von unten nach oben durch die Eckmasche des ersten Teils. Ziehe den Faden fest, um die beiden Ränder zu verbinden.

2. Führe die Nadel nun wieder an der gegenüberliegenden Kante mittig in der letzten Maschenreihe von oben unter den nächsten beiden Maschenschenkeln durch und wieder nach oben (Abb. 1).

Wiederhole den **Schritt 2**, arbeite zwischen beiden Seiten hin und her und ziehe den Faden stets vorsichtig fest, um die Naht zu schließen (Abb. 2). Achte darauf, immer entlang einer geraden Maschenlinie zu arbeiten, um einen schönen Abschluss zu erhalten.

1.

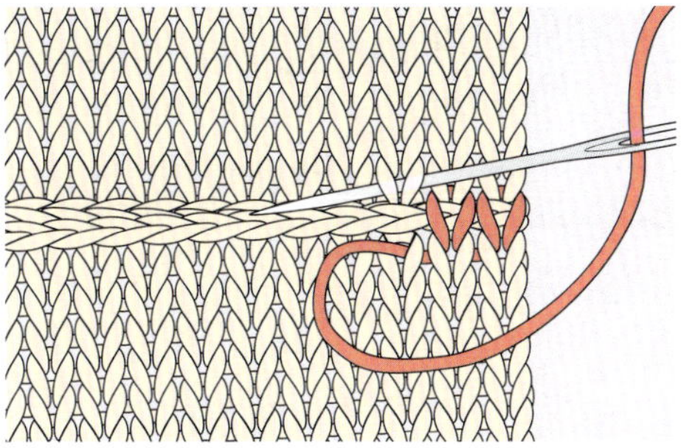

2.

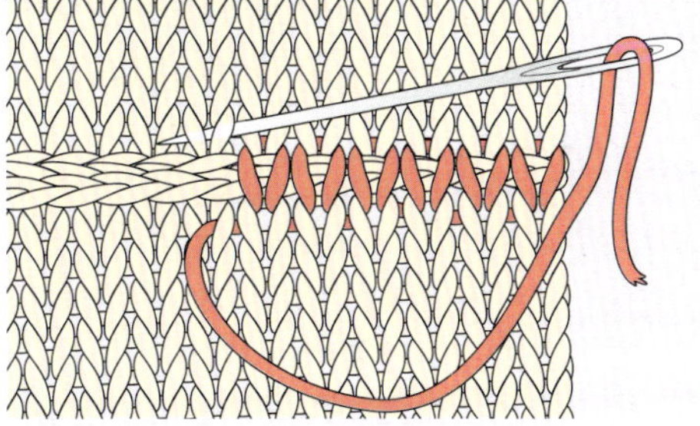

Einen Bommel anfertigen

1. Schneide zwei Pappkreise entsprechend der benötigten Bommelgröße zu. Schneide ein kleineres Loch in die Mitte jedes Kreises. Wickele das Garn um die Pappe und führe es dabei durch die Mitte (Abb. 3), bis das Loch in der Mitte ausgefüllt ist. Je mehr du wickelst, desto voller wird der Bommel.

2. Schneide mit einer scharfen Schere durch das gewickelte Garn (Abb. 4).

3. Fädele einen Faden zwischen die Pappkreise und verknote ihn fest (Abb. 5). Entferne die Pappe vorsichtig, schüttele den Bommel auf und schneide die Enden zu, um eine schöne runde Form zu erhalten.

Du kannst auch einen Pompon-Maker kaufen. Es gibt sie in verschiedenen Größen und sie kommen mit einer Anleitung.

Eine Quaste anfertigen

1. Schneide ein Pappstück auf die gewünschte Quastenlänge zu. Wickele das Garn etwa 25–30x um das Pappstück.

2. Fädele einen Faden am oberen Rand unter das Garn und verknote ihn fest (Abb. 6).

3. Schneide das gewickelte Garn an der gegenüberliegenden Seite mit einer scharfen Schere durch (Abb. 7).

4. Knote einen weiteren Faden etwa 2 cm unter der Oberseite um das Garn, um oben eine Kugelform zu bilden. Schneide dann die losen Enden gerade ab (Abb. 8).

3.

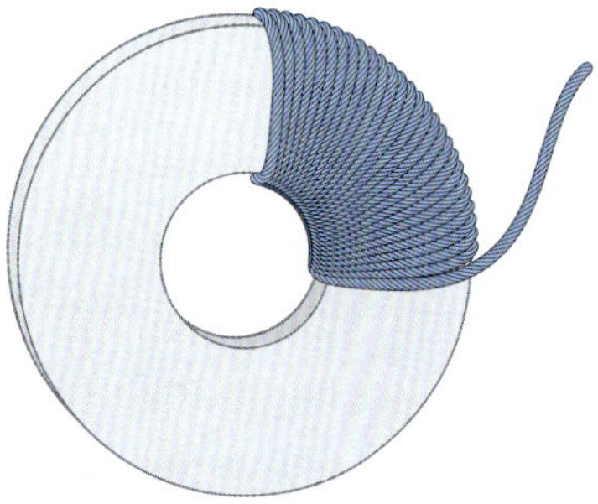

4.

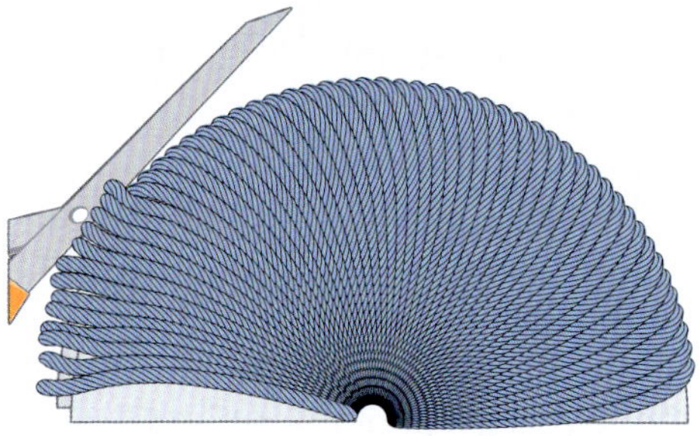

5.

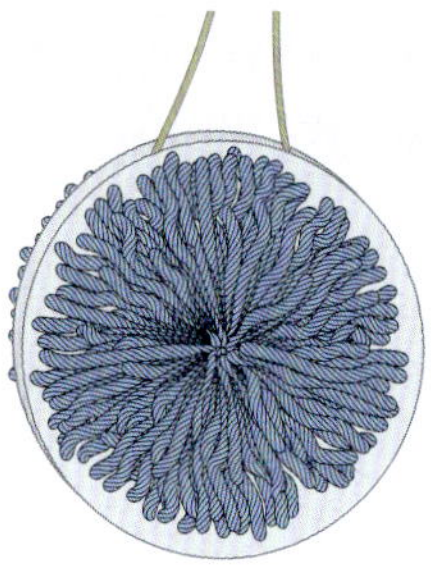

6.

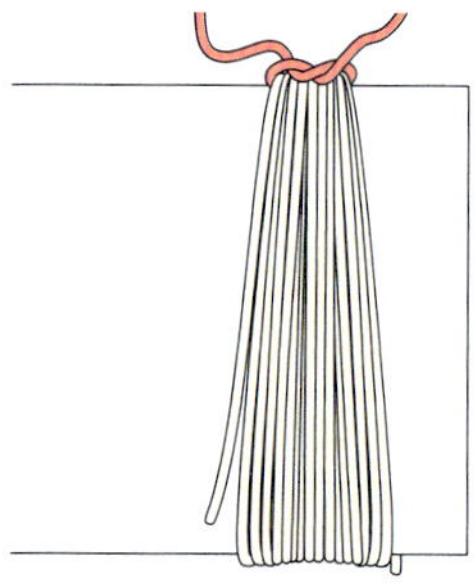

7.

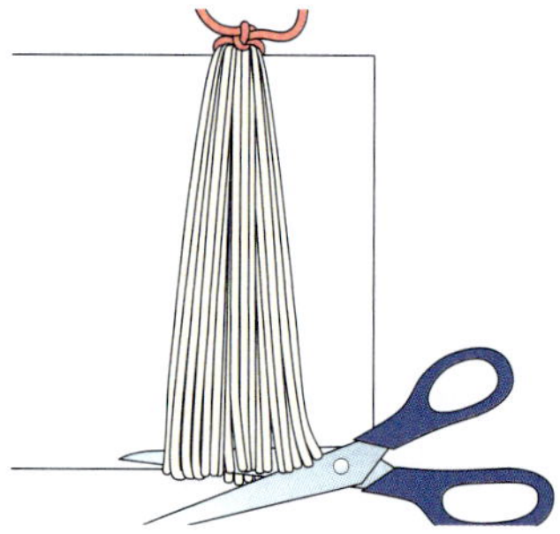

8.

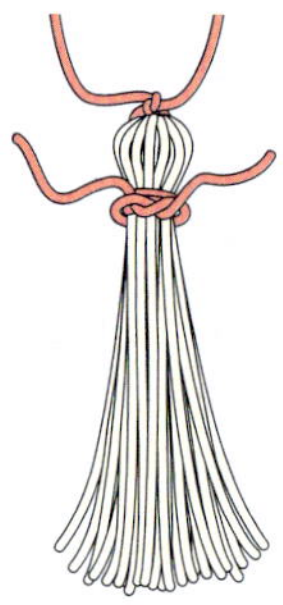

Bezugsquellen

Baa Ram Ewe www.baaramewe.co.uk

Knit with Attitude www.knitwithattitude.com

Love Knitting www.loveknitting.com

Loop www.loopknittingshop.com

WEBS www.yarn.com

Wool on the Exe www.woolontheexe.com

Wool Warehouse www.woolwarehouse.co.uk

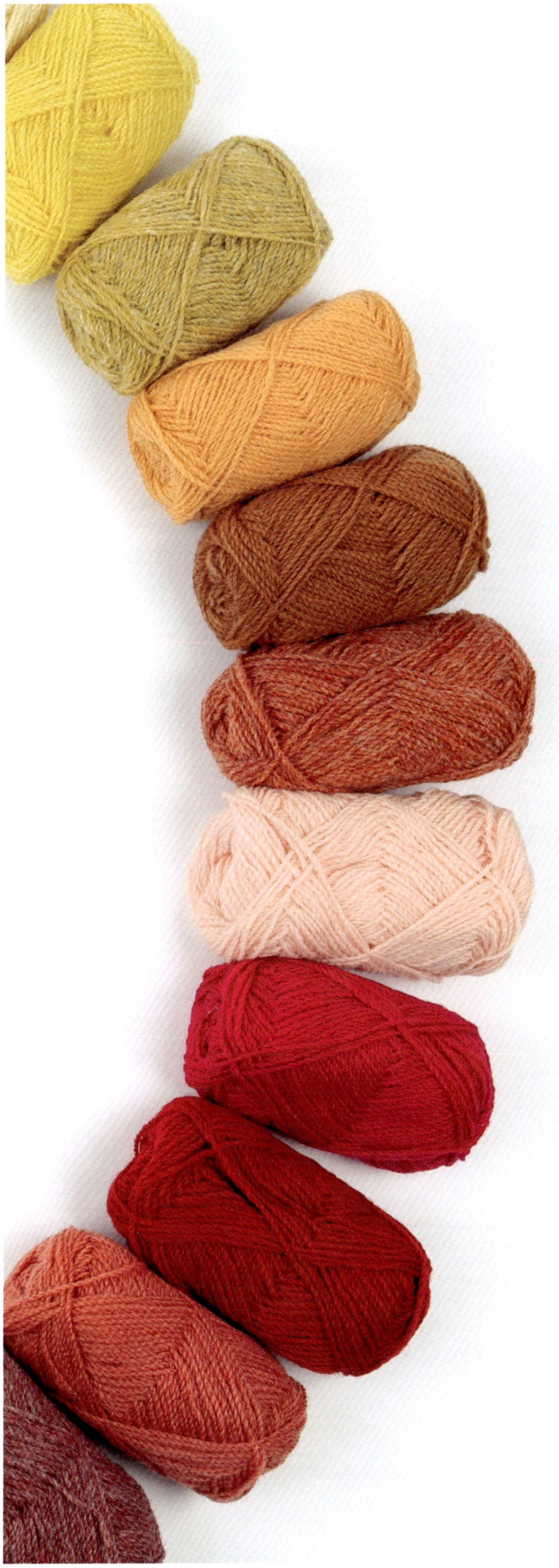

Dank

Dieses Buch zu schreiben, hat viel Spaß gemacht, und ich bin allen dankbar, die es möglich gemacht haben.

Ein riesiges Dankeschön an alle, die meine Designarbeit verfolgt oder eines meiner Modelle nachgestrickt haben: Eure Unterstützung ist ungeheuer wertvoll und ich schätze sie sehr.

Danke an das Team bei David und Charles: Sarah dafür, dass sie das Buch ermöglicht hat, Jeni und Lynne dafür, dass sie alles zusammengetragen und dafür gesorgt haben, dass es Sinn ergibt, Sam für das tolle Aussehen des Buchs, Jason für fantastische Fotos und Kang für die wunderbaren Illustrationen.

Danke an Belinda vom Knitting Hotel, Dawlish, bei der wir unseren Fotoshooting machen durften.

Danke an alle meine Freund*innen und an meine Familie, die mich ermutigt und unterstützt haben, Vertrauen in mich hatten und nachsichtig gegenüber meiner Besessenheit mit diesem Projekt waren.

Ein ganz besonderes Dankeschön an meine Kinder, Bonnie, Mabel und Erik: xxx

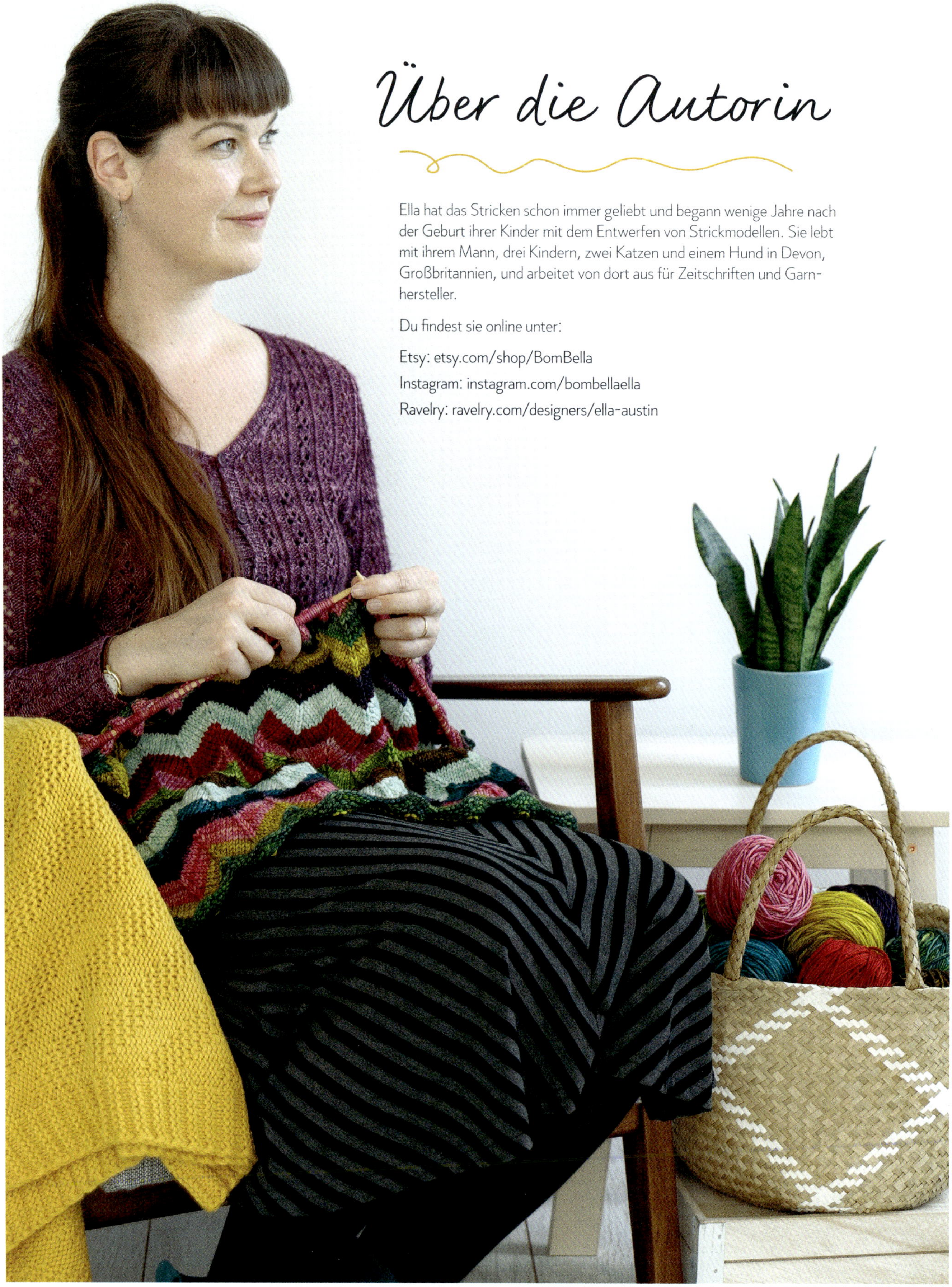

Über die Autorin

Ella hat das Stricken schon immer geliebt und begann wenige Jahre nach der Geburt ihrer Kinder mit dem Entwerfen von Strickmodellen. Sie lebt mit ihrem Mann, drei Kindern, zwei Katzen und einem Hund in Devon, Großbritannien, und arbeitet von dort aus für Zeitschriften und Garnhersteller.

Du findest sie online unter:

Etsy: etsy.com/shop/BomBella

Instagram: instagram.com/bombellaella

Ravelry: ravelry.com/designers/ella-austin

Register

Originalausgabe unter dem Titel *Beginner's Guide to Colorwork Knitting: 16 Projects and Techniques to Learn to Knit with Color* erschienen bei: © 2019 SewandSo, an imprint of F&W Media International, Ltd

Text and Designs © Ella Austin 2019
Layout and Photography © F&W Media International, Ltd 2019

Content Director: Ame Verso
Acquisitions Editor: Sarah Callard
Managing Editor: Jeni Hennah
Project Editor: Lynne Rowe
Design Manager: Anna Wade
Design & Art Direction: Sam Staddon
Photographer: Jason Jenkins
Illustrator: Kuo Kang Chen
Production Manager: Beverley Richardson

Für die deutsche Ausgabe:
Verantwortlich: Helgrid van Impelen
Übersetzung: Karen Lühning
Lektorat: Stephanie van der Linden
Produktmanagement und Satz: VerlagsService Dietmar Schmitz GmbH
Cover und Umschlag: Louise Lemke
Herstellung: Bettina Schippel
Repro: LUDWIG:media
Printed in Turkey through Asia Pacific Offset

★★★★★

Sind Sie mit diesem Titel zufrieden? Dann würden wir uns über Ihre Weiterempfehlung freuen. Erzählen Sie es im Freundeskreis, berichten Sie Ihrem Buchhändler oder bewerten Sie beim Onlinekauf.
Und wenn Sie Kritik, Korrekturen oder Aktualisierungen haben, freuen wir uns über Ihre Nachricht an Christophorus Verlag, Postfach 40 02 09, D-80702 München oder per E-Mail an lektorat@verlagshaus.de.

Unser komplettes Programm finden Sie unter

www.christophorus-verlag.de

Die Deutsche Nationalbibliothek verzeichnet diese Publikation in der Deutschen Nationalbibliografie; detaillierte bibliografische Daten sind im Internet über http://dnb.d-nb.de abrufbar.

ISBN 978-3-8410-6714-2

Besuchen Sie uns im Internet:
www.christophorus-verlag.de

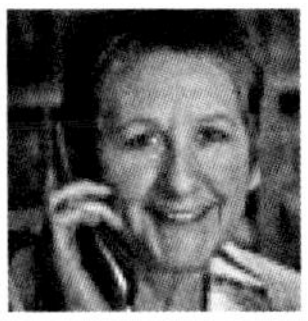

Kreativ-Service

Sie haben Fragen zu den Büchern und Materialien? Frau Erika Noll ist für Sie da und berät Sie rund um alle Kreativthemen. Rufen Sie an! Wir interessieren uns auch für Ihre eigenen Ideen und Anregungen. Sie erreichen Frau Noll per E-Mail: **mail@kreativ-service.info** oder Tel.: **0049- 89-1306 99-577**

Besuchen Sie uns im Internet: **www.christophorus-verlag.de** und **www.selbstgemacht.de**